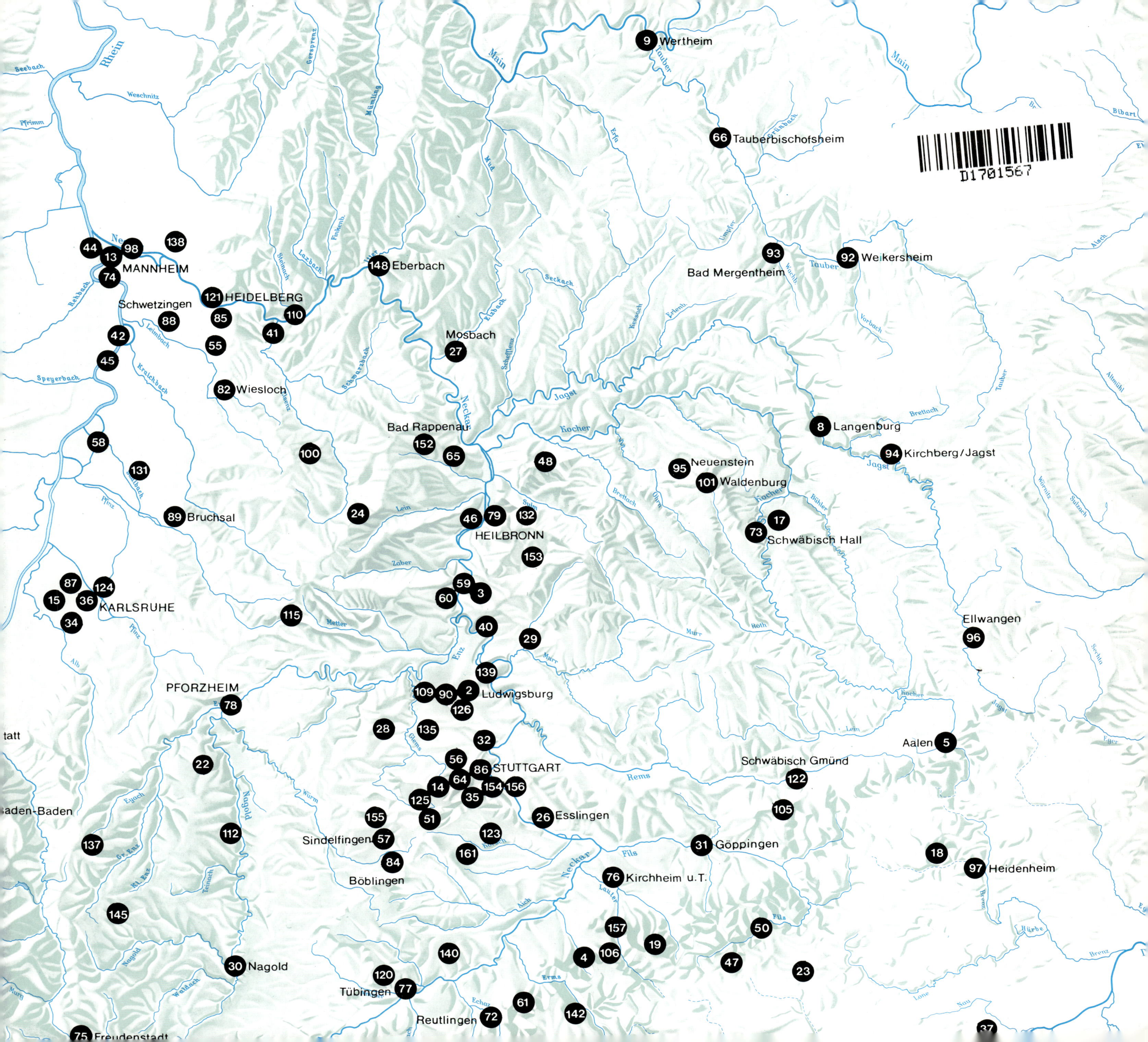

Rhein
Main
Neckar
Jagst
Kocher
Tauber
9 Wertheim
66 Tauberbischofsheim
93 Bad Mergentheim
92 Weikersheim
44
98
138
13 MANNHEIM
74
148 Eberbach
121 HEIDELBERG
Schwetzingen
88
85
110
41
42
55
45
Mosbach
27
82 Wiesloch
Bad Rappenau
152
65
48
8 Langenburg
94 Kirchberg/Jagst
58
100
131
95 Neuenstein
101 Waldenburg
89 Bruchsal
24
46
79
132
HEILBRONN
17
73 Schwäbisch Hall
153
87
124
15
36 KARLSRUHE
34
59
3
60
115
40
29
Ellwangen
96
139
PFORZHEIM
78
109
90
2 Ludwigsburg
126
28
135
32
Aalen 5
22
56
86 STUTTGART
Schwäbisch Gmünd
122
64
14
154
156
125
35
105
155
51
26 Esslingen
137
112
Sindelfingen
57
123
31 Göppingen
18
161
84
97 Heidenheim
Böblingen
76 Kirchheim u.T.
145
157
50
19
140
4
106
47
23
30 Nagold
120
Tübingen
77
61
142
Reutlingen
72
75 Freudenstadt

Brugger, Baden-Württemberg

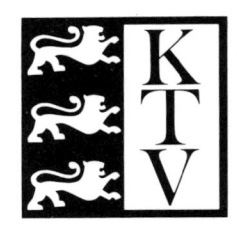

KTV

Albrecht Brugger

Baden-Württemberg

Eine Landeskunde im Luftbild

mit Texten
von
Hermann Baumhauer
und
Erich Ruckgaber

Konrad Theiss Verlag Stuttgart

Redaktion: Hans Schleuning, Gabriele Süsskind

Als Kartengrundlage für die Vorsätze diente die
Reliefkarte 1:600 000 des Landes Baden-Württemberg
mit Genehmigung des Landesvermessungsamtes
Baden-Württemberg

Typographie: Rolf Bisterfeld
© Konrad Theiss Verlag GmbH, Stuttgart 1979
ISBN 3 8062 0208 7
Gesamtherstellung: Grafische Betriebe Süddeutscher
Zeitungsdienst, Aalen
Alle Rechte vorbehalten
Printed in Germany

Vorwort

Dieser große Bildband über das Bundesland Baden-Württemberg trägt den Untertitel »Eine Landeskunde im Luftbild«. Warum?
Es gibt zwei Antworten, eine vom Bild, eine vom Text her. Das Bild des Landes aus der Vogelschau, in seiner Vielfältigkeit, mit seinen Schönheiten und Widersprüchlichkeiten, in seinen Strukturen und ihren Wandlungen, wird in diesem Band in eindrucksvollen Luftaufnahmen ausgebreitet. Albrecht Brugger, der international bekanntgewordene, aus Waldshut gebürtige Stuttgarter Luftbildfotograf, hat es eingefangen. Aus seiner nunmehr 25jährigen Erfahrung als Flieger und Fotograf kennt er dieses Land wie kaum ein anderer.
Landeskundig sind auch die Autoren des Textes: Erich Ruckgaber ist mit der Entstehung Baden-Württembergs und der Landespolitik von Beginn an gründlich vertraut. Hermann Baumhauer ist als Autor landeskundlicher, vor allem kulturgeschichtlicher Bücher dieses und anderer Verlage bekannt geworden.
»Modell deutscher Möglichkeiten« hat Theodor Heuss sein Heimatland Baden-Württemberg genannt. Diese Möglichkeiten zu verdeutlichen, haben sich Autoren und Verleger zum Ziel gesetzt. In Gestaltung und Aufteilung des Buches haben sie versucht, die vielfältigen und durchaus widersprüchlichen Aspekte dieses Landes zu ordnen und aufzugliedern. Bewußt wurde hier nicht der herkömmliche und einfachere Weg der landschaftlichen Einteilung gesucht, obwohl es galt, ein möglichst geschlossenes Bild des Landes zu zeigen und die landschaftlichen und lokalen Besonderheiten soweit wie möglich zu berücksichtigen. Vollständigkeit kann aber kein Kriterium für eine Auswahl sein, die das Exemplarische herausstellen, nicht nur auf hinlänglich bekannte Motive zurückgreifen will und soweit wie möglich ganz neue, auch außergewöhnliche Bilder zeigen möchte. Die künstlerischen Möglichkeiten der Luftbildfotografie waren ebenso zu berücksichtigen, wie gelegentlich bewußt kritische »Bestandsaufnahmen«, die sich dem Luftbildfotografen heute in zunehmendem Maße aufdrängen.
Fotograf und Textautoren sehen dieses Buch, das der Konrad Theiss Verlag aus Anlaß seines 25jährigen Bestehens herausgibt, gewissermaßen als eine »kritische Referenz« an ihr Heimatland.

Hans Schleuning

Inhalt

5	Vorwort	*153*	Land der Burgen
			von Hermann Baumhauer
9	Das Bild des Landes		
	von Erich Ruckgaber	*173*	Klosterlandschaft
			von Hermann Baumhauer
37	Siedlungslandschaft		
	von Erich Ruckgaber	*189*	Hochschullandschaft
			von Erich Ruckgaber
59	Verkehrslandschaft		
	von Erich Ruckgaber	*203*	Zivilisationslandschaft
			von Erich Ruckgaber
83	Industrielandschaft		
	von Erich Ruckgaber	*223*	Erholungslandschaft
			von Hermann Baumhauer
103	Stadtlandschaft		
	von Hermann Baumhauer	*245*	Landschaft im Luftbild
			von Albrecht Brugger
131	Land der Residenzen		
	von Hermann Baumhauer	*257*	Register

Das Bild des Landes

In einer Landschaft, aus der in acht Jahrhunderten die für Europas Geschichte bedeutsam gewordenen Herrschergeschlechter der Staufer, Welfen, Habsburger und Zollern hervorgegangen sind, ist in der zweiten Hälfte unseres Jahrhunderts jenes »Modell deutscher Möglichkeiten« verwirklicht worden, das dem ersten Präsidenten der Bundesrepublik Deutschland, Theodor Heuss aus dem schwäbischen Brackenheim, vorgeschwebt hat. Aus dem Geist des Artikels 118 unseres Grundgesetzes wurde 1952 ein Staat geboren, wie ihn die Geschichte zwischen Rhein und Iller, Main und Bodensee nie zuvor gekannt hatte: der Südweststaat, der sich den Namen »Baden-Württemberg« gab. Aus der »alten, großen Kaiserwiege«, die zugleich das Geburtsland des deutschen Liberalismus war, erstand seitdem in wenigen Jahrzehnten einer der wirtschaftlich und sozial gesündesten Staaten in der europäischen Föderation.

»Heimat in Fülle, Bewährung in der Geschichte und Glaube an den Geist« verkörpert, um es mit den Worten Eduard Mörikes zu sagen, das südwestdeutsche Land. Die Mannigfaltigkeit des Natur- und Kulturbildes gibt dem Dichter recht. Aber in dieser Vielgestaltigkeit widerspiegeln sich auch die Wirkungen einer besonders intensiven politischen Zersplitterung, die nach dem Untergang des hochmittelalterlichen Herzogtums Schwaben zum Schicksal des Südwestens geworden ist. Mehr als 400 Potentaten der verschiedensten Arten haben hier jahrhundertelang ihre Sonderinteressen zur Lebensnorm machen können und verhinderten dadurch das Zusammenwachsen der Gebiete zu größeren Einheiten. Erst dem Korsen Napoleon Bonaparte gelang es, im ersten Jahrzehnt des 19. Jahrhunderts, zwischen Schwarzwald und dem Neckarland, Allgäu und Hohenlohe eine neue staatliche Ordnung zu markieren, die man aufs Ganze gesehen als das Fundament für den Aufbau des Staates Baden-Württemberg betrachten muß. In diesen napoleonischen »Länderschüben« von 1803 bis 1810 konnte Kurfürst Friedrich von Württemberg (König seit 1806) die Einwohnerzahl seines Landes von 650 000 auf 1,34 Millionen vergrößern, während der Markgraf und spätere Großherzog Karl Friedrich von Baden seinen Herrschaftsbereich von 175 000 auf fast eine Million Untertanen auszuweiten vermochte. Die beiden Fürstentümer Hohenzollern-Hechingen und Hohenzollern-Sigmaringen schlossen sich 1848 dem Königreich Preußen an.

Brücken zur Gegenwart

Es hat seit der Bildung des Landes Baden-Württemberg nicht an Bemühungen gefehlt, die historischen und kulturellen Verflechtungen sichtbar zu machen, die auch in den Jahrhunderten der territorialen Aufsplitterung die verschiedenen Landesteile untereinander verbunden haben. Die Bedeutung des Herzogtums Schwaben, das einst die Vorfahren der heutigen Badener, Württemberger, Franken und Kurpfälzer vereinigte und 1268 mit den Staufern zugrunde ging, hat die »Staufer-Ausstellung« des Landesjubiläumsjahres 1977 in Stuttgart als eine Art Modellfall vergangener Zeiten besonders ins Blickfeld gerückt. Weniger zu ihrem Recht kamen dabei die Verdienste der Welfen und vor allem der für das badische Gebiet wegbestimmend gewordenen zähringischen Städtegründer, nach deren Aussterben der Uracher Graf Egino V. seinen Herrschaftssitz von der Alb in den Breisgau verlegte, um als Graf von Freiburg die zähringische Erschließungsarbeit im Schwarzwald fortzusetzen.

Neben den Hochadelsgeschlechtern sind die frühen Klöster zu nennen, deren geistliche, kulturelle und wirtschaftliche Aktivität sich im Hochmittelalter über viele örtliche Grenzen hinweg dem ganzen Südwesten mitgeteilt hat; in unserem Band ist ihnen ein eigenes Kapitel gewidmet. Auch an weitschauende, um die Entwicklung des Geisteslebens verdient gewordene Einzelpersönlichkeiten des Spätmittelalters sei erinnert. Unter ihnen gebührt Mechthild von der Pfalz besonderer Rang, da sie im 15. Jahrhundert sowohl ihren zweiten Gemahl, den Habsburger Albrecht, zur Gründung der Universität Freiburg bewegte als auch 20 Jahre später ihren Sohn aus erster Ehe, den Grafen Eberhard von Württemberg, für eine Universitätsgründung in Tübingen gewann.

Unzählige geistige Brücken zwischen den zersplitterten Territorien schlugen seit dem Mittelalter auch Männer des Geisteslebens wie der Theologe Albertus Magnus aus dem Ries und der Mystiker Heinrich Seuse aus Konstanz, der Arzt Paracelsus von Hohenheim und der Astronom Johannes Kepler aus Weil der Stadt, die Humanisten Johannes Reuchlin aus Pforzheim und Philipp Melanchthon aus Bretten sowie die Reformatoren Ambrosius Blarer aus Konstanz und Johannes Brenz aus Schwäbisch Hall.

Besonderen verbindenden Stellenwert gewannen schließlich auch jene geistigen Bewegungen, die den Südwesten zum Geburtsland des deutschen Liberalismus machten. Im Geiste der Aufklärung verkämpften sich, als die Zeit des Absolutismus sich ihrem Ende näherte, der Oberschwabe Christoph Martin Wieland und der Ostschwabe Christian Friedrich Daniel Schubart für Freiheit und Menschenrechte. Daß Friedrich Schiller mit seinem Pamphlet »In Tyrannos« den Aufbruch einer jungen Generation in Stuttgart einleitete, aber erst im »feindlichen Ausland«, in Mannheim, mit der Uraufführung seines Schauspiels »Die Räuber« seinen literarischen Durchbruch erzielte, ist beinahe gleichnishaft geworden für die intensive gegenseitige Befruchtung, die das süddeutsche Geistesleben des 19. Jahrhunderts in den neugebildeten Staaten Baden und Württemberg gekennzeichnet hat. Denn nicht nur der Markgräfler Johann Peter Hebel, der Stuttgarter Friedrich Hegel und der Lauffener Friedrich Hölderlin wurden in diese Zeit des Aufbruchs hineingeboren. Ihnen folgte eine ganze Garde von wenig jüngeren Köpfen, die Südwestdeutschland rasch zu einer angesehenen Literaturlandschaft machten: Friedrich W. J. Schelling aus Leonberg, Ludwig Uhland aus Tübingen, die drei Ludwigsburger Eduard Mörike, Friedrich Theodor Vischer und David Friedrich Strauß, Wilhelm Hauff aus Stuttgart und Victor Scheffel aus Karlsruhe.

Von Südwestdeutschland ging dann auch der Funke für die politische Freiheitsbewegung der vierziger Jahre aus. Der Reutlinger Nationalökonom Friedrich List, ein begeisterter Patriot, wurde zum Vorkämpfer eines freiheitlichen »nationalen Systems der politischen Ökonomie«. Als sich im März 1848 in Heidelberg die freisinnigen Oppositionellen aus dem Großherzogtum Baden und dem Königreich Württemberg trafen, mit dem Ziel, eine Nationalvertretung und eine Verfassungsänderung vorzubereiten, da erfuhr der liberale Gedanke auch außerhalb des Südwestens kräftigen Aufwind. Doch Versuche, ihn durch eine neue Verfassung zur fortwirkenden politischen Kraft des deutschen Einigungswillens zu machen, scheiterten. 1851 entschloß sich sogar der Bundestag zur Aufhebung der Grundrechte, ein Rückschlag, der freilich weder in Baden noch in Württemberg die freiheitlichen Kräfte auf die Dauer gelähmt hat.

Der Weg zum Südweststaat

Betrachtet man von der Grundtendenz der historischen Kräfte her, die sich in napoleonischer Zeit als Streben nach lebensfähigen Mittelstaaten, in den vierziger Jahren als Streben nach freiheitlich nationalen Einheiten zu erkennen gaben, die politische Landkarte von 1945 bis 1947, so kann man diese nur als anachronistisch bezeichnen. Die Zonengrenze zwischen der amerikanischen und der französischen Besatzungsmacht entlang der Autobahn Karlsruhe – Stuttgart – Ulm führte nämlich nach dem Zweiten Weltkrieg zur Bildung dreier Länder: Württemberg-Baden mit dem Regierungssitz in Stuttgart, Südbaden mit dem Regierungssitz in Freiburg und Südwürttemberg-Hohenzollern mit dem Regierungssitz in Tübingen.

Glücklicherweise erwies sich jedoch schon bald die bessere Einsicht als die stärkere. Sie kam als Impuls von der Londoner Konferenz der Siegermächte, ging 1948 in die sogenannten Frankfurter Dokumente ein und legte den Ministerpräsidenten nahe, in der Bundesrepublik aus der föderalistischen Tradition des Deutschen Reiches heraus über die Besatzungsgrenzen hinweg neue Länder zu schaffen. Es ist das historische Verdienst der damaligen Ministerpräsidenten Gebhard Müller (Tübingen), Reinhold Maier (Stuttgart) und Leo Wohleb (Freiburg), daß trotz der fortschreitenden Etablierung ihrer Nachkriegsstaaten im Südwesten die Verhandlungsbereitschaft hierzu lebendig blieb. Wegweisend für die Vorbereitung einer politischen Änderung wurde dann das Ergebnis einer betont unverbindlichen Volksbefragung, die auf Anregung des Tübinger Ministerpräsidenten im September 1950 in den drei Ländern vorgenommen wurde. Sie ergab, daß sich die Nordwürttemberger und Nordbadener sowie die Südwürttemberger klar für einen gemeinsamen Südweststaat aussprachen und nur die Südbadener einen Zusammenschluß mit den anderen Landesteilen ablehnten.

So kam es, nachdem vom Bundestag das zweite Neugliederungsgesetz verabschiedet worden war, am 9. Dezember 1951 zu jener denkwürdigen Volksabstimmung, bei der sich die Württemberger mit 93 Prozent für einen Südweststaat entschieden, während die Badener mit 51,9 Prozent dagegen stimmten. Da sich dem Abstimmungsgesetz gemäß in drei von vier Landesteilen, nämlich in Nordwürttemberg, in Nordbaden und in Südwürttemberg klare Mehrheiten für den Zusammenschluß ausgesprochen hatten, konnte die Bildung des Südweststaats in Angriff genommen werden. Schon am 25. März 1952 trat die neugewählte Verfassunggebende Landesversammlung in Stuttgart zusammen. Einen Monat später erhielt der neue Staat die erste Regierung. Wie rasch in der Folge die Bemühungen um einen strukturellen Ausgleich Früchte trugen und ein wirtschaftliches und kulturelles Zusammenwachsen der vier Landesteile förderten, zeigte sich 1970, als in den beiden badischen Landesteilen noch einmal eine Volksabstimmung nötig wurde. Mit den Ja-Stimmen von 1,3 Millionen Badenern bei nur 288 813 Gegenstimmen wurde die Existenz des Bundeslandes Baden-Württemberg endgültig gesichert.

Das Land aus der Vogelschau

Betrachtet man Baden-Württemberg aus der Vogelschau, so zeigt es sich dem Auge als eine der geographisch mannigfaltigsten Landschaften des Kontinents. Ein lebhaftes Nebeneinander von bewaldeten Mittelgebirgen und fruchtbaren Hochebenen, von seenreichen Moorlandschaften und kuppigem Land, von grünen Wiesentälern und schlotdurchsetzten Industrie-Inseln, von Häusermassen und fast noch idyllisch anmutenden Straßendörfern gibt dem Land zwischen Bodensee und Odenwald ein malerisches Gepräge. Die Donau südlich der durch das Land verlaufenden europäischen Wasserscheide und der Neckar lassen uns acht natürliche Landschaften unterscheiden.

Da ist zunächst das oberrheinische Tiefland mit dem weinseligen Kaiserstuhl. Leider haben die ehemals großen Hardtwälder der Rodung und den Überschwemmungen des Rheins ihren Tribut zahlen müssen. Zwischen der Ortenau und dem Markgräfler Land empfängt eine fruchtbare Hügelgirlande den Besucher aus dem Westen. Hinter ihr baut sich der Schwarzwald auf wie eine hohe Schwelle, deren Kar-Nischen mit ihren Seen den Weg durch die Täler der Murg, der Kinzig oder der Elz verlockend machen. Weithin überragt der 1493 Meter hohe Feldberg die größte zusammenhängende Waldlandschaft Deutschlands, die im Süden auf den kargen, von einigen Rückhaltebecken aufgelockerten Höhen des Hotzenwaldes ausläuft. Wie Meilensteine der langsam aus dem Hochrheintal über den Klettgau zum Breisgau vorgedrungenen Besiedelung markieren die charakteristischen Schwarzwaldhäuser mit ihren alles unter sich bewahrenden Dächern diese Rodungslandschaft.

Als ob die Natur mit elementarer Kraft den weiter nach Osten Vordringenden habe den Weg verlegen wollen, türmen sich die vulkanischen Hegauberge vor dem 539 Quadratkilometer großen Bodensee auf. Von hier durch den Linzgau bis hin zum wiesenreichen Allgäu mit dem 1118 Meter hohen Schwarzen Grat dehnt sich das Alpenvorland. Es ist ein großer Senkungstrog, in dem die Hügel zwischen den wasserreichen Seen des oberschwäbischen Molassebeckens fast wie im Spiel hingestreut erscheinen.

Der Donau nördlich vorgelagert, wächst zwischen der Baar und dem Fränkischen Jura die Schwäbische Alb mit dem 1015 m hohen Lemberg als höchster Erhebung wie ein Querriegel aus dem fruchtbaren Ackerland heraus. Ihre bewaldete Traufseite fällt steil zum Neckar hin ab. Auf ihren Hochflächen war früher vornehmlich die Schafhaltung zu Hause und bildete die Grundlage für das dort seit dem Mittelalter florierende Textilgewerbe. Durch die Unbill der Natur der Verkarstung ausgesetzt, aber auch durch menschlichen Eigennutz entholzt, zählte die wasserarme Alb bis in die jüngste Zeit hinein zu den ärmsten Landschaften des Landes.

Anders das Neckarland – dessen Flußlandschaft zu den dichtest besiedelten Regionen der Bundesrepublik gehört. Wie die Hauptschlagader Baden-Württembergs pulsiert der Neckar durch dieses Tal. An den Hängen des Neckars und in seinen sonnenbegünstigten Seitentälern wie Rems und Kocher, hat der Wein altes Hausrecht. Aber auch Kartoffeln, Zuckerrüben und Gemüse gehen aus dem Neckarland auf die großen Märkte. Leider sind hier besonders viele fruchtbare Böden unter den Betonfundamenten der sich immer weiter ausbreitenden Städte einzementiert worden.

Das Hohenloher Land, die Kornkammer Baden-Württembergs, ist noch am ehesten vor solchen städtischen Massierungen verschont geblieben. Die dort herrschende Anerbensitte läßt die Höfe in einer Hand, und die jüngeren Söhne oder Töchter müssen sich irgendwoanders einen Arbeitsplatz suchen. So wandern seit der Mitte der siebziger Jahre immer mehr junge Menschen in andere Gebiete ab. Vielleicht bringt die Autobahn künftig etwas mehr Industrie in diese Region, damit dieser Trend nachläßt.

Dasselbe ist auch dem Bauland nördlich der Jagst zu wünschen. Zwar hat die Autobahn von Würzburg nach Stuttgart bereits eine gewisse Öffnung der Keuperlandschaft erzwungen. Im Westen erweist sich dagegen der Odenwald mit seinen Buntsandsteinhügeln um den 626 Meter hohen Katzenbuckel immer noch als eine Barriere zum Main hin. Auch der Verkehrsschatten über der waldreichen Hügellandschaft zum Taubergrund hin konnte noch nicht aufgehellt werden.

Leichter lebt es sich da schon in der geschichtlich so umstrittenen Kraichgausenke, der Landschaft im Hufeisen zwischen Neckar und Rhein. Im Süden durch die weinreiche Keuperlandschaft des Strombergs und des Heuchelbergs abgeschirmt, reifen hier dank fruchtbaren Lößböden und mildem Klima Spargel, Obst und Tabak und lassen die Landwirtschaft mehr als in vielen anderen Regionen des Landes am Wohlstand der anderen Wirtschaftszweige teilhaben.

Heimat für mehr als neun Millionen

Baden-Württemberg ist mit seiner 1651 Kilometer langen Grenze, die es mit Frankreich, der Schweiz, mit Österreich sowie mit den Nachbarländern Bayern, Hessen und Rheinland-Pfalz verbindet, zum südwestdeutschen Pfeiler der Bundesrepublik und zu einem Drehpunkt der Europäischen Gemeinschaft geworden. Mit seinen 35 751 Quadratkilometern ist es nach Bayern und Niedersachsen das drittgrößte Bundesland. Waren bei der Volkszählung im Jahr 1950 in den drei südwestdeutschen Ländern 6,4 Millionen Einwohner gezählt worden, so ernährt Baden-Württemberg heute 9,1 Millionen Einwohner.

Fast jeder elfte unter ihnen ist allerdings von ausländischer Nationalität, denn in keinem anderen Bundesland scheinen die Jugoslawen und Italiener, aber auch die Türken, Griechen, Spanier und Portugiesen so gute Arbeits- und Wohnbedingungen gefunden zu haben wie in Baden-Württemberg. Auch heute, nach den harten Rezessionsjahren, arbeitet fast eine halbe Million Gastarbeiter im Land, das noch einmal ebenso viele in Baden-Württemberg wohnende ausländische Familienangehörige ernährt.

Baden-Württemberg, das Land, das noch im 19. Jahrhundert die größten deutschen Auswandererkontingente aus Gründen des Arbeitsmangels und der Not die Donau hinunter oder über den Atlantik ziehen lassen mußte, ist seit dem Zweiten Weltkrieg zur Heimat vieler Heimatvertriebenen und Flüchtlinge geworden. Fast jeder fünfte Bürger des Landes ist erst nach 1945 hier ansässig geworden. Der Zustrom bewirkte, daß in den zwei Jahrzehnten zwischen 1953 und 1973 die Landesbevölkerung fast Jahr für Jahr um etwa 70 000 Einwohner zunahm. Heimatvertriebene und Flüchtlinge haben zum wirtschaftlichen Aufschwung des Landes und zu seiner Strukturverbesserung wesentlich beigetragen. Ihnen ist es zu verdanken, daß Baden-Württemberg auch noch einen Geburtenüberschuß aufwies, als die Bevölkerungsbilanz anderer Bundesländer schon längst negativ war.

Der Südweststaat gilt als ein fleißiges, dynamisches Land. Um die sprichwörtliche »schwäbische« Sparsamkeit zu belegen, mag man anführen, daß das »Land der Häuslesbauer« auf die meisten Bausparverträge und auf überdurchschnittlich hohe Sparkonten verweisen kann. Nicht minder kennzeichnend ist, daß in dem Land, in dem der Badener Benz und der Schwabe Daimler gemeinsam das Auto in Fahrt gebracht haben, auch die Kraftfahrzeugdichte, also die Zahl der Kraftfahrzeuge je Einwohner, größer ist als in den anderen Ländern der Bundesrepublik. Und auch dies sei nicht verschwiegen: Obwohl man hier früher als in den meisten anderen Ländern den Achtstundenarbeitstag eingeführt hat, wird in Baden-Württemberg so viel Geld verdient, daß das Land mehr als eine Milliarde im Jahr über den Finanzausgleich an die ärmeren Bundesländer verschenken kann. Allerdings, es gibt in Baden-Württemberg auch noch die meisten Heimarbeiter und auch mehr Frauen als andernorts, die Geld verdienen und Steuern aufbringen.

Die im 20. Jahrhundert, vornehmlich aber in der Zeit nach dem Zweiten Weltkrieg zu beobachtende lebhafte Mobilität des Arbeitslebens hat auch das ursprüngliche Bevölkerungsbild des Landes stets verändert. Wohnungs- und Berufswechsel haben vielerorts die Stämme kräftig durcheinandergeschüttelt. Dennoch prägen auch heute noch Alemannen und Schwaben, Franken und Pfälzer ihrer Heimat die wesentlichen Merkmale in Mundart, Bräuchen und Lebensformen auf: die Alemannen vornehmlich dem Südwesten des Landes, die Schwaben dem Ober- und Mittelland, die Franken den nördlichen Landesteilen und die Pfälzer dem nordwestlichen Winkel.

Kräftig in Mitleidenschaft gezogen wurden allerdings die alten für das kulturelle Gesicht der Landesteile meist wesensprägend gewordenen Konfessionsgrenzen. Geblieben ist zwar das starke Übergewicht der Katholiken in Südwürttemberg und in Südbaden sowie das der Protestanten in Nordwürttemberg. Im Nordbadischen dagegen und in Städten mit stärkerer industrieller Massierung halten sich beide Konfessionen in etwa die Waage. Daß es im liberalen Baden und in Württemberg seit alters auch relativ viele jüdische Gemeinden gab und das Land ihnen viel zu danken hat, sollte nicht in Vergessenheit geraten.

Für ein wohnliches Land

Die Entwicklung des Landes seit der Begründung des Südweststaates hat im Erscheinungsbild Baden-Württembergs vieles verändert. Die stärksten Eingriffe erfuhren die Täler. Vor allem an Rhein und Neckar, aber auch an der Donau schlängeln sich die Städtebänder entlang. Da die ungünstige Topographie des Landes die Menschen schon seit jeher in die Talauen drängte, überrascht es wenig, daß die Dichte der städtischen Siedlungen in Südwestdeutschland zwei- oder dreimal so groß ist wie in vielen norddeutschen Regionen. Dies gilt vor allem für das mittlere Neckartal. In diesem nach dem Ruhrgebiet zweitgrößten Ballungsgebiet der Bundesrepublik leben heute mehr als zweieinhalb Millionen Menschen.

Es liegt auf der Hand, daß in einer so dynamischen Region die Dinge stets im Fluß sind. So hat auch hier in den siebziger Jahren eine Binnenwanderung eingesetzt: Aus der Landeshauptstadt, die einmal mehr als 640 000 Einwohner hatte, ziehen immer mehr jüngere Familien mit Kindern in die Randgebiete hinaus. Allzu lange blieb unerkannt, daß diese Stadtflucht in den Stadtrandgebieten mit der Landflucht der aus dörflichen Regionen abwandernden jungen Menschen zusammenprallte. Die Folge davon ist, daß um die Großstädte, vor allem um Stuttgart wie Mannheim, immer neue Siedlungsringe entstehen. Als die Bau- und Mietpreise auch am Stadtrand immer höher kletterten, bildete sich weiter draußen der zweite Ring der Wohnlandschaft — ein landverzehrender Prozeß, der an die kreisförmig sich ausdehnenden Wellen erinnert, die ein Steinwurf im ruhenden Gewässer auslöst.

Die Probleme, die daraus entstehen, konzentrieren sich nicht nur auf die Bewältigung wachsender Pendlerströme. Sie betreffen auch die großstädtischen Dienstleistungszentren, ihre Anziehungskraft und ihre Wohnqualität. Die neuerlichen Maßnahmen der Landesregierung versuchen daher, diese Entwicklung zu steuern. So sollen Stuttgart und Karlsruhe, international bekannt durch ihre Staatstheater und Kunstsammlungen, Landesmuseen und Landesbibliotheken, wieder zu Kristallisationspunkten kulturellen Lebens werden. Dasselbe gilt für Mannheim mit seinem traditionsreichen Nationaltheater, für Ludwigsburg mit dem benachbarten Schiller-Nationalmuseum in Marbach, für Heidelberg mit seinem weltbekannten Rehabilitationszentrum und für das kulturell regsame, durch die »historische Kontinuität« seiner Stadtplanung besonders bemerkenswerte Freiburg. Fast in letzter Stunde ist erkannt worden, daß es dafür ungeheurer Anstrengungen auch zur Sanierung und Erhaltung der Stadtkerne, der Baudenkmäler und Bautenensembles bedarf.

Es ist unbestreitbar, daß in den letzten Jahren in Stadt und Land viel geschehen ist, um Dörfer schöner und Stadtkerne anziehender zu machen, um sorglicher mit dem Gut der Naturlandschaft umzugehen und der baulichen Gestalt gewordenen Tradition erhöhte Sorgfalt zuzuwenden. Daß leider auch manche bauliche Sünde für lange Zeit das Gesicht der Wohnlandschaft beeinträchtigen wird, ist freilich ebensowenig zu übersehen. Auch sie darf ein Bildband nicht verbergen, wenn er mit Hilfe der Luftbildtechnik zeigen will, wie sich Straßen und Kanäle, Landepisten und Raffinerien, Burgen und Hochschulen, Versorgungszentren, Schlösser und Stadtkerne im heutigen Erscheinungsbild Baden-Württembergs darbieten. Was des Menschen Technik sowohl zur Gestaltung und Bewahrung als auch zur Verschandelung der Arbeits-, Wohn- und Erholungslandschaft vermag — die Vogelschau legt beides eindrucksvoll offen —, hier zur Freude, dort zur Mahnung.

Bilderläuterungen 1–20

1 Der Feldberg mit dem Feldsee. Steil aus dem Grabenbruch der oberrheinischen Tiefe aufsteigend, bestimmt der Schwarzwald das Gesicht des südwestlichen Landesteils. Mit dem Feldberg (1493 m), einem 7 km langen Gneisstock mit drei waldfreien Kuppen, deren östlichste steil zum 10 ha großen Feldsee abfällt, erreicht das Urgebirge seine höchste Erhebung. Im Hintergrund rechts die baumlose Kuppe des Belchen (1423), des schönsten Schwarzwaldbergs im Hauptkamm zwischen Wiesen- und Rheintal. Der Feldberg wurde um 1900 zur »Wiege des deutschen Skisports«.

2 Ludwigsburg, durch das Blühende Barock über die Bundesrepublik hinaus bekannt, ist eine noch ziemlich junge Stadt. Aus der Residenzstadt, die 1718 nicht mehr als 600 Einwohner zählte, wurde eine der größten Garnisonsstädte Württembergs. Seit dem letzten Krieg herrschen jedoch mittlere Industriebetriebe und ein vielverzweigtes Dienstleistungsgewerbe, von der Bausparkasse Wüstenrot bis zur Pädagogischen Hochschule, vor. Herzog Eberhard Ludwig, von dem die Stadt im Jahre 1705 ihren Namen erhielt, legte den Grundstein für eine der größten Schloßanlagen in Deutschland, die durch die alljährlich stattfindenden Schloßfestspiele zu einem kulturellen Mittelpunkt geworden ist. Um so kontrastreicher wirkt das Marstallcenter, jene das gesamte Stadtbild verunzierende Betonschranke am Rande der quadratisch angelegten Altstadt auf der Höhe. Für die auf der Durchfahrtsschleuse am Schloß streckenweise unterirdisch vorbeirasenden Autofahrer wirkt dies weniger störend, aber den von Bietigheim oder von der Autobahn auf der Straße links im Bild sich nähernden Besuchern sticht die Riegelwand schon von weitem ins Auge.

3 Neckarwestheim. Eine der vielen sich gut entwickelnden Gemeinden im unteren Neckartal. Zwischen Besigheim und Lauffen ist aus der klein parzellierten Land- und Winzergemeinde durch den Bau des Kernkraftwerks im Bereich des ehemaligen Steinbruchs ein aufstrebender Ort geworden. Die Herren von Liebenstein, nach denen die Burg im Vordergrund mit ihrem noch erhaltenen romanischen Bergfried und ihrer Renaissancekapelle benannt ist, haben den Ort Ende des 17. Jahrhunderts an die Württemberger verkauft. Hinter dem Ort ist am oberen Bildrand noch das benachbarte Kirchheim am Nekkar zu sehen.

4 Der Albtrauf mit dem Hohenneuffen, einem der Randberge der Schwäbischen Alb mitten im Bild. Schon im 13. Jahrhundert war die Bergfeste bewohnt, sie wurde Ende des 17. Jahrhunderts zum Teil abgebrochen, ihre Ruinen aber 1966 wieder instand gesetzt. Die ehemaligen Herren von Neuffen haben auch der Stadt, in unserem Bild unmittelbar dahinter, ihren Namen gegeben. Im Hintergrund des Albvorlands sind rechts der Jusi in der Nähe von Metzingen, in der Mitte das Hörnle mit dem großen Steinbruch sowie am oberen Bildrand in der Mitte die Achalm bei Reutlingen zu erkennen. Rechts im Vordergrund der Beurener Fels, zu dessen Füßen Beuren seit der Entdeckung der Thermalquellen mit seinem neuen Bad einen großen Aufschwung erlebt.

5 Aalen mit dem Trauf der Ostalb. Je mehr sich die Schwäbische Alb dem Rieskessel (Horizontlinie) nähert, desto mehr flachen die Höhen ihrer bewaldeten Traufseite ab; bei Aalen bewegen sie sich um 700 m. Das hinter ihnen sich südostwärts ausbreitende Härtsfeld mit dem Kulturmittelpunkt Neresheim ist altes Bauernland. Die Lage Aalens in einer wasserreichen Bucht des Albtraufs, die einen bequemen Albübergang aufschließt, ist typisch für die Entstehungsbedingungen der meisten Industriestädte am Rand der wasserarmen Alb. Ebenso typisch ist ihr Wachstum durch Viertelsbildungen, deren Vielzahl und Ausdehnung den ursprünglichen Stadtraum (Bildmitte) zur Flächenstadt geweitet haben. Die das Bild querende Eisenbahn- und Straßenlinie, Teilstück der Industrieachse Kocher–Brenz, nimmt den von rechts kommenden Verkehr aus dem Remstal auf.

6 Waldshut am Hochrhein. Von Osten (im Bild links) kommend und knapp vor der auf einer Geländeterrasse des Schwarzwalds liegenden Stadt zu einer Schleife ansetzend, empfängt der Hochrhein vor Waldshut die aus dem Berner Oberland kommende Aare (Bildmitte, rechts davon die angestaute Aare auf schweizerischem Boden). Zahlreiche Brücken verweisen auf die uralte verkehrsgeographische, Rauchfahnen auf die wachsende industrielle Bedeutung dieses »Zweistromlandes« zwischen Hotzenwald und schweizerischem Mittelland.

7 Breisach von der Rheinseite. Dahinter der 3 km entfernte Kaiserstuhl, eine klimatisch gesegnete Gebirgsinsel in der südlichen badischen Rheinebene. In römischer Zeit ein Kastellberg, im Mittelalter Streitobjekt vieler Herren und bis 1734 als Festung ein Dorn in den Augen Frankreichs, trägt der 35 m hohe vulkanische Ausliegerberg an der Grenze zum Elsaß heute eines der ehrwürdigsten Baudenkmäler des Landes: das um 1200 erbaute St.-Stephanus-Münster, eine zähringische Gründung.

8 Schloß Langenburg über der Jagst. Kocher und Jagst durchströmen in zahlreichen Windungen das wellige, lößbedeckte Muschelkalkgäu der Hohenloher Ebene, die sich vom Schwäbisch-Fränkischen Wald bis zum Taubergrund erstreckt. Als Bauernland eine gesegnete Korn- und Fleischkammer, zählt das Hohenloher Land dank des Kunstsinns seiner namengebenden Hochadelsfamilie und der Frömmigkeit alter Dörfer zu den kunstreichsten Zonen Baden-Württembergs. Sein Stolz sind die hohenlohischen Schlösser. Unser Bild zeigt, jagstaufwärts angeflogen, das im 17. Jahrhundert neu gestaltete Renaissanceschloß Langenburg über Bächlingen im Jagsttal, eine Perle an der vom Neckartal nach Rothenburg führenden Burgenstraße.

9 Wertheim am Main. Nördlich der Hohenloher Ebene bewegt sich, hügelig, waldarm und fruchtbar, das Muschelkalkland des Baulands dem Main zu, der in Wertheim die Tauber aufnimmt. Die hervorragende Lage auf einer Uferzunge machte die Burg der Grafen von Wertheim zu einem wichtigen strategischen Punkt, die Mächtigkeit der Anlage mit der Oberburg aus dem 12., der Unterburg aus dem 16. Jahrhundert mit Teilen aus acht Bauperioden dokumentiert dies eindrucksvoll. Die Wasserstraßen Main und Tauber begründeten vom 14. Jahrhundert an die Wohlhabenheit des Stadtwesens, das sich zu Füßen der Burg mit der spätgotischen Stadtkirche als geistlicher Mitte ausbreitete und ein reizvolles altfränkisches Stadtbild bewahrt hat.

10 Oberschwäbisches Bauernland. Der Olzreuter See im Vordergrund, Wiesen- und Ackerbreiten, deren Wellenbewegung von Waldstreifen gegliedert wird, verstreute Gehöfte und Weiler, ein Dorf dazwischen, aus dem ein Hauptwerk barocker Kirchenbaukunst, die Kirche von Steinhausen, herausragt, in der Ferne die Punkthäuser von Biberach und nach rechts zu das sich zum Donau-Iller-Bereich hin erstreckende Kornland: Trefflicher könnte sich das Oberland nicht porträtieren lassen. Oberschwaben ist geologisch ein Trümmerfeld der Alpen, geformt von Eiszeitgletschern, Schmelzwassern, Flüssen und Lößstaub bringenden Stürmen, ein Land der Moore und der Stille und – das »Himmelreich des Barock«.

11 Das Allgäu bei Isny. Mit dem Städtedreieck Isny–Wangen–Leutkirch hat Baden-Württemberg am Allgäu teil, einer Vorhügelzone der Alpen nordöstlich des Bodensees. Niederschlagsreichtum und tonig-sandige Böden machten das grüne, waldige Hügelland zum Kerngebiet von Viehzucht, Milchwirtschaft, Käserei und Holzwirtschaft; als Erholungsland hat das Allgäu hohen Ruf. Der Kern der ehemaligen Reichsstadt Isny läßt aus der Vogelschau noch das Oval des alten Mauerrings erkennen. Dieser umfaßte das ehemalige Benediktinerkloster (mit den zwei Kirchen) und die jüngere, südwestlich vom Kloster entstandene Marktsiedlung. Über den Kirchtürmen die Zugspitze.

12 Das Rheinknie bei Basel mit dem sogenannten Dreiländereck. In den letzten Jahren als »regio Basiliensis« bekannt geworden. Hier müssen vor allem die Verkehrsplanung, aber auch Probleme des Umweltschutzes sowie der wirtschaftlichen und kulturellen Zusammenarbeit zwischen den Grenzregionen Frankreichs (links oben im Bild), der Bundesrepublik (rechts oben) diesseits von Altrhein und Rheinseitenkanal sowie der Schweiz koordiniert werden. Der gesamte Stadtteil im Vordergrund gehört bereits zu Basel. Mittendurch ziehen sich die Gleisanlagen des Badischen Bahnhofs, der noch unter deutscher Hoheit steht. Links des Rheins ist der französische Grenzort Hüningen, etwa Bildmitte, zu erkennen.

13 Mannheim, mit 305 000 Einwohnern die zweitgrößte Stadt Baden-Württembergs, ist durch seine klare Gliederung unverkennbar. Zusammen mit Ludwigshafen (links oben im Bild), bildet die ehemalige Residenzstadt des Kurfürsten von der Pfalz, zwischen dem Rhein (links) und der Einmündung des Neckars, nach dem Ballungsgebiet um Stuttgart eines der wichtigsten Industriezentren in der Bundesrepublik. Unmittelbar vor der Konrad-Adenauer-Brücke am Rhein, links am Bildrand, befindet sich das nach den Zerstörungen im letzten Krieg wiederaufgebaute Schloß, in dem jetzt die Universität untergebracht ist. Von hier aus kann man durch die in Quadrate eingeteilte Innenstadt bis zum Neckar hindurchgehen, wo in den letzten Jahren um das neue Collinicenter mit Brückenverbindung zur Neckarvorstadt eine ganz neue, zum Teil hart umstrittene Bebauungsfront erstanden ist.

14 Stuttgart, die Landeshauptstadt zwischen Wald und Reben, hat ihren 585 000 Einwohnern, darunter etwa 90 000 Ausländern, bis heute die Grünzonen zwischen den einzelnen Stadtteilen und die Naherholungsgebiete erhalten. Mehr als 350 000 Arbeiter und Angestellte, darunter 130 000 Pendler, verdienen in den stark exportorientierten Spezialbetrieben der Stadt ihr Geld. Deutlich ist das Neckartal zu erkennen, das sich in der oberen Bildhälfte zum linken Bildrand ausweitet, wo auch das Nesenbachtal einmündet. Wie ein Zeigefinger ragt (links im Bild) der Gleiskörper der Bundesbahn bis zum Hauptbahnhof in die Stadt hinein, die in der Bildmitte vom Fernmeldeturm auf dem Frauenkopf und vom Fernsehturm in Degerloch überragt wird. Noch weiter rechts leuchtet der Baukomplex des Altenzentrums »Augustinum« zwischen Sillenbuch und Riedenberg heraus. Im Vordergrund befindet sich Botnang, das durch den Kräherwald vom Stadtzentrum getrennt ist.

15 Karlsruhe, die ehemalige Residenzstadt des Großherzogs von Baden, ist als die sogenannte Fächerstadt weithin bekannt. Vom Schloß aus, das Markgraf Karl Wilhelm in der zweiten Hälfte des 18. Jahrhunderts am Rande des Hardtwaldes (mitten im Bild) hat erbauen lassen, strahlen die Straßen fächerförmig auseinander. Auf der einen Seite wird das Schloß von den modernen Hochhäusern des Universitätsviertels, auf der anderen Seite vom Bundesverfassungsgericht gerahmt. Deutlich ist zu erkennen, wie sich die Stadt mit ihren 275 000 Einwohnern immer weiter zum Rhein hinausgeschoben hat, der links oben im Bild in die Hafenbecken einmündet und von dem aus auch die Raffinerien (rechts oben am Bildrand) versorgt werden. Jenseits des Rheins im Hintergrund das bereits zum Land Rheinland-Pfalz gehörende Wörth mit dem großen Werk von Daimler-Benz.

16 Rodungsinseln um St. Märgen im Schwarzwald. In der tiefstehenden Sonne erscheinen die dem Wald abgerungenen Weidehänge und Ackerstreifen wie Schneefelder, die auf ihren Winterbetrieb warten. Der auf dem Hochplateau liegende ehemalige Klosterort entstand in erbitterter Konkurrenz mit dem benachbarten zähringischen Rodungskloster St. Peter, als dieses eine vom Glottertal aus über den Thurner nach Villingen führende Straße anlegte. Im Hintergrund der Wildgutachtalabschnitt des nach Gutach führenden Simonswälder Tals, das zu den beliebtesten Tälern des Schwarzwalds zählt.

17 Die Haller Ebene. Einem Mäander gleich schlängelt sich der Kocher, den die Kamera von Norden her aufnahm, diagonal durch das fruchtbare Land um Schwäbisch Hall, Waldhänge kennzeichnen den Lauf. Das buntgescheckte Bild, in dem jeder Zentimeter Boden bewirtschaftet erscheint, bildet einen beredten Kontrast zu den noch immer vom Wald beherrschten Rodungsinseln des Schwarzwalds. Im Hintergrund rechts der Mainhardter Wald.

18 Das Steinheimer Becken bei Rauhreif. Die Bildfolge des einführenden Informationsflugs über charakteristische Landschaften Baden-Württembergs ergänzen im folgenden drei inselhafte Besonderheiten. Das Steinheimer Becken auf der östlichen Alb bei Heidenheim an der Brenz ist gleich dem Ries durch Meteoriteneinschlag entstanden und bildete das Becken für einen urgeschichtlichen Süßwassersee mit reicher Tierwelt.

19 Das Randecker Maar auf der mittleren Alb. Als einer der besterhaltenen Vulkanembryone bezeugt das Maar bei Ochsenwang (Bildmitte) mit vielen anderen Ausbruchsstellen den tertiären Vulkanismus der Alb. Gegenstück zum Vulkangebiet der Uracher und Kirchheimer Alb ist der Hegau. Links oben im Bild die Teck, rechts der Breitenstein.

20 Die Insel Mainau. Beim Anflug von Meersburg her zeigt sich das Eiland des Überlinger Sees von seiner schloßbekrönten Schauseite, hinter ihm wird Litzelstetten, rechts im Bild Überlingen, sichtbar. Klimatische und atmosphärische Gunst haben der Blumeninsel den Beinamen »Tropeninsel im Schwäbischen Meer« eingetragen. Ihre Geschichte begann, als sie 724 von dem fränkischen Hausmeier Karl Martell der Abtei Reichenau übereignet wurde. Das Barockschloß erbaute 1739 bis 1746 die Deutschordenskommende Mainau, 1928 kam die Insel im Erbgang an das schwedische Königshaus.

1. Der Feldberg, der höchste Gipfel des Schwarzwaldes, mit dem Feldsee. Im Hintergrund rechts der Belchen

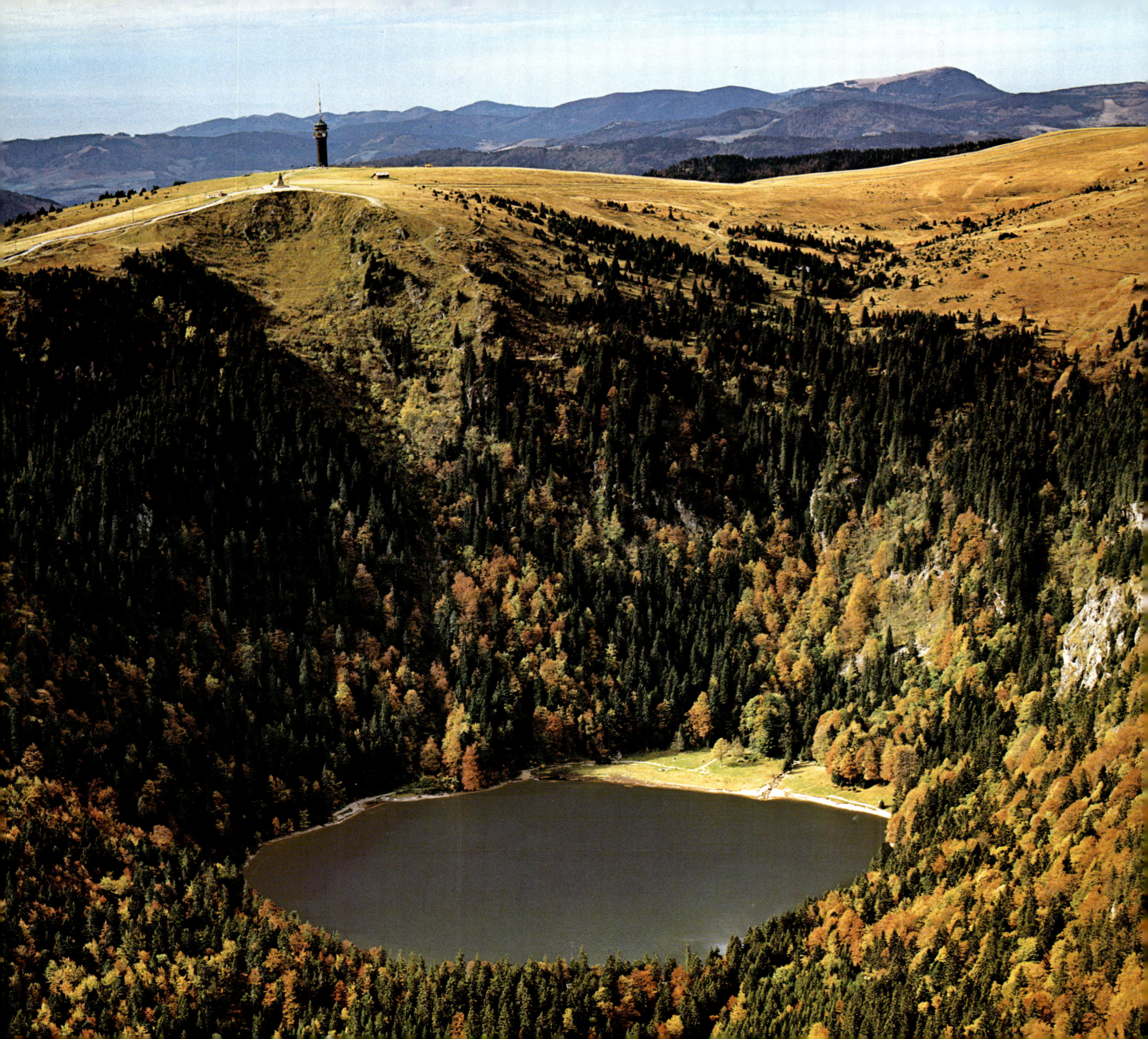

2. Kontraste im Ludwigsburger Stadtbild: links das Marstallcenter, rechts die barocke Schloßanlage

3. Kontraste im Neckarland: vorn Burg Liebenstein, im Hintergrund das Kernkraftwerk Neckarwestheim

4. Der Albtrauf vom Beurener Fels bis zur Achalm mit der Burgruine Hohenneuffen im Mittelgrund

5. *Ostalbpanorama mit Aalen und dem Härtsfeld*

6. *Hochrhein bei Waldshut mit angestauter Aaremündung. Im Hintergrund das Schweizer Mittelland und die Alpen*

7. Breisach am Oberrhein mit dem Münsterberg. Im Hintergrund der Kaiserstuhl, rechts der Schwarzwald

8. Schloß Langenburg über der Jagst mit Blick auf die Hohenloher Ebene

9. *Wertheim am Main mit Altstadt, Grafenburg und Stiftskirche*

10. Oberschwäbisches Panorama: Vorn der Olzreuter See, links Steinhausen mit der »schönsten Dorfkirche der Welt«

11. Isny im württembergischen Allgäu. Im Hintergrund die Allgäuer und Bayerischen Alpen

12. Das Rheinknie bei Basel mit dem »Dreiländereck«. Im Vordergrund der Badische Bahnhof in Basel, im Hintergrund links das Elsaß

13. Mannheims schachbrettartige Stadtanlage und die Mündung des Neckars (rechts) in den Rhein. Links oben die Industrieanlagen von Ludwigshafen

14. *Stuttgart von Westen. Im Mittelgrund der Stadtkern der Landeshauptstadt. Im Hintergrund Neckartal und Schwäbischer Wald*

15. Die spannungsreiche Stadtlandschaft von Karlsruhe: Bildmitte rechts Schloß mit Anlagen und Stadtkern, im Hintergrund links die Hafenanlagen, rechts Ölraffinerien am Rhein

16. Südschwarzwald mit St. Märgen. Im Hintergrund Wildgutach- und Simonswälder Tal
17. Die fruchtbare Haller Ebene mit Schwäbisch Hall (Bildmitte) und dem tiefeingeschnittenen Kochertal

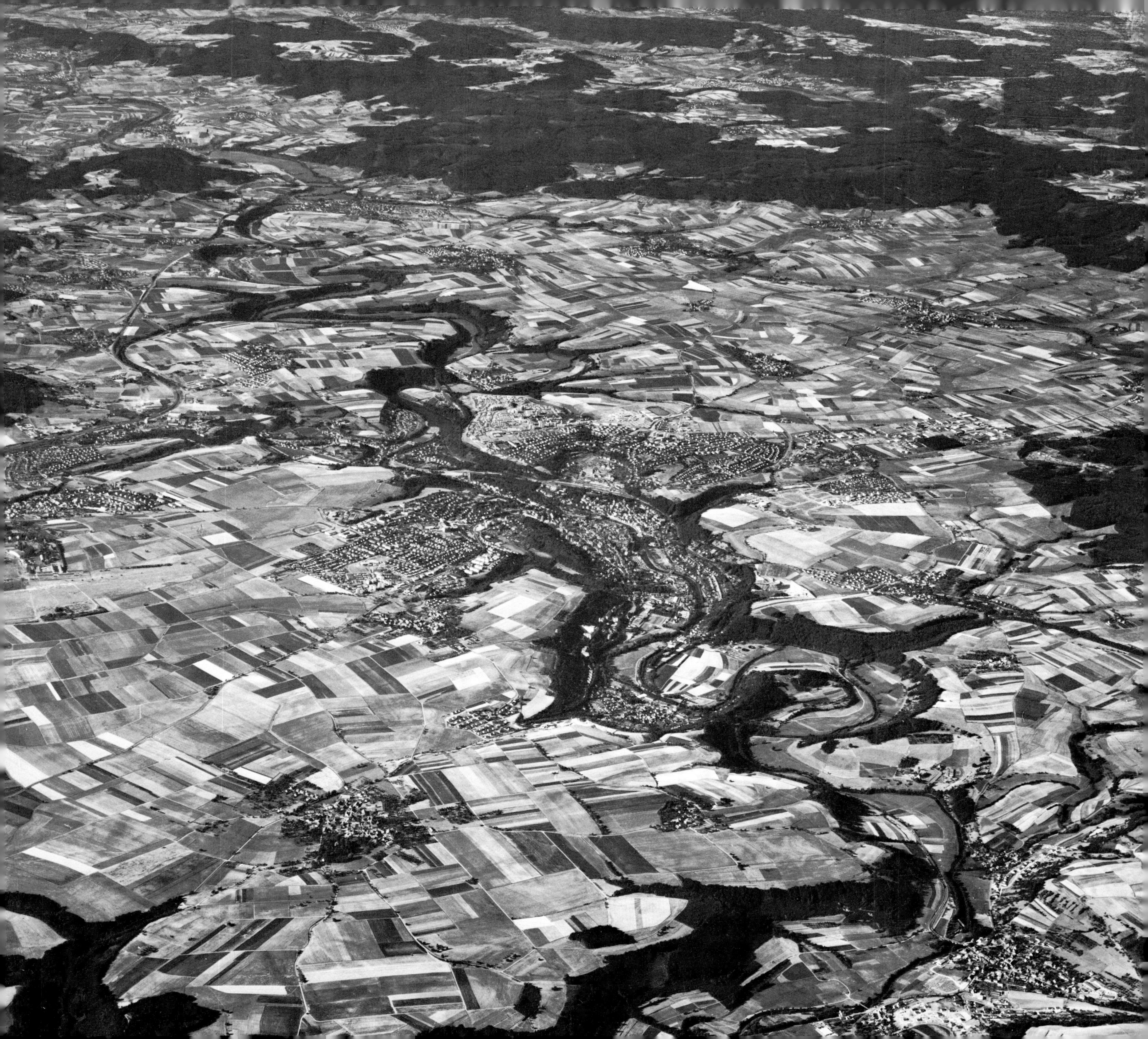

18. Das Steinheimer Becken, ein Meteoritenkrater der Ostalb, im Rauhreif. Im Hintergrund das Brenztal

19. Vulkanlandschaft der mittleren Alb: Bildmitte das Randecker Maar mit Ochsenwang. Rechts der Breitenstein, hinten die Teck

20. Die Insel Mainau im Bodensee: Ausflugsort und Stätte internationaler Begegnung. Im Hintergrund rechts Überlingen

Siedlungslandschaft

Als die erste Siedlungsform in unserer Landschaft werden die Weiler überliefert, in denen die germanischen Großfamilien zusammengelebt haben. Waren das Land und die Wälder der Umgebung zu eng geworden, spaltete sich jeweils eine Stammesgruppe, vor allem die jüngere, zur Erschließung eines neuen Lebensbereiches ab. So wurden zunächst die Rheinebene und das Neckartal, das Donautal, das Hinterland um den Bodensee, aber auch schon verhältnismäßig früh die Schwäbische Alb und der Klettgau besiedelt. In den stark bewaldeten Regionen von Schwarzwald, Odenwald und Schwäbischem Wald mußte das neue Siedlungsland jeweils zuerst gerodet werden. Deshalb ist es verständlich, daß die Rodungsdörfer sehr viel später entstanden als die Haufendörfer in der Ebene. Dehnten diese sich von einem Mittelpunkt immer weiter aus, so reihte sich in den Rodlandgebieten in einer Linie Hof an Hof, von wo aus die Hufe unmittelbar dahinter beackert wurden. So entstanden die Waldhufendörfer, deren charakteristische Form sich bis zum heutigen Tag vor allem im Odenwald und im Nordschwarzwald erhalten hat. Diesem Flurschema entsprechen auch die Straßendörfer, die man vornehmlich in Norddeutschland, aber auch zwischen Alb und Bodensee findet. Im Schwarzwald und im Allgäu dagegen haben sich viele Einzelhöfe inmitten des dazugehörenden bewirtschafteten Landes angesiedelt.

Rund zwei Drittel aller Siedlungen in unserem Land sind aus Haufendörfern hervorgegangen, was die schwierigen strukturellen und sozialen Verflechtungen in vielen ländlichen Gebieten verständlich macht. Dies gilt vor allem in den sogenannten Realteilungsgebieten, in denen etwa die Hälfte der landwirtschaftlich genutzten Fläche des heutigen Baden-Württemberg liegt. Ihr Landschaftsbild mit den vielen schmalen, buntscheckigen, weil unterschiedlich bewirtschafteten Feldern, den »Handtüchern«, ist geradezu charakteristisch für Baden-Württemberg geworden. Zeitgenössischen Quellen aus dem 12. Jahrhundert ist zu entnehmen, daß schon damals die von den Grundeignern an ihre Hintersassen beliehenen Hufe unter den Erben aufgeteilt wurden. In der Literatur wird sogar von Viertel- und Achtelhufen berichtet. Blieben mancherorts Haus und Stall in einer Hand, so wurden anderswo auch die Wohnlichkeiten unter die Söhne aufgeteilt, was verständlicherweise zu fürchterlichen Komplikationen führte. Wurden im Mittelalter die Grundstücksanteile dann für die einzelnen Erben zu klein, so wurde in der näheren oder weiteren Umgebung wieder neues Land erschlossen. Heutzutage dagegen müssen immer mehr junge Menschen aus den bäuerlichen Familien in andere Gewerbezweige abwandern und dort eine neue Existenz aufbauen, weil die Nutzfläche der einzelnen Höfe aus Gründen der Wirtschaftlichkeit gar nicht mehr weiter aufgesplittert werden kann und zusätzliches Land nicht mehr gekauft, sondern höchstens noch zu immer höher steigenden Preisen hinzugepachtet werden kann. Lassen sich die Miterben ihren Anteil auszahlen, zwingt dies wiederum viele

Hoferben, sich nebenher um eine zusätzliche Einnahme zu bemühen. Dies gilt im Zeitalter der Mechanisierung selbst für solche Bauern, die noch zehn Hektar Land besitzen. Sie sind dann als Zuerwerbslandwirt im Wald und bei Saisongeschäften oder schließlich als Nebenerwerbslandwirt in einer Fabrik als angelernte Arbeitskräfte gezwungen, für ihre Familie noch einen Zuverdienst zu sichern. Und wenn es aus gesundheitlichen Gründen wegen der zusätzlichen Belastung gar nicht mehr anders geht, muß der Beruf gewechselt und immer mehr Ackerland verpachtet werden. Verkaufen – dazu finden sich nur ganz wenige Bauern bereit.

Während am Oberrhein, am Neckar, in den Gäulandschaften, im nördlichen Schwarzwald, auf der westlichen Alb und im Bauland die Realteilung vorherrschend ist, hat sich in den anderen Regionen ebenso wie in weiten Bereichen Norddeutschlands das Anerbenprinzip durchgesetzt. Hier übernimmt der Älteste, eventuell auch ein anderer Erbe den gesamten Hof und zahlt seine Geschwister aus. Dies gilt nicht nur für den Grund und Boden, sondern auch für den Hof mit all seinen Gebäulichkeiten, sieht man vom Ausgedingehaus, dem Trakt für den Altbauer, ab. Selbstverständlich spiegelt sich dies dann auch im gesamten Dorfbild wider. In den Anerbengebieten sind die Dörfer klarer gegliedert als in den Realteilungsgebieten, die Flurbereinigung läßt sich verständlicherweise hier und in den Mischgebieten leichter durchführen. Immerhin ist in Baden-Württemberg in den letzten zwei Jahrzehnten etwas mehr als die Hälfte der landwirtschaftlich genutzten Fläche bereinigt worden. Der Staat hat hierfür Milliarden als Zuschüsse ausgegeben, weil die mit der Korrektur der in Jahrhunderten erfolgten Zerreißung der Fluren verbundenen Kosten, auch durch Straßen und Wege, von den Landbesitzern allein finanziell nicht verkraftet werden können.

Wohnten im frühen Mittelalter in vielen Dörfern nicht mehr als zehn oder fünfzehn Familien, so konzentrierten sich nach und nach die Menschen immer mehr in den Flußlandschaften oder in ausgesprochenen Produktionssiedlungen wie zum Beispiel in Hall, das seinen Namen nach dem mittelhochdeutschen Wort Hal für Salzquelle oder Salzwerk hat. An den Handelsstraßen, aber auch an den schon von den Römern als strategisch bedeutsam erkannten Orten entfalteten sich dann vor allem unter den Staufern und den Zähringern viele bedeutungsvolle Städte. Villingen, mit seinen sich auf dem Marktplatz kreuzenden und von den noch erhaltenen Stadttürmen flankierten Hauptstraßen hat sich als Typus der klar gegliederten Zähringerstadt erhalten. Die Staufer dagegen gaben ihren Städten durch gigantisch befestigte Pfalzen wie in Wimpfen oder Sakralbauten wie in Gmünd den Charakter eines bürgerschaftlichen Konzentrationspunktes, in dem sich Handel und Handwerk gleichermaßen entfalten konnten. Mehr im Südwesten als im übrigen Deutschland wurde dies zum Fundament der Reichsunmittelbarkeit der durch die Zünfte stark mitbestimmten Reichsstädte. Führten viele Residenzstädte damals noch ein recht kümmerliches Dasein, so erlebten sie vor allem im 18. Jahrhundert den großen Aufschwung. Schloß und Kirche sowie Verwaltungsgebäude und Wohnungen der Bediensteten gaben Städten wie Bruchsal oder Rastatt, aber auch Sigmaringen oder Donaueschingen ihr Gesicht. Dasselbe gilt für Baden-Baden, Öhringen und Schwetzingen, nicht zu vergessen Karlsruhe, die Fächerstadt, und Mannheim, die Stadt der Quadrate. Sie haben von den sieben Städten des Landes mit mehr als je 100 000 Einwohnern die imposanteste Stadtstruktur.

Wie stark die Topographie die Besiedelung der von einem Netz von Flüssen durchflochtenen Hügellandschaft bestimmt hat, läßt sich besonders anschaulich im Schwarzwald erkennen. Eingebettet zwischen fünf Tälern, wurde Schramberg als Markt- und Gewerbezentrum zur Drehscheibe für die ganze Region. Auf kleinem Plateau, von dem mehrere Flüsse abfallen, ist Freudenstadt mit seinem nach dem letzten Krieg wieder historisch nachgebildeten Marktplatz Markierungspunkt und Umschlagplatz für den ganzen Nordschwarzwald. Furtwangen und Triberg, Schwenningen und St. Georgen wurden zu den Wohnplätzen fleißiger Heimarbeiter und Kleingewerbetreibender. Umgekehrt, Albstadts oder Heidenheims Stadtbilder wurden durch die dort ansässigen Unternehmen geprägt. Hier wurden auch ausgesprochene Arbeitersiedlungen gebaut. Sie sind für die Siedlungsgeschichte genauso charakteristisch wie die Eisenbahnersiedlungen etwa in Weil am Rhein. Auch Aulendorf, Lauda und Mühlacker wurden ausgesprochene Eisenbahnstädte. Städte wie Geislingen oder Tuttlingen wurden vornehmlich durch die dort angesiedelte Spezialindustrie und das damit verbundene Dienstleistungsgeschäft geprägt. Umgekehrt wurden Künzelsau und Crailsheim für Hohenlohe, Buchen und das mit seinem Fachwerkhausensemble schätzenswerte Mosbach für den Odenwald zu den Konzentrationspunkten für Verwaltung und Ausbildung. Die Landesplaner sprechen heute von Schwerpunktorten – welch ein hölzerner Technokratenbegriff! Und das Siedlungsband an der Rems oder an der Fils, an der Nagold oder an der Tauber entlang, das ist neuerdings eine Entwicklungsachse. Was hier Wertheim, ist dort Pforzheim: Ziel- und

Mündungsort. Ist die Stadt am Main vornehmlich wirtschaftlicher Umschlagplatz, so ist die Stadt an der Enz einer der Zentralorte in Baden-Württemberg, die auch kultureller Kristallisationspunkt für eine ganze Landschaft sind – aller sprachlichen und mathematischen Vernunft zuwider spricht man landläufig und in Ministerien auch von »Raum«.

Zwar haben die Planer bis jetzt Baden-Württemberg noch vor den Regionalstädten wie in Nordrhein-Westfalen bewahrt, indem sie zwischen den Gemarkungen noch Grünzonen offengelassen haben. Der Drang nach dem eigenen »Häusle« läßt aber immer wieder neue Siedlungen aus dem Boden schießen, so daß um viele Städte herum bereits ein ganzer Siedlungsring, um Stuttgart und Mannheim herum sogar ein zweiter Siedlungsring entstanden ist. Während in den sechziger Jahren dort Tausende der in den sogenannten »Verdichtungsräumen« Beschäftigten draußen in Hochhausburgen untergebracht wurden, bevorzugen jetzt die Familien mit Kindern, welche sich die stadtnahen Penthouseveranden nicht leisten können, das Reihenhaus im Grünen. Immerhin sind seit 1970 aus den neun Stadtkreisen des Landes 90 000 Menschen abgewandert, aus den ohnehin bevölkerungsschwächsten Landkreisen waren es nur 85 000. Beide Flüchtlingsströme prallen aber jetzt in dem erweiterten Einzugsbereich der Großstädte aufeinander. Die Flüchtlinge aus den lärm- und abgaserfüllten Städten, welche sich dort noch keine größere oder modernere Wohnung wegen der hohen Grundstückspreise leisten können, und die Flüchtlinge aus den Dörfern, die dort keine ihrer besseren Ausbildung gemäße Beschäftigung mehr finden können, vermischen sich in den Randzonen der Wirtschafts- und Dienstleistungszentren zu einer den Traditionen ziemlich abholden Gesellschaft der Aufsteiger.

Deshalb überrascht es auch nicht, daß der Siedlungsstil in diesen Bereichen ein ziemlich stilloser ist. Beton und schwarze Eternitfassaden an der Schwelle zum Höllental vor den Toren Freiburgs oder Dreieckspyramiden auf den Höhen Villingens, das sind architektonische Akzente im Süden. Silhouetten wie in Manhattan beherrschen das Landschaftsbild in Mannheim, außerhalb von Heidelberg und im Norden und Osten von Stuttgart. Was hier in den vergangenen zwei Jahrzehnten verzementiert worden ist, hat zwar vielfach nicht die Schallisolation, aber die Isolierung der Menschen verstärkt. Die willfährige Zerstörung der alten Stadtbilder etwa von Ludwigsburg oder von Hemmingen, von Oberndorf oder von Möglingen ist nicht mehr gutzumachen. Zersiedelt worden ist die Landschaft vieler Städte, zersiedelt worden sind aber auch viele Stadtkerne durch Geschäftshäuser wie in Stuttgart oder Rathäuser wie in Aalen, durch Parkhäuser wie in Ravensburg oder Kaufhäuser wie in Offenburg, Heidenheim und Heidelberg. Zu lange war der Denkmalschutz papieren, zu schnell hat man Altes beseitigt und durch Neues verbaut. Die Silhouette von Bad Wimpfen ist genauso zerstört wie die von Breisach. Das Neckarpanorama unterhalb von Stuttgart ist genauso geschändet wie das Remstalpanorama oberhalb von Waiblingen. Erst Ende der siebziger Jahre ist allmählich, seltsamerweise gestützt auf Erfahrungen aus Polen und auch aus niedersächsischen Städten sowie aus Bayern, mehr Verständnis für die kulturelle und politische Verpflichtung zur Erhaltung des noch Erhaltenswerten erwacht.

Bilderläuterungen 21–36

21 Schwarzwälder Hofgut über dem Schiltachtal. Am Schnittpunkt des Bernecktals, des Lauterbach- und Schiltachtals sowie des Kirnbach- und Gittelbachtals hat sich der Marktflecken Schramberg im Lauf der Jahrhunderte zu einem Zentrum der feinmechanischen Industrie, besonders der Uhrenindustrie, entwickelt. Zu Füßen der drei Burgen, der Rechbergburg Hohenschramberg, der Burg Schilteck und des Falkensteins, trafen sich die Schwarzwälder Bauern aus der ganzen Umgebung in der Fünftälerstadt, die durch ihre Keramikmanufakturen weithin im Land bekannt wurde. Wegen der engen Täler haben es allerdings viele der nahezu 20000 Einwohner inzwischen vorgezogen, sich in Sulgen auf der Höhe über der Stadt (rechts im Bild) anzusiedeln.

22 Rodungsinseln im Nordschwarzwald. Büchenbronn (vorne links), Neuenbürg (vorn rechts) und dazwischen Engelsbrand sowie Waldrennach, Langenbrand und Schömberg (in der rechten Bildhälfte) gehören zu den typischen Rodungsinseln des Schwarzwaldes im Enzkreis. Als den Menschen in den Talauen im Mittelalter die Wohnplätze zu eng geworden waren, breiteten sie sich im Schwarzwald aus und erweiterten dort nach und nach ihre Hufendörfer. Von hier aus pendeln allerdings heute auch viele Nebenerwerbslandwirte, die ihre Landwirtschaft nicht mehr ausdehnen können, täglich in die Industrieorte im Enz- und Nagoldtal.

23 Siedlungsbild auf der Schwäbischen Alb: Nellingen auf der Flächenalb im Alb-Donau-Kreis. Das Dorf mit rund 1500 Einwohnern ist von schlanken Feldern umgeben. Oft war es in solch einem Haufendorf dem Zufall überlassen, wie sich Haus an Haus um das Dorfzentrum herumgruppiert haben. Heute ist es in diesen Orten nur noch schwerlich möglich, neues Siedlungsland für junge »Häuslebauer« zu finden. Wenn die Gemeinde nicht irgendwo über ehemaliges Allmendland als Baugelände verfügt, bleibt den Bauwilligen gar nichts anderes übrig, als sich in einem Aussiedlerhof, wie auf unserem Bild sichtbar, niederzulassen.

24 Modellfall einer mustergültigen Dorferneuerung: Gemmingen-Stebbach im Kreis Heilbronn. Die Gemeinde hat ein ganz neues Zentrum erhalten. Deutlich ist auf dem Bild zu erkennen, wie der alte Stadtteil links unten durch die neuen, an den Stichstraßen aufgereihten Häuser mit ihren schönen Gartenanteilen ergänzt worden ist.

25 Kappel-Grafenhausen bei Lahr in der Oberrheinebene. Von vielen Obstbäumen umgeben, beherrscht die Kirche noch allein das Bild inmitten der fruchtbaren Landschaft, in die (rechts hinten) Kippenheim eingebettet ist. Die ehemalige Kreisstadt Lahr (links hinten) dagegen ist schon längst durch die Wohnsilos einiger Hochhäuser gezeichnet. Vor dem Hintergrund des Schwarzwalds wirken diese fast wie die Türsteher einer unwillkommenen Zivilisation.

26 Die Zelle der Stauferstadt Esslingen am Neckar: Pfarrkirche St. Dionysius. Mit den alten Fachwerkhäusern um das aus dem Jahr 1589 stammende Rathaus bildet sie das Zentrum der ehemaligen freien Reichsstadt. Charakteristisch sind die beiden mit unterschiedlichen Dächern gekrönten und durch einen Verbindungsgang gekoppelten Kirchtürme. Um sie herum gruppiert sich das Einkaufszentrum der rund 94000 Einwohner zählenden Kreisstadt, die durch ihre Fachhochschule und Pädagogische Hochschule ein starkes Gegengewicht zu der alteingesessenen mittelständischen Industrie bekommen hat.

27 Mosbach an der Elz ist berühmt durch seine Fachwerkensembles. Die ehemalige Reichsstadt gehörte seit dem 13. Jahrhundert zur Kurpfalz und kam erst 1806 zu Baden. Deutlich ist an den Straßenzügen zu erkennen, wie sich die rund 23000 Einwohner zählende Stadt auf ihrem Marktplatz mit der aus dem 14. Jahrhundert stammenden vielgestaltigen Stadtkirche konzentriert.

28 Wohnpark Schloß Hemmingen, ein Beispiel der Verstädterung im Verdichtungsraum Stuttgart. Einst stand ein römischer Gutshof im Spitalwald von Hemmingen. Später wurde in der fruchtbaren Landschaft ein Schloßgut errichtet, das der Herzog von Württemberg nach dem Dreißigjährigen Krieg der Familie von Varnbühler als Lehen überlassen hat. Heute firmieren in unmittelbarer Nachbarschaft der alten Dorfkirche diese ungefügen Betonkioske als »Wohnpark Schloß Hemmingen«. Zwar haben die aus den Großstädten vertriebenen Bewohner hier am Rande des Ballungszentrums Stuttgart in unbeschwerter Umwelt eine neue Heimat gefunden, die Landschaft wurde jedoch durch diese modernistische Siedlungsoase böse entstellt.

29 Dorfkern von Kleinbottwar in Steinheim an der Murr. Die Siedlung Steinheim geht bis auf das 9. Jahrhundert zurück, als das Kloster Lorsch hier seine ersten Besitzungen erwarb. Dank seines Urweltmuseums mit dem weltberühmten 250000 Jahre alten Schädel des »Homo steinheimiensis« und einem Mammutskelett, das hier an dem Zusammenfluß von Murr und Bottwar gefunden worden war, ist Steinheim in der wissenschaftlichen Fachwelt weithin bekannt. Aufschlußreich für die Siedlungsgeschichte ist auch die für viele Dörfer und Städte charakteristische enge Verbundenheit zwischen Kirche und Rathaus. Dieses ist durch seinen Fachwerkbau mit Turmreiter auf steinernen Arkaden gekennzeichnet.

30 Nagold im Schwarzwald. Mehrere hundert Meter lang ist der Viadukt in der Bildmitte, der den Autoverkehr am Stadtkern vorbei über die Nagold hinwegträgt. Umgeben von mehreren Hügeln dehnt sich die gewerbereiche Stadt immer weiter in dem verkehrsreichen Tal aus. An der Nagold entlang führt die Straße von Altensteig (links oben) um den Schloßberg herum nach Rotfelden (rechts oben im Bild). Die Felder im Vordergrund gehören bereits zur Schwelle der Gäulandschaft, während im Hintergrund der Schwarzwald sichtbar ist.

31 Stauferland mit den »Kaiserbergen«. Im Vordergrund rechts die weit über das Land hinaus bekannte romanische Stiftskirche von Faurndau im Filstal. Der Ort hat trotz seiner engen Verbindung mit Göppingen seinen ländlichen Charakter weithin bewahren können. Nur verhältnismäßig wenige Einwohner sind in der mittelständischen Industrie des Ortes selbst beschäftigt. Die meisten fahren täglich nach Göppingen zur Arbeit, das im Hintergrund vor der Kulisse der drei Kaiserberge, des Staufen, des Rechbergs und des Stuifen, sichtbar wird.

32 Die Trabantensiedlung Stuttgart-Freiberg entstand auf einem noch vor dem letzten Krieg unbebauten Gelände oberhalb des Neckars bei Mühlhausen (rechts oben im Bild). Vornehmlich haben hier zwischen den Weinberghängen am Fluß und der Ackerlandschaft im Hintergrund die in anderen Stadtteilen Beschäftigten eine neue Heimat gefunden. In gemischter Bauweise entstanden hier nebeneinander Atriumhäuser, Hochburgen des sozialen Wohnungsbaus und komfortable Terrassenwohnungen. Wohl das markanteste Bauwerk ist das Dreieck (links unten) der Landesversicherungsanstalt Württemberg, das wegen seiner Großraumbüros bereits zum Abschreck moderner Bürolandschaften geworden ist.

33 Albstadt. Auch dieses Winterbild zeigt ein neu erschlossenes Siedlungsgebiet in der aus den Städten Ebingen, Tailfingen und Onstmettingen zusammengeschlossenen Mittelpunktsgemeinde Albstadt. Deutlich ist zu erkennen, wie drei Tangenten mit Querverbindungen die neue Siedlung Stiegel erschließen. Geradezu wie ein nach Klassen geordneter Raster unterscheiden sich jedoch die Miethausreihen im Hintergrund mit den Eckpfeilern der Hochhäuser von den Einfamilienhäusern, die der von Fichten bewaldete Hang umschließt und die sich unverkennbar von den alten Stadtteilen abheben.

34 Wohngevierte in Karlsruhe. Das Stadtbild Karlsruhes prägen nicht nur das ehemalige Residenzviertel um das Schloß und die vielen Behördenbauten nebst Bundesverfassungsgericht und Hochschulen, sondern auch das große Industriegebiet und die dazugehörenden Wohnviertel. In dem im letzten Krieg stark zerstörten Oberzentrum, das vor wenigen Jahren wieder ein prachtvolles neues Staatstheater erhalten hat, finden sich an der Stuttgarter Straße diese Wohngevierte, deren städteplanerische Bedeutung erst in den letzten Jahren richtig erkannt worden ist. Je mehr die Autos nämlich die Straßen beherrschen, desto geschätzter werden die Innenhöfe, weil sich in ihnen, wenn sie groß genug sind, die Kinder noch einigermaßen unbeaufsichtigt und frei bewegen können. Auch der Begegnung der älteren Menschen dienen diese geschützten Höfe, wenn sie nicht, wie auf unserem Bild, allzusehr durch moderne Wohnpaläste verbaut werden.

35 Mitten in Stuttgart: Die Hangbebauung zwischen der Hauptstätter- und der Olgastraße nützte die Bereiche zwischen den Häusern in schwäbischer Sparsamkeit bis auf den letzten Fleck aus. Man schreckte nicht einmal davor zurück, Fabriken oder andere Gewerbebetriebe mit hohen Schornsteinen in den Hinterhöfen anzusiedeln, wie unser Bild entlang der Weißenburgstraße (links) und der Immenhoferstraße (rechts) zeigt.

36 Der Karlsruher Hardtwald. Wie schwierig es ist, in unmittelbarer Nähe einer Großstadt den Bürgern ein größeres Waldstück zu erhalten, zeigt dieser Überblick über den Karlsruher Hardtwald. Schon in den sechziger Jahren ist er durch die Waldsiedlung (rechts) angeknabbert worden, eine Wohnform, die damals unter dem Motto »Wohnen im Grünen« vielen Städteplanern zum Vorbild wurde. Inzwischen hat sich auch das Kernforschungszentrum, diagonal gegenüber, immer weiter in den Wald hineingefressen. Und auch an den Waldrandzonen, links und mitten im Bild, ist zu erkennen, wie die Besiedlung dem Waldgebiet immer näher rückt. Für das Wildparkstadion und andere Sportanlagen mußten selbstverständlich größere Verkehrsschneisen aus dem Wald herausgebrochen werden. In der rechten oberen Bildhälfte ist auch noch das neue Kernkraftwerk mit dem Kühlturm bei Philippsburg am Rhein zu erkennen, der sich von dem linken Bildrand aus nach rechts zieht.

21. Schwarzwälder Hofgut über dem Schiltachtal mit der Uhrenstadt Schramberg

22. *Rodungsinseln im Nordschwarzwald südlich von Pforzheim und Neuenbürg*
23. *Siedlungsbild auf der Schwäbischen Alb, Haufendorf mit kleingeteilter Flurnutzung (Nellingen, Alb-Donau-Kreis)*

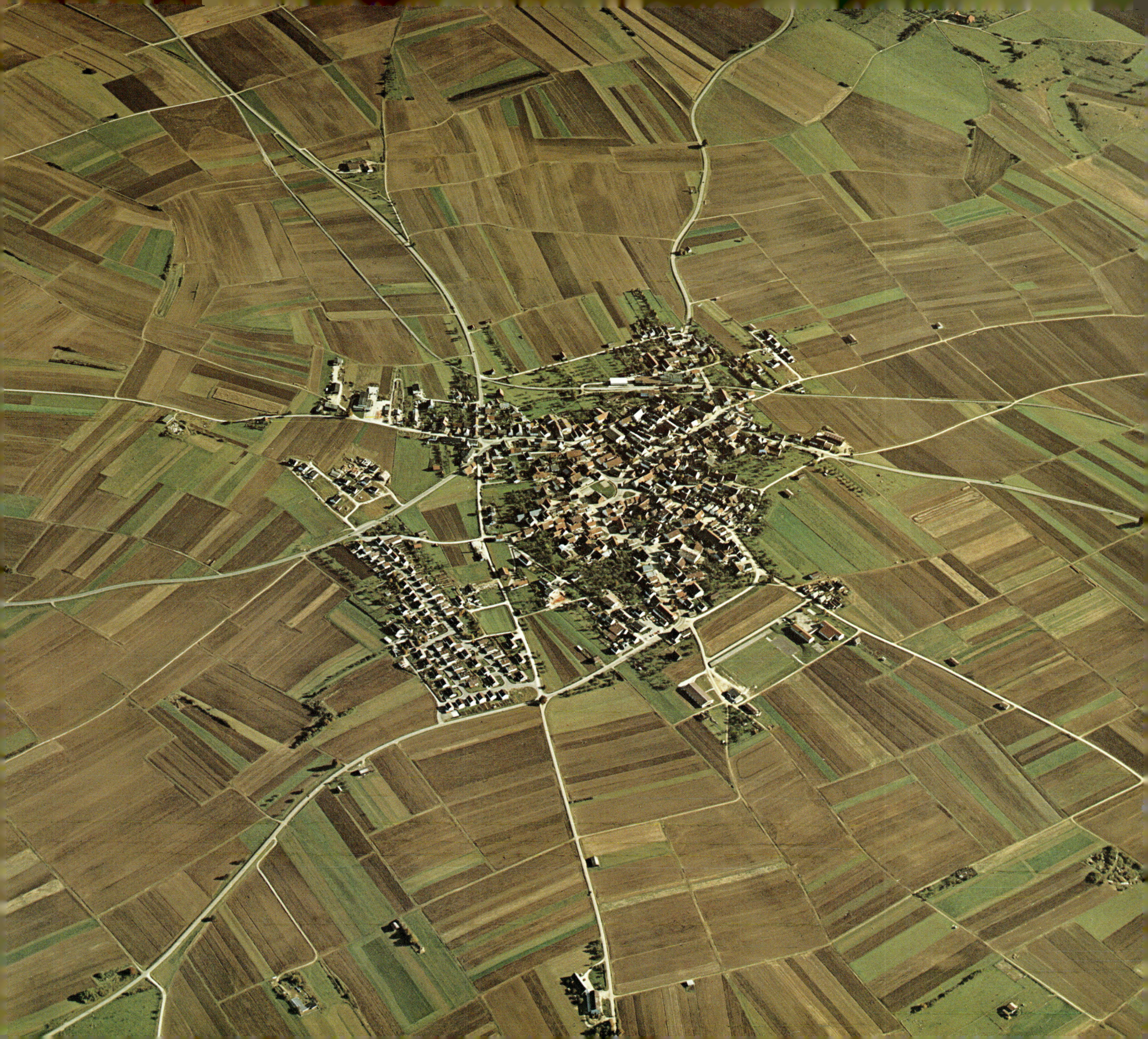

24. Modellfall einer mustergültigen Dorferneuerung: Gemmingen-Stebbach (Landkreis Heilbronn)

25. Siedlungsbild zwischen Oberrhein und Schwarzwald: vorn Kappel-Grafenhausen, links hinten Lahr, rechts Kippenheim

26. Die Zelle der Stauferstadt Esslingen am Neckar, die Stadtkirche St. Dionysius mit dem Stadtkern

27. Mosbach an der Elz, die »Stadt der Fachwerkbauten«, mit Stiftskirche und Rathaus

28. Wohnpark Schloß Hemmingen, Beispiel für die Verstädterung der Landschaft im Verdichtungsraum um Stuttgart
29. Dorfkern von Kleinbottwar (Stadt Steinheim an der Murr) im unteren Neckarland

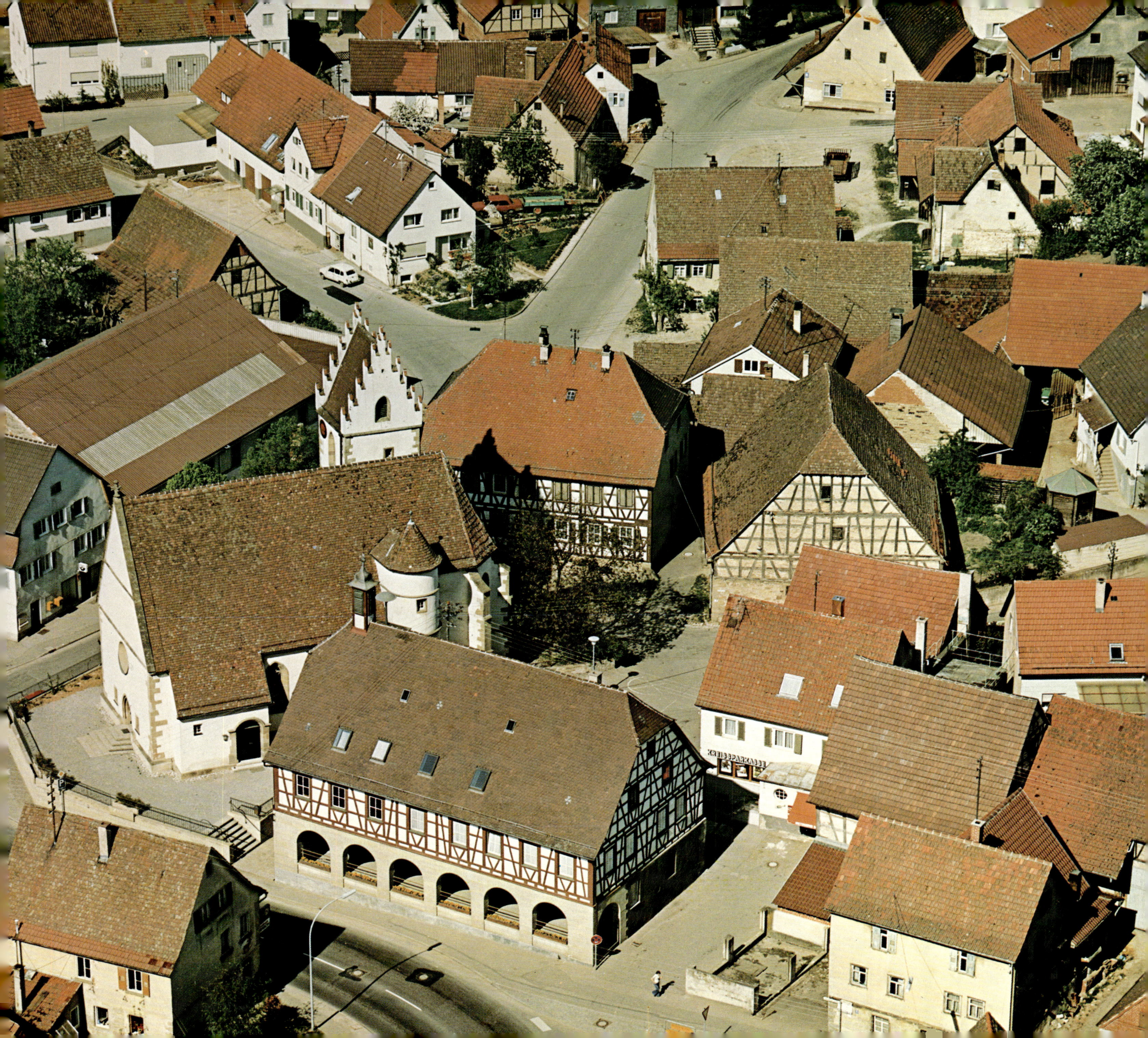
KREISSPARKASSE

30. *Nagold im Schwarzwald. Im Zentrum der Schloßberg, umschlungen von der Nagold. Oben links Altensteig*

31. Stauferland mit den »Kaiserbergen«. Im Vordergrund Göppingen-Faurndau mit seiner romanischen Pfarrkirche, dahinter Göppingen

32. Stuttgart-Freiberg über dem Neckartal mit Weinbergen und Stadtteil Mühlhausen
33. Albstadt (unten Stadtteil Tailfingen) mit Neubausiedlung Stiegel auf der Höhe der Schwäbischen Alb

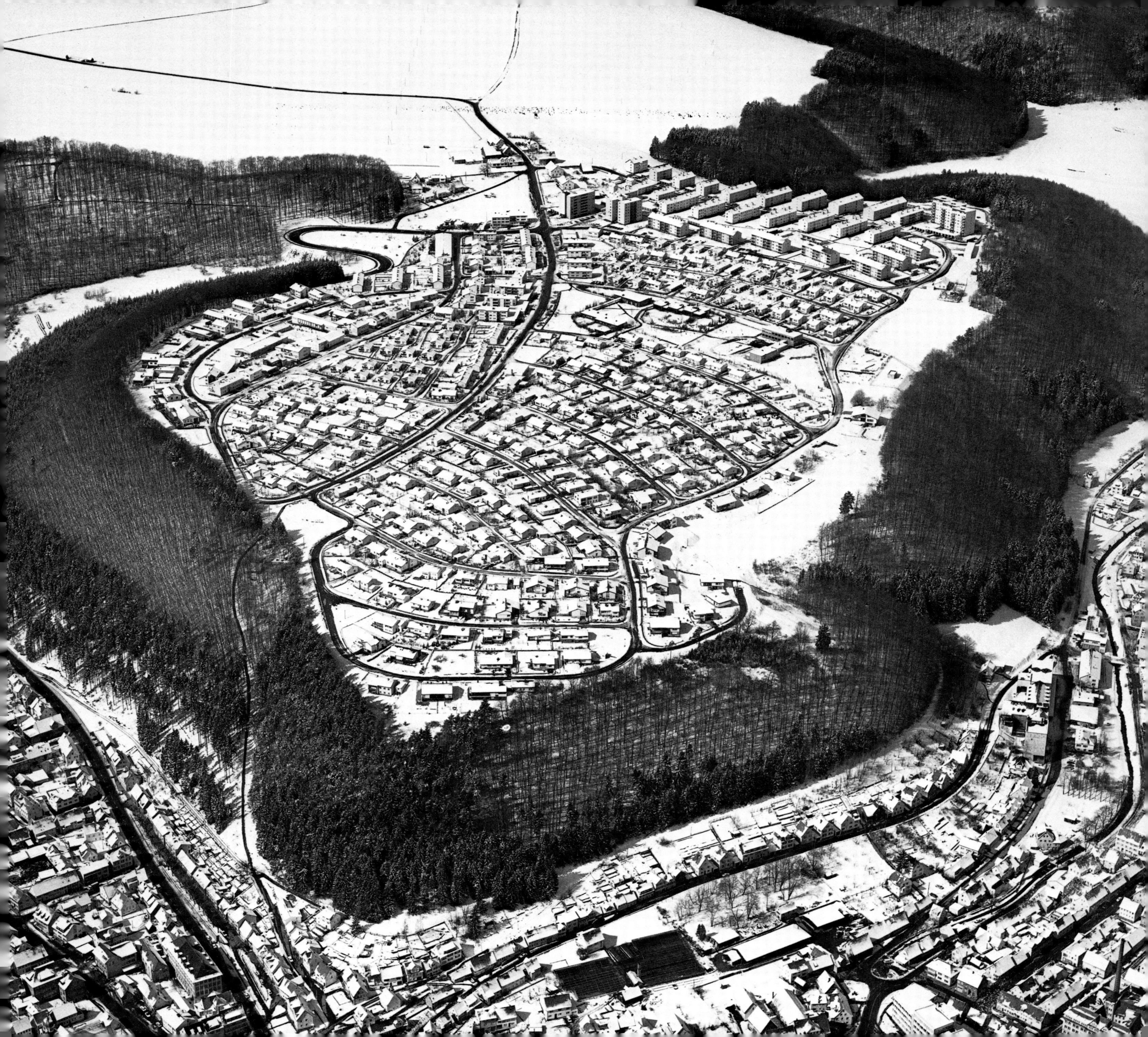

34. Wohngevierte in Karlsruhe mit kinderfreundlichen Binnenhofzonen

35. Mitten in Stuttgart: Hangbebauung um die Jahrhundertwende in Stuttgart-Süd (Weißenburg – Immenhofer Straße)

36. Der Karlsruher Hardtwald, vorn links das Schloß, in der Bildmitte rechts die Waldsiedlung, darüber im Wald das Kernforschungszentrum

Verkehrslandschaft

Ob Kelten, Germanen oder Römer, sie alle haben das Land von den Flüssen her erschlossen. So war die Heuneburg im Donautal in der Nähe des heutigen Riedlingen schon vor zweieinhalbtausend Jahren eine das Land beherrschende Bastion der Kelten. Das Kleinaspergle und das erst 1978 entdeckte Fürstengrab bei Hochdorf zeugen dafür, daß die Kelten auch am Neckar die Mündungsgebiete der Nebenflüsse beherrschten. Und aus der Römerzeit finden sich ebenfalls bedeutende Siedlungen an den Flüssen. Erwähnt seien nur Rottweil, Sulz und Rottenburg, Köngen – der Eckpfeiler des Neckarlimes –, Benningen, Wimpfen und Ladenburg am Neckar, der 706 Meter hoch auf der Baar seine Wasser sammelt und früher erst bei Mainz in den Rhein gemündet war. Auch am Rhein, etwa bei Basel, bei Breisach und bei Straßburg hatten sich die Römer festgesetzt und ihre Schiffe ausgesandt. Der Rhein bildete denn auch mit der Donau zwischen dem heutigen Hüfingen und Regensburg die beiden Schenkel jenes Dreiecks, das im Norden durch den Limes begrenzt und als Dekumatland den Römern zur Sicherung ihres Imperiums im Norden dienen sollte. Nachdem dieser aber von den Alamannen um 260 nach Christus überrannt worden war, ließen sich nach und nach immer mehr Germanen an den Flüssen nieder, so etwa die Franken an der Einmündung der Sulm in den Neckar. Schon die Römer hatten begonnen, ihre Siedlungen durch Straßen miteinander zu verbinden. Eine der bedeutendsten verlief von Basel über Straßburg nach Mainz. Aber auch rechtsrheinisch gab es eine zum Teil mit Bohlen gefertigte Straße zwischen den Siedlungen bei Badenweiler, Riegel, Lahr, Offenburg, Sandweier und Ladenburg bis hin zum Main. Strategisch wichtiger war aber die Verbindungsstraße von der Aare über den Hotzenwald nach Hüfingen und weiter über die Baar nach Rottweil, von dort dem Neckar entlang über Köngen und den Schurwald nach Lorch und weiter nach Aalen. Diese Versorgungsstraße für den Limes wurde auf großen Strecken über Berge und Hügel geführt, damit sie nicht durch Wasser gefährdet werden konnte. Sie traf dann über Heidenheim in Nassenfels mit der Donaustraße zusammen, die über Emerkingen und Günzburg auf Regensburg zulief. Übrigens führte auf die Donau zu auch die durch die Via Mala aus dem Süden heraufgeführte Straße östlich am Bodensee und an der Argen vorbei über Kempten und Augsburg.

Hatten die Germanen sich noch auf die Überquerung der Flüsse durch Furten beschränkt, so übten sich die Römer, wie Julius Caesar überliefert hat, schon früh im Brückenschlag mit Holz. In Kleinasien hatten sie auch schon über Boote Brücken schlagen gelernt und noch vor der Zeitenwende in Rom die ersten aus Stein erbaut. Die Bewohner an Rhein und Donau wagten sich allerdings erst im 12. Jahrhundert an Steinbrücken. Aus dem 13. Jahrhundert ist ein Brückenschlag bei Laufenburg am Hochrhein und bei Esslingen überliefert. Im 15. Jahrhundert wurde bei Lauffen am Neckar eine Brücke gebaut, die jetzt noch zu sehen ist.

Erst danach begann das große Brückenschlagen. Die Grundherren erkannten auch schnell, daß man durch Brückenzoll noch schneller zu Geld kommen konnte als durch Wegzoll. Dabei war übrigens genau festgelegt, wieviel ein Reiter und wieviel ein Viehtreiber für den Übergang zu zahlen hatte. Trotzdem wurden die Brücken erst im Lauf der Jahrhunderte mit Abschrankungen oder gar Brückenmauern versehen. Und auch der Schutz der Pfeiler vor Eisgang oder Anschwemmungen wurde erst nach und nach verbessert.

Vom Pfalzgraf, der sich als »Herr des Rheinstroms« zwischen Selz im Elsaß und Bingen ausgab, kennen wir auch die landesherrlichen Rechte an Fluß und Leinpfad, dem Uferweg, auf dem die Schiffe von den Knechten an Leinen flußaufwärts gezogen wurden. Ihm mußten die im Fluß gefangenen Störe und die Schiffszölle abgeliefert werden. Zur besseren Kontrolle über den Fluß wurden auch eigens Rheinkarten angelegt. Eine Rheinstromkarte aus dem Jahr 1590 ist sogar 12,35 Meter lang geraten und behielt bis ins 18. Jahrhundert Gültigkeit.

Von dem 1237 Kilometer langen Rhein werden 163 Kilometer vom Alpenrhein bis zum Bodensee der Schweiz zugerechnet. Durch den Bodensee hindurch mißt der Rhein 53 Kilometer. Der Hochrhein, der allein zwischen dem Rheinfall bei Schaffhausen und Basel ein Gefälle von 110 Metern aufweist, wurde mit seiner Wasserkraft noch vor Beginn des Industriezeitalters für den Antrieb von mechanischen Maschinen und später auch für die Elektrizitätserzeugung genützt. Ehe der Oberrhein durch Johann Gottfried Tulla Anfang des 19. Jahrhunderts korrigiert wurde, hatte man zwischen Basel und Mannheim mehr als 2200 Rheininseln gezählt. Zwar war schon im 14. Jahrhundert der erste Rheindurchstich versucht worden, aber erst nach dem Rheingrenzvertrag von 1840 konnten die Korrekturarbeiten von badischen und französischen Ingenieuren gemeinsam intensiviert werden. Am Isteiner Klotz, aber auch bei Mannheim, konnten diese bereits im Jahr 1876 beendet und durch eine neue Einmündung des Neckars in den Rhein der Güter- und Personenverkehr beträchtlich verbessert werden. Es war allerdings unserem Jahrhundert vorbehalten, als Folge der Kriege zwischen Deutschland und Frankreich, durch den Bau des Rheinseitenkanals auf französischem Hoheitsgebiet die Wasserstraße noch einmal um 50 Kilometer zu verkürzen.

Der gegen Ende des Mittelalters immer stärker auflebende Handel zwischen den Städten erzwang auch den Ausbau der Straßen. So zeichneten sich damals schon die wichtigsten »Verkehrsachsen« im Lande ab. Verständlicherweise folgten sie zunächst einmal den Römerstraßen. Nach und nach wurden aber auch die Verkehrswege etwa von Tuttlingen nach Sigmaringen, von Freiburg nach Donaueschingen, von Rothenburg an der Tauber entlang nach Norden oder von Esslingen aus ins Remstal gebaut. Viele dieser Straßen, auf denen vorwiegend Fuhrwerke, aber auch zweispännige Kutschen verkehrten, waren wenig breiter als zwei Meter und wiesen nur vereinzelt Ausweichstellen aus. Noch im 18. Jahrhundert waren die meisten Wege im Land sogar nicht einmal breiter als ein Meter oder 1,30 Meter, was für die damals üblichen Bauernwagen auch völlig ausreichte. Erst in der napoleonischen Zeit, als nicht mehr nur die Landleute, sondern auch die Bürgerlichen und die Adeligen zu Geldtributionen oder »zur Mitarbeit am Straßenbau« herangezogen wurden, verbreiterte man die Straßen nach und nach. Hatte man sich jahrhundertelang damit begnügt, die Straßen durch Auftragen von Boden oder Schotter in die ausgefahrenen Fahrspuren der Fuhrwerke wieder einigermaßen plan zu machen, so wurden vom 18. Jahrhundert an auch Kiesbeläge und später sogar ein Bett von zunächst flach verlegten und später hochkant gestellten Steinen aufgebracht, weil diese dem Druck der schwerer werdenden Gespanne am ehesten widerstehen konnten. Je stärker die Straßen dann aber befahren wurden, desto höher stiegen auch die Unterhaltskosten, besonders dort, wo man auf verhältnismäßig weiches Flickgestein angewiesen war.

Von einem systematischen Ausbau des Straßennetzes kann man eigentlich erst seit dem Beginn des 19. Jahrhunderts sprechen. Im Jahre 1808 erließ König Friedrich eine neue württembergische Wegeordnung, zwei Jahre später der badische Großherzog eine eigene Chausseeordnung. Dabei wurde erstmalig zwischen sieben Straßenklassen, zwischen Staatsstraßen und Vizinalwegen unterschieden. Diejenigen Straßen, auf denen die Straßenwärter pro Tag Fahrzeuge mit mehr als 1000 Zugtieren zählten, wurden als Straßen I. Klasse eingeordnet. Zählte man im Württembergischen im Jahr 1858 auf einem Kilometer Staatsstraße durchschnittlich 187 Zugtiere, so waren es fünf Jahre später nur noch 148. Der Ausbau des Eisenbahnnetzes brachte innerhalb weniger Jahre eine unvorhergesehene Verkehrsverlagerung, obwohl die Hauptstraßen verbreitert, begradigt und nach der Erfindung der Dampfmaschine auch fester fundiert wurden. Es galt sogar eine Verordnung, daß keine Straße mehr eine Steigung von mehr als fünf, im Gebirge höchstens sechs Prozent haben dürfe. Und tatsächlich wurde das Straßensystem auch weiter ausgebaut. Zunächst in Baden noch mehr als in Württemberg. Dehnte sich im Jahr 1830 das Netz der badischen Staatsstraßen erst über 2300 Kilometer und das der württembergischen über 2200 Kilometer hinweg, so gibt es heute in Baden-Württemberg mehr als 12 700 Kilometer Landstraßen, mehr als 1000 Kilometer Autobahn, 4800 Kilometer Bundesstraßen und 9500 Kilometer Kreisstraßen.

Die erste Eisenbahnstrecke war im Badischen 1843 zwischen Karlsruhe und Heidelberg und im Württembergischen im Jahr 1845 zwischen Cannstatt und Untertürkheim eröffnet und noch im gleichen Jahr nach Esslingen verlängert worden. Wegen des schwierigen Tunnelbaus unter dem Rosenstein konnte allerdings die Landeshauptstadt mit ihrem ersten Sackbahnhof unmittelbar beim Schloßplatz erst ein Jahr später angeschlossen werden. Noch schwieriger waren aber die topographischen Hindernisse am Albaufstieg zwischen Geislingen und Ulm. Immerhin konnte man 1850 bereits von Heilbronn bis Friedrichshafen fahren. Nach langwierigen Verhandlungen wurde im gleichen Jahr auch ein Staatsvertrag zwischen Württemberg und Baden abgeschlossen, der den Weg für die Eisenbahnstrecke von Stuttgart bis nach Mannheim ebnete. Das erste Teilstück zwischen Bietigheim und Bruchsal mit dem dort noch erhaltenen Eisenbahnviadukt wurde 1853 eröffnet. Manche technischen Probleme ließen sich damals schon leichter überwinden als die damit verbundenen diplomatischen Verwicklungen. So konnte die Transschwarzwaldstrecke von Offenburg durch das Kinzigtal durch den dank seines technischen Könnens bekanntgewordenen Ingenieur Robert Gerwig erst zwischen 1867 und 1873 fertiggestellt werden. Die Karlsruher Ministerialbeamten hatten sich nämlich der Streckenführung über das württembergische Schramberg widersetzt, obwohl diese erheblich billiger gewesen wäre als die Strecke über Hornberg. Für diese mußten nämlich eigens 38 Tunnels gebaut werden, allerdings konnte sich dafür die Schwarzwaldbahn auf ihrer ganzen Strecke auf badischem Territorium bewegen.

Der zweite große kühne Eisenbahnbau im Badischen, die Höllentalbahn, wurde erst 1887 vollendet. Wo früher die Postkutschen von Thurn und Taxis auf der »Route verte« von Freiburg auf den Schwarzwald hinaufkletterten, half man sich zunächst, übrigens genau wie an der Honauer Steige zwischen Reutlingen und Münsingen, mit Lokomotiven mit Zahnradantrieb. Erst später wurden diese durch Tenderlokomotiven abgelöst. Zu diesem Zeitpunkt war auch die sogenannte Kanonenbahn zwischen Immendingen und Waldshut schon im Betrieb. Im Jahre 1890 fertiggestellt, war diese Strecke zur Sicherung des militärischen Nachschubs aus strategischen Gründen so angelegt worden, daß der Schweizer Kanton Schaffhausen umgangen werden konnte. Aus diesem Grunde mußte aber zur Überwindung von 118 Meter Höhenunterschied zwischen den nur 3600 Meter voneinander entfernten Orten Zollhaus und Fützen eine 13 Kilometer lange Eisenbahnstrecke mit zwei Tunnels und drei Kehrschleifen erbaut werden. Heute erinnert die von der Stadt Blumberg zwischen Weizen und Zollhaus betriebene Museumsbahn an dieses Unikum.

In der Pionierzeit der Eisenbahn gab es in Baden und Württemberg außer der Rheintalbahn und der Verbindung zum Bodensee nur noch die West-Ost-Verbindung von Karlsruhe über Stuttgart nach Crailsheim sowie einen Abstecher nach Heilbronn. Daß schon damals weitsichtig geplant wurde, beweist die Tatsache, daß von diesen Strecken inzwischen nur die Stichbahn nach Baden-Baden aufgegeben worden ist. Von den vielen anderen Strecken allerdings, die zwischen 1890 und dem Ersten Weltkrieg in die dem Verkehr noch weniger zugänglichen Regionen unter teilweise hohen Kosten gebaut worden sind, sind inzwischen schon wieder mehr als die Hälfte der Konkurrenz des Straßenverkehrs zum Opfer gefallen. Insgesamt wurden so in den letzten Jahrzehnten mehr als 900 Kilometer Eisenbahnstrecken in Baden-Württemberg stillgelegt. Von den 3733 Kilometern des noch bestehenden Netzes gelten 2900 als Hauptbahnstrecken und sind etwas mehr als 43 Prozent mit Hilfe des Staates elektrifiziert worden. Dies gilt für alle Fernverkehrs- und Hauptpendlerstrecken. Allein in die Landeshauptstadt kommen täglich immer noch annähernd 130 000 Pendler, davon 40 000 mit der Bahn. Da aber auch die Zahl der Auspendler im Laufe der letzten Jahre immer größer geworden ist, ist 1978 nach kostspieligen Vorarbeiten das Nahverkehrssystem der S-Bahn eingerichtet worden, das die Fahrgäste direkt ins Stuttgarter Stadtzentrum hineinbringt. Trotzdem ist die Zahl der verkauften Fahrausweise der Bundesbahn in Baden-Württemberg innerhalb von sechs Jahren um 15 Prozent zurückgegangen, andererseits hat sich der Versand von Großcontainern auf der Eisenbahn in der gleichen Zeit um mehr als 60 Prozent erhöht.

Während die Bundesbahn in Baden-Württemberg im Personenverkehr allein zwischen 1975 und 1977 einen Schwund um mehr als zehn Prozent und im Güterverkehr insgesamt sogar um mehr als 15 Prozent hinnehmen mußte, ist der Güterverkehr in der Binnenschiffahrt zu den südwestdeutschen Häfen während der wirtschaftlichen Rezession in der Mitte der siebziger Jahre nur um etwa sieben Prozent gesunken, auf dem Neckar noch mehr als auf dem Oberrhein. Dennoch läßt sich sagen, daß sich allen Unkenrufen zum Trotz der Ausbau des Neckarkanals von Mannheim bis Heilbronn im Jahr 1935, nach Stuttgart im Jahr 1958 und bis nach Plochingen zehn Jahre später, mit insgesamt 27 Staustufen als richtig erwiesen hat. Ob man dies allerdings auch bei einer Verwirklichung des schon jahrzehntealten Kanalprojekts prophezeihen könnte, das den Nekkar über die Fils mit der Donau bei Ulm verbinden soll, erscheint mehr als fraglich. Deshalb wird man auch davon ausgehen müssen, daß dieses Projekt ebenso wie die Kanalisierung des Hochrheins zwischen der Aaremündung und dem Bodensee nicht mehr in diesem Jahrhundert verwirklicht wird. Beide Pläne setzten ohnehin den Bau zahlreicher neuer Schleusenanlagen voraus. Mit wieviel Schwierigkeiten solche Kunstbauten verbunden sind, hat der Bau des Rheinseitenkanals mit seinen elf Staustufen schon zur Genüge gezeigt.

Deutlich läßt sich dagegen die Vollendung des südwestdeutschen Autobahnsystems absehen. Nach der Fertigstellung der HAFRABA, der Autobahn Hamburg – Frankfurt – Basel im Jahre 1962 und der Autobahn Stuttgart – Heilbronn – Würzburg, ist 1978 mit der Eröffnung der Autobahn von Stuttgart nach Singen der zweite Nord-Süd-Strang in unserem Land fertiggestellt worden. Daß an das Ein-Milliarden-Projekt auch bald eine Abzweigung nach Konstanz und direkt in die Schweiz angeschlossen wird, wird zwar von den Naturschützern nicht so gerne gesehen. Deshalb ist es auch ungewiß, ob diese internationale Verbindung noch fertig wird, ehe die dritte Nord-Süd-Passage von Hamburg über Kassel, Würzburg und Ulm, nach Kempten und Lindau durchgängig befahrbar ist. Unabhängig davon ist aber als Ergänzung des Autobahnkoordinatensystems in Baden-Württemberg außer dem Querspann Mannheim – Weinsberg – Nürnberg im Norden sowie Straßburg – Karlsruhe – Ulm in der Mitte, auch noch eine Süd-Transversale nördlich des Bodensees vorgesehen. Allerdings stößt auch diese Trasse bei der Bevölkerung in den betroffenen Gebieten auf großen Widerstand. Die einen wollen auf der Autobahn von Basel aus am Hochrhein entlang nach Osten fahren, andere dagegen geben einer Autobahn von Freiburg über den Schwarzwald nach Donaueschingen, und von dort aus über Stockach in Richtung Lindau den Vorzug. Die Tatsache, daß dieses Problem seit Jahren zu den umstrittensten landespolitischen Themen gehört, macht erst richtig klar, wie wichtig die Verkehrserschließung in dem von den Seehäfen und den Rohstoffquellen des Ruhr- und Saargebiets gleichermaßen weit entfernten Baden-Württemberg ist. Zwar verzeichnen der Flughafen Stuttgart-Echterdingen und auch die meisten der zwölf kleineren Fluglandeplätze im Land seit Jahren steigende Zahlen von Fluggästen. Für die Masse der Passagiere und für den Güterverkehr wird jedoch der Flugverkehr nie eine ernsthafte Alternative zu den anderen Verkehrsmöglichkeiten werden.

Bilderläuterungen 37–52

37 Im Donauried bei Langenau. Nach den Schätzungen der Wissenschaftler wird der Wasserbedarf in Baden-Württemberg bis zum Jahr 2000 um nahezu ein Fünftel auf über eine Milliarde Kubikmeter jährlich ansteigen. Deshalb hat die Landesregierung ein Sonderprogramm für die Wasserversorgung erarbeitet, aus dem hervorgeht, wie der künftige Bedarf gedeckt werden soll. Bis jetzt gibt es im Land rund 9000 Wasserentnahmestellen. Einige davon befinden sich im Donauried in der Nähe von Langenau im Alb-Donau-Kreis. In der Flußaue wurde ein Pumpwerk errichtet, das von der Landeswasserversorgung, einer Hauptgruppe der rund 275 Wasserversorgungsverbände im Land, betreut wird.

38 Der Hochrhein bei Laufenburg. Flußtäler sind nicht nur Versorgungs-, sondern auch Verkehrsadern. So ist der Hochrhein zwischen dem Schweizer und dem deutschen Laufenburg links und rechts des Flusses gleichsam zur Schlagader der gesamten Region zwischen Basel und Schaffhausen geworden. Zwar sind die großen Lastkähne noch nicht bis Waldshut oder bis zum Bodensee vorgedrungen, für die Eisenbahnen und den Straßenverkehr wird aber die Ost-West-Verbindung zum Bodensee immer bedeutungsvoller. Sogar der Bau einer Autobahn zwischen Basel, Säckingen (oben im Bild), Waldshut und Singen wird seit langem diskutiert.

39 Der Rhein als Schiffahrtsstraße. Mit wieviel Aufwand der Rhein für die Schiffahrt zwischen Rotterdam und der Schweiz schiffbar gemacht worden ist, zeigt dieser Ausschnitt zwischen Burkheim und Sasbach (rechts oben) in der oberen Bildmitte. Der kurvenreiche Rhein wurde durch Wehre (unten im Bild) abgeriegelt, um den Wasserzufluß für den Rheinseitenkanal auf französischer Seite (links), regulieren zu können. In ihn mußten zur Überwindung der Höhenunterschiede viele Schleusen eingebaut werden. Trotz der dadurch bedingten Verzögerung für den Schiffsverkehr ist dieser vor allem für den Transport von Massengütern bis heute immer noch ohne Konkurrenz. Auf der rechten Rheinseite unmittelbar am Ufer ist oberhalb der Abzweigung der alten Rheinschlinge (Bildmitte) auch das Gelände zu erkennen, das für den Bau des Kernkraftwerks bei Wyhl vorgesehen ist.

40 Neckarschlaufen bei Mundelsheim. Wie sich die Flußtäler im Lauf der Jahrtausende in die Landschaft hineingefressen haben, ist an den Neckarschlaufen bei Mundelsheim (vorne rechts) zu erkennen. Die Fachleute unterscheiden zwischen dem sich in der Schlaufe selbst immer mehr verflachenden Gleithang und dem steilen Prallhang an der Schlaufenkehre, wo der Fluß durch die Wasserströmung immer mehr Erdreich wegnagt, falls dies nicht durch Kunstbauten verhindert wird. Gut ist ein solcher Prallhang links von Hessigheim (in der Bildmitte) neben der Schleuse zu erkennen. Darüber, wo die Enz in den Neckar mündet, befindet sich Besigheim und rechts davon Walheim mit dem Dampfkraftwerk, das wegen der kostspieligen Versorgung mit Brennmaterial direkt am Fluß angelegt worden ist. Weiter flußabwärts liegt Gemmrigheim.

41 Das romantische Neckargemünd bei Heidelberg entstand an der Einmündung der Elsenz in den Neckar. Die Stadt mit ihren mehr als 13 000 Einwohnern ist bereits im 10. Jahrhundert in den Urkunden erwähnt worden und gehörte von 1395 bis 1803 zur Kurpfalz. Noch sind Teile der Stadtmauer der ehemaligen freien Reichsstadt zu erkennen. Neckargemünd ist durch den Bau des großen Ausbildungszentrums für behinderte Kinder im Zusammenhang mit dem Berufsförderungswerk in Heidelberg weit über das Land hinaus bekannt geworden.

42 Der Rhein und die Schlingen des Altrheins bei Hochwasser. Trotz der Rheinregulierung durch Tulla und trotz der in den letzten anderthalb Jahrhunderten angelegten Schleusen bekommt man auch im Rheintal immer wieder die Macht der Natur zu spüren. Unser Bild zeigt, wie der Rhein zwischen Ketsch (links) und Speyer (rechts oben) durch Hochwasser überflutet worden ist. Dadurch hat das alte Rheinbett wieder jene Konturen erhalten, die an den ehemaligen Flußlauf in Schlingen, vorbei an den jetzt unter Naturschutz stehenden Auwäldern bei Ketsch erinnern.

43 Das Durchbruchstal der jungen Donau. Schon vor 900 Jahren haben sich die ersten Mönche im Donautal bei Beuron niedergelassen. Schloß Werenwag am Trauf über dem steil eingeschnittenen Tal (links in der oberen Bildhälfte) sowie die Burg Wildenstein, weiter flußabwärts (Bildmitte rechts) verraten, daß der Durchbruch der Donau durch die Alb für Jahrhunderte als kürzester Verbindungsweg zwischen Sigmaringen und Tuttlingen gegolten hat. Dort, wo die Donau in Jahrtausenden durch ihre zehrende Kraft in einer ihrer Windungen eine breite Talaue ausgewaschen hat, befindet sich die Erzabtei Beuron, eines der bedeutendsten europäischen Benediktinerklöster mit dem Vetus-Latina-Institut, in dem seit vielen Jahren an einer Bibelübersetzung gearbeitet wird.

44 Die Nordbrücke von Mannheim, die erst in den siebziger Jahren eingeweiht worden ist, bildet die Hauptverkehrsverbindung zu dem linksrheinischen Ludwigshafen. Welch komplizierte Spiralbauten beiderseits des Flusses notwendig waren, um die Straßenführung in beiden Industriestädten fließend an die städtischen Verkehrsnetze anzubinden, wird aus dieser Aufnahme besonders deutlich. Auf der Brücke rollen Zehntausende von Pendlern zwischen der Pfalz und der Hafenstadt mit ihren vielen Becken und Kais an Rhein und Neckar hinweg. Getragen von einem Pylon spannt sich die Brücke, wie deutlich zu sehen, ohne Pfeiler über die nahezu 200 Meter breite Fahrrinne des Rheins hinweg.

45 Die Autobahnbrücke bei Speyer wird nur von den Drahtseilen eines Pylons getragen. Diese Konstruktion machte sie zu einer der modernsten Brücken in der ganzen Bundesrepublik, ein Ingenieurkunstwerk, das selbst von den Fachleuten bewundert wird.

46 Der Güterbahnhof in Heilbronn-Böckingen. Er war jahrzehntelang der größte Umschlagplatz für Güter in Nordwürttemberg. Weil in Heilbronn der Neckarkanal endete, wurden hier alle Züge zusammengestellt und rangiert, auf welche die auf dem Schiffsweg nach Heilbronn transportierten Güter umgeladen werden mußten. Nicht weit entfernt von dem Lokomotivschuppen mit der Drehbühne (rechts unten im Bild) befinden sich die Wohnungen der Eisenbahnbeamten. Jenseits des Flusses in Heilbronn-Sontheim stehen dagegen Wohngebäude und Gewerbebetriebe nebeneinander.

47 Stau auf der Autobahn Stuttgart–München. Innerhalb weniger Minuten stauen sich auf der nur zweispurigen Autobahn am Drackensteiner Hang zwischen Mühlhausen und Wiesensteig die Fahrzeugkolonnen, wenn sich, wie auf unserem Bild, auf der schon vor dem Krieg erbauten Steilstrecke ein Unfall ereignet. Obwohl vor dem Krieg auf der anderen Seite des Berges eine eigene Strecke für den Abstieg der Autos von der Albhochfläche erbaut worden war, haben die Planer schon mehrere Trassen für einen neuen Albaufstieg in dieser Gegend ausgearbeitet. Dennoch ist noch nicht abzusehen, wo und wann ein solcher Plan für die immer noch am meisten befahrene Autobahnstrecke zwischen Stuttgart und München verwirklicht wird.

48 Die Autobahn nach Franken zwischen Weinsberg und Würzburg ist erst Anfang der siebziger Jahre in Betrieb genommen worden. Durch den Tunnel im Vordergrund hindurch rollt der Fahrzeugverkehr an Cleversulzbach (rechts) und an Neuenstadt (links) vorbei über den Kocher hinweg nach Norden. In dem Wald am oberen Bildrand bei Lampoldshausen befindet sich die Deutsche Versuchsanstalt für Raketen.

49 Die neue BAB 81. Erst im Dezember 1978 konnte der Betrieb auf der Autobahn von Stuttgart nach Singen aufgenommen werden. Einer der teuersten Bauabschnitte auf der 135 Kilometer langen Strecke ist die Talbachbrücke bei Engen. Insgesamt mußten für die Brücken zwischen Stuttgart-Vaihingen und Singen 359 Millionen Mark aufgebracht werden. Weitere 296 Millionen Mark kosteten die Erdarbeiten. Der Erwerb der 1150 Hektar für die Autobahntrasse verschlang 70 Millionen Mark. Der Rest des Milliardprojekts mußte für die Fahrbahndecken, für die Ausstattung der Autobahn und anderes bezahlt werden.

50 Das obere Filstal mit der Geislinger Alb zwischen Mühlhausen und Geislingen. Hier entstanden viele kleine Orte mit mittelständischen Gewerbebetrieben, von denen allerdings in den letzten Jahren manche aufgegeben werden mußten. In der Mitte des Bildes ist Bad Ditzenbach zu erkennen, ein Ort, der durch die dort entdeckten Quellen als Heilbad in den Jahrzehnten nach dem Krieg wohl den stärksten Aufschwung zu verzeichnen hatte.

51 Am Autobahnkreuz in Stuttgart-Vaihingen, wo die Autobahn von Ulm nach Karlsruhe die noch junge Autobahn von Stuttgart an den westlichen Bodensee kreuzt, hat die amerikanische Weltfirma IBM ihr Hauptwerk errichtet. Der verkehrsgünstige Standort gegenüber einem erst nach dem Krieg aufgetragenen Berg von Trümmern und Aushub aus Stuttgart, rechts oben im Bild, war für die Niederlassung dieses gewerbesteuerträchtigen Betriebes ausschlaggebend. Wie viele Personen dort beschäftigt sind, läßt sich am besten an der zum Teil zweistöckigen Parkfläche (links unten im Bild) ermessen, die aus dem Wald herausgeschnitten worden ist.

52 Die Lochenpaßstraße klettert in Serpentinen von Balingen aus rund 400 m hoch hinauf auf die Albhochfläche und führt durch das Bäratal in das obere Donautal. Besonders in den Wintermonaten verschlingt diese Straße Tausende von Mark für Schneeräumung und Streuung. Für die Unterhaltung der Straßen einschließlich der Autobahnen in Baden-Württemberg werden jährlich mehr als 132 Millionen Mark von Bund, Land und Gemeinden zusammen ausgegeben.

37. *Im Donauried bei Langenau (im Alb-Donau-Kreis). Im Hintergrund Anlagen der Landeswasserversorgung*

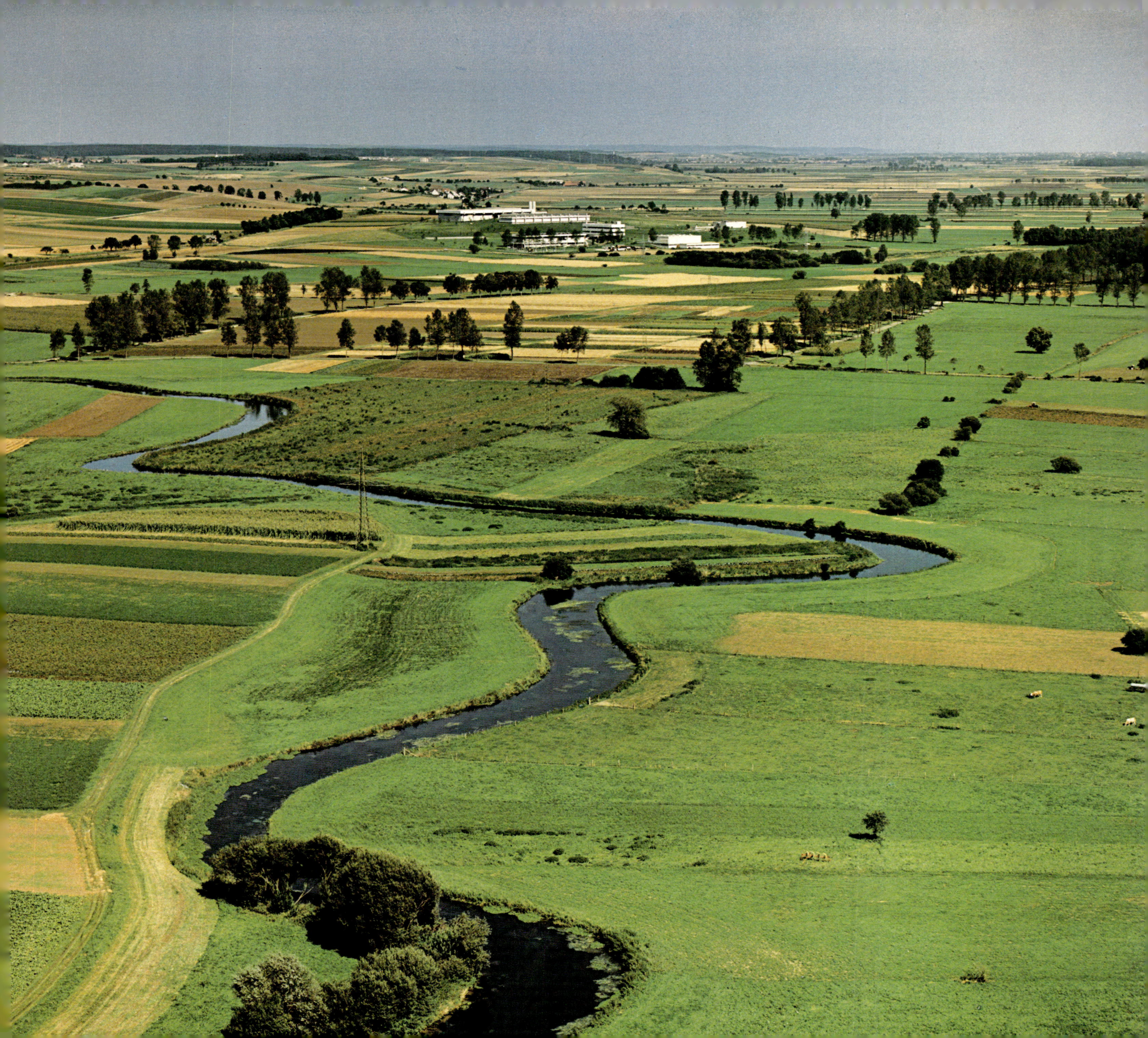

38. Der Hochrhein bei Laufenburg (von Osten). Links das Schweizer Ufer, im Hintergrund Bad Säckingen

39. Der Rhein als Schiffahrtsstraße. Im Bild: Rhein und Rheinseitenkanal zwischen Burkheim und Sasbach. Links das Elsaß

40. Neckarausläufer bei Mundelsheim (rechts vorn), Hessigheim (Mitte) und Besigheim (links mit der Enzmündung)

41. Das romantische
Neckargemünd bei
Heidelberg mit der
Mündung der Elsenz

42. Der Rhein und die Schlingen des Altrhein zwischen Speyer und Mannheim bei Hochwasser (von Norden)

43. Das Durchbruchstal der jungen Donau zwischen Kloster Beuron, Burg Wildenstein (Mitte rechts) und Schloß Werenwag (links oben)

44. Brückenschlag über den Rhein und die Landesgrenze zwischen Mannheim und Ludwigshafen

45. Autobahnbrücke über den Rhein
zwischen Hockenheim und Speyer,
ein Ingenieurkunstwerk

46. Güterumschlagplatz Heilbronn-Böckingen: Verbindung von Schiene und Wasser

47. Stau auf der Autobahn Stuttgart–
München am Drackensteiner Hang.
Oben im Bild Autounfall

48. Die Autobahn Weinsberg–Würzburg erschließt die Region Franken. In der Bildmitte Cleversulzbach (Stadt Neuenstadt am Kocher)

49. Blick von Süden. Die neue A 81 verbindet Stuttgart mit dem Bodensee und der Schweiz. In der Bildmitte die Talbachbrücke bei Engen im Hegau

50. Das obere Filstal mit der Geislinger Alb. In der Bildmitte Bad Ditzenbach
51. Das Autobahnkreuz in Stuttgart-Vaihingen mit dem Verwaltungszentrum der IBM Deutschland

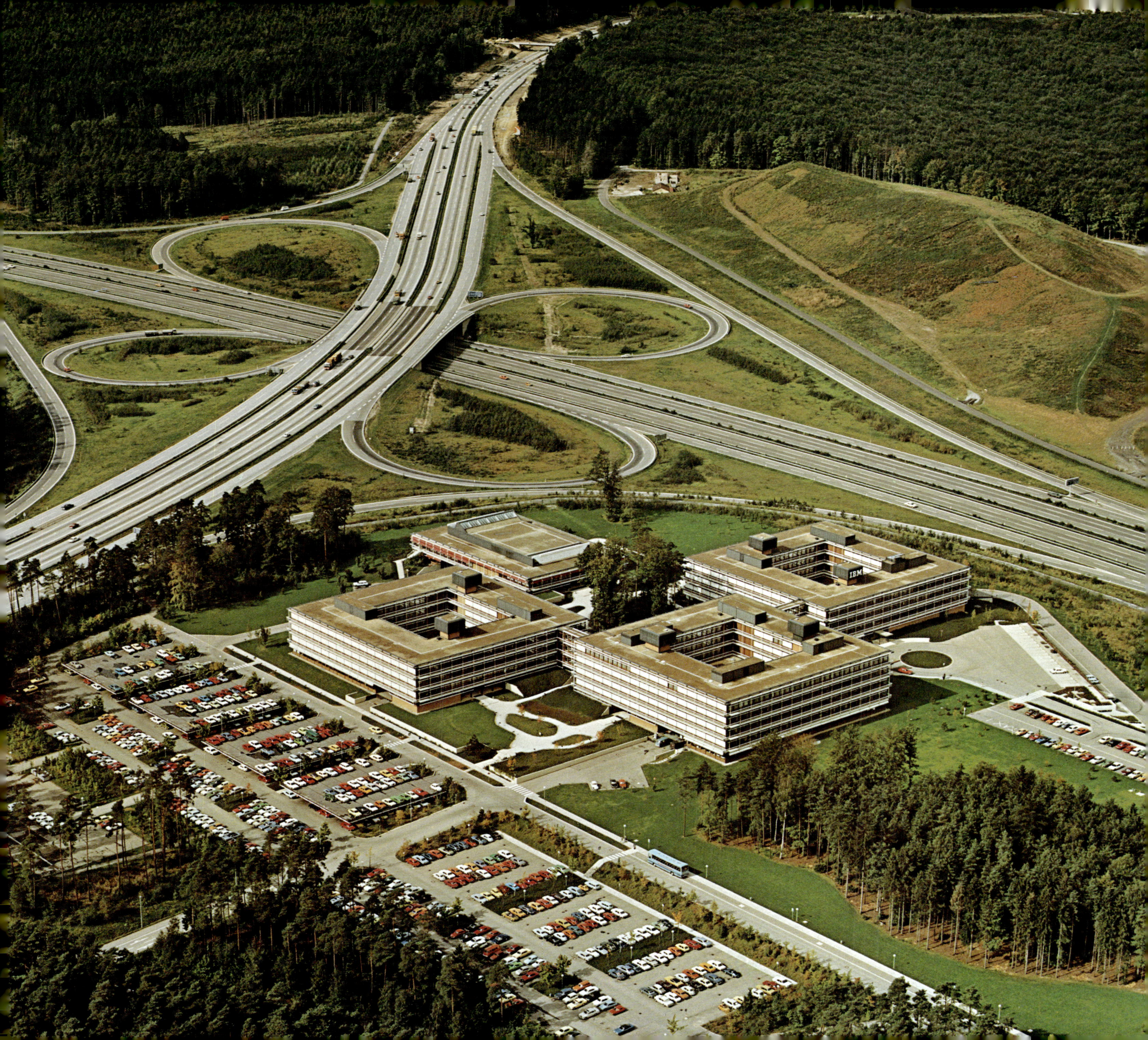
IBM

52. *Die Lochenpaßstraße verbindet den Industrieraum Balingen – Albstadt mit dem oberen Donautal*

Industrielandschaft

Von Natur aus ist Baden-Württemberg ein armes Land. Seinen größten Reichtum stellen die Salzlager in der Gegend von Jagsthausen und Kochendorf dar. Sie wurden ebenso wie die Lager bei Dürrheim, Rottweil und Rappenau schon vor sechs Jahrhunderten ausgebeutet. Im 14. Jahrhundert wurde auch in den Gruben bei Aalen und Wasseralfingen nach Eisenerz gegraben und Gruben bei Michelfeld und Nattheim, bei Neuenbürg und Neuhausen ob Eck eröffnet. Besonders der sich von Frankreich her verbreitende Merkantilismus gab dem Bergbau einen unerwarteten Auftrieb. Den badischen Markgrafen waren keine Investitionen zu hoch, um vor allem bei Emmendingen und Sulzburg, wo jetzt ein Bergmuseum ausgebaut wird, Silber und Blei schürfen zu lassen. Auch im Untermünstertal und bei Todtnau florierte im 17. Jahrhundert eine Zeitlang der Erzabbau. Während sich die Fürstenberger mehr Einnahmen aus den Stollen bei Wolfach und Haslach versprachen, versuchten es die Württemberger bei Alpirsbach, Schiltach und Christophstal sowie Bulach. Aber als wirtschaftlich erwies sich außer dem Salzabbau sowie dem erst in den sechziger Jahren stillgelegten Kalibergwerk bei Buggingen eigentlich nur die Zement- und Gipsgewinnung rund um die Alb und am Neckar. Die Erdölbohrungen bei Ravensburg verliefen zwar erfolgreicher als die Uransuche bei Menzenschwand; für unsere Wirtschaft ist jedoch nur noch das oberschwäbische Erdgas einigermaßen interessant.

Wenn das Land zwischen Main und Bodensee dennoch zu dem industrieintensivsten und exportstärksten in der Bundesrepublik geworden ist, so ist dies historisch allein dem Existenzhunger und dem Erfindergeist seiner Einwohner zu verdanken. Diejenigen, die schon im 14. und 15. Jahrhundert nicht genügend Brot in der kargen Landwirtschaft gefunden hatten, wiesen mit ihrem handwerklichen Mühen beim Strohflechten oder Glasblasen, beim Spinnen, Schnitzen und Holzflößen den folgenden Generationen den Weg in eine bis heute ihrer Struktur nach eigenwillig gebliebene Industrielandschaft. Wohn- und Werkstatt im selben Raum, halfen die drei Generationen der Großfamilie einst in gemeinsamer Arbeit, das Einkommen aus der kleinparzellierten Landschaft zu erhöhen. So wurden die Wollweberei im Schwarzwald und die Leinenweberei auf der Alb schon im 15. Jahrhundert zum bevorzugten Gewerbe.

Die Verhüttung von Eisenerzen florierte im 18. Jahrhundert besonders in der Gegend von Wasseralfingen und im südlichen Schwarzwald in Schramberg und Kollnau. In der Folge davon gewann auch die Eisenverarbeitung in den von Wasserkraft an den Flüssen betriebenen Hammerwerken immer mehr Bedeutung. Die Sicheln und Sensen, die Hufeisen, Nägel und Ketten, welche aus den Schmieden am Hochrhein, an der Murg, aus dem Bärental und anderen Tälern geliefert wurden, deckten den gesamten Bedarf des Südwestens. Und es wurde sogar gut dabei verdient, sonst hätte der Markgraf von Baden bestimmt nicht 1778 in Rastatt die erste größere Stahlfabrik im Land errichtet.

Auch die Schmuckherstellung nahm vor 200 Jahren vor allem an der Rems und an der Enz einen starken Aufschwung. In Schwäbisch Gmünd zählte man in der Mitte des 18. Jahrhunderts bereits mehr als 40 metallverarbeitende Familienbetriebe. Ein Teil des Goldes wurde sogar von den Goldwäschern aus dem Rheinsand angeliefert. Immerhin haben sie dort noch im Jahre 1831 nach einem Bericht des großherzoglichen Hofhistoriographen Aloys Schreiber mehr als zwölf Kilogramm aus dem Fluß gewonnen.

Nicht minder von Bedeutung war die Glasherstellung. Nach den Nachforschungen von Willi A. Boelcke hat man zwischen 1770 und 1780 insgesamt 24 Glashütten im Südwesten gezählt, die meist im Besitz von Klöstern oder von Fürsten waren. Wegen des großen Bedarfs an Holz für die Glasherstellung waren die Glasbläser hauptsächlich im südlichen Schwarzwald, aber auch im Mainhardter Wald ansässig. Offenbar waren die Produkte so stark gefragt, daß sich einige Glasträgergesellschaften bildeten, welche die Gläser auch auf die entfernteren Märkte trugen und dort verkauften. Von diesen Gesellschaften wurden sogar eigene Hütten eingerichtet.

Als gewerbliche Vertriebsorganisation konnte man auch die Flößergesellschaften ansehen, die von sich aus die für ihr Geschäft notwendigen Flößereinrichtungen auf der Kinzig, der Murg oder auf dem Neckar unterhielten. Sie beteiligten sich allerdings nicht am Verkauf des Holzes, das sie meistens an die Umschlagplätze in Straßburg oder Mannheim dirigierten. Um dieses Geschäft kümmerten sich Handelsgenossenschaften wie die »Zeughandlungscompagnie« in Calw, wo im Jahre 1510 die erste württembergische Tuchordnung erlassen worden war und wo 1582 bereits 36 Webermeister ein dem englischen Satin ähnliches Wollgewebe herstellten. Später fanden sich auch in Böblingen und Pforzheim Zeugmacher, für welche die genossenschaftlich organisierte Gesellschaft die Rohstoffe einkaufte und den Verkauf ihrer Produkte auf den Messen in Basel, Straßburg, Mainz, Frankfurt, Würzburg und Nürnberg übernahm. Dort geriet diese auch in Konkurrenz zu der Ravensburger Handelsgesellschaft, die sich schon im 15. Jahrhundert aus drei Familiengesellschaften in Ravensburg, Konstanz und Buchhorn – heute Friedrichshafen – zusammengeschlossen hatte. Ihr Handelshaus in Ravensburg ist heute noch zu sehen, ihre Niederlassungen in Venedig, Brügge, Barcelona oder Antwerpen sind längst vergessen.

Von nicht minderer Bedeutung war die Uracher Leinwandhandlungscompagnie, an der sogar der württembergische Herzog beteiligt war. Zwar entstand der Leinen- und Zeugweberei auf der Alb, zwischen Laichingen und Heidenheim, im 18. Jahrhundert im Neckartal und im Filstal eine ernstzunehmende Konkurrenz. In der Gegend zwischen Leutkirch und Lindau hat sich auch die »Schwabenleinwand« einen Namen gemacht. Die Qualitätsweberei auf der Alb konnte sich jedoch auch noch behaupten, als vom Herzog die ersten staatlichen Textilmanufakturen in Stuttgart und in Ludwigsburg eingerichtet wurden. Es gehört zu den traurigsten Kapiteln unserer Wirtschaftsgeschichte, daß diese ausgerechnet in Waisenhäusern eröffnet wurden und daß dort Kinder als billige Arbeitskräfte eingespannt wurden. Mit den Erlösen aus ihrer Arbeit wurden von den absolutistischen Regenten aber auch andere Gewerbezweige ausgebaut oder sogar neu eingerichtet. Die prächtigsten Zeugnisse aus dieser Epoche haben uns die Porzellan- und Fayence-Manufakturen hinterlassen, die sich damals mit den Schöpfungen an anderen europäischen Höfen zu messen versuchten. So sind vor allem die Karlsruher und die Ludwigsburger, aber auch die pfälzischen und die Hohenloher Fayencen zu erwähnen. In diesem Zusammenhang gewann auch der im Württembergischen weniger bekannte Anbau der Krapp-Pflanze an Bedeutung. Aus ihrer Wurzel wurde nämlich das beliebte türkische Rot gewonnen, welches viel exportiert wurde. Während im Badischen auch dem Anbau von Flachs und Hanf immer mehr Bedeutung eingeräumt wurde, kam im Württembergischen unter Herzog Ludwig vorübergehend der Ausbau von Maulbeerplantagen für die Seidenproduktion in Mode.

Hart getroffen wurden Handel und Wirtschaft im Südwesten durch die napoleonischen Kriege. Der Export stagnierte, so daß viele Unternehmen aufgeben mußten. Andererseits brachte die von dem Korsen über England verhängte Kontinentalsperre für Exportartikel in dem erweiterten Baden und in dem auf das Anderthalbfache vergrößerten Württemberg mit plötzlich verdoppelter Einwohnerzahl eine überraschende Belebung des Gewerbes. Die Textilproduktion blühte auf. Mit aus England eingeschmuggelten Baumwollspinnmaschinen wurde in Stuttgart, kurz darauf auch in Heidenheim und Esslingen der Betrieb aufgenommen. Weitere Unternehmen folgten in Nürtingen, Calw und Reutlingen. Zwar gab es 1815, als die Importe wieder freigegeben wurden, einen Rückschlag. Immerhin erhöhte sich allein in Württemberg bis 1832 die Zahl der Unternehmen auf 330, von denen jedes sechste bereits mehr als 50 Personen beschäftigte. 40 Prozent dieser Betriebe waren der Textilbranche, 18 Prozent der Papierbranche, 12 Prozent der Metallbranche und 11 Prozent der Produktion von Seife,

Schießpulver und Chemikalien, vor allem Kunstdünger, zuzurechnen.

Nur in der Textilindustrie gab es bereits Großbetriebe, die sich hauptsächlich in Stuttgart, Heidenheim und Calw sowie Umgebung eingerichtet hatten. Lederverarbeitende Betriebe ließen sich in Rottenburg und in Backnang nieder. Auch metallverarbeitende Betriebe bevorzugten Städte an den Flüssen, etwa Tuttlingen, Oberndorf, Heilbronn, Hall. In Esslingen wurde 1846 die erste Fabrik zum Bau von Lokomotiven und Eisenbahnwagen gegründet. An der Schussen und Argen, aber auch am Neckar, ließen sich Papierhersteller nieder. Das »Statistisch-topographische Bureau« in Stuttgart ermittelte damals, daß in Württemberg in den Handwerksbetrieben etwa zwanzigmal soviel Menschen beschäftigt waren wie in den Fabriken. Immerhin lebte jeder achte Einwohner Württembergs in den dreißiger Jahren bereits vom Gewerbe.

In Baden lebten um die Jahrhundertmitte noch etwa 42 Prozent der Familien von der Land- und Forstwirtschaft, 37 Prozent vom Gewerbe und 7 Prozent als Tagelöhner. Den ersten konjunkturellen Aufschwung hatte dann die Uhrenindustrie zu verzeichnen, die immer mehr Aufträge aus dem Ausland erhielt. Im Odenwald breitete sich die Strohflechterei, im Südschwarzwald die Bürstenmacherei und die Küblerei aus. In den 335 badischen Fabriken wurden damals 7650 männliche, 6288 weibliche und 3167 jugendliche Arbeitskräfte unter 16 Jahren gezählt. Auch hier herrschte die Textilindustrie vor. Aber innerhalb von einem Dutzend Jahren vervierfachte sich die Zahl der Beschäftigten in den neu entstehenden tabakverarbeitenden Betrieben und in der Bijouterie-Industrie. Auch die chemische und die Lederindustrie, hauptsächlich in Mannheim und in Weinheim, sowie die Maschinenindustrie vermeldeten starke Zuwächse, so daß in den sechziger Jahren trotz wachsender Bevölkerung bereits 43 Prozent der Erwerbstätigen im Gewerbe ihr Geld verdienten.

Im Württembergischen massierte sich ein Viertel der gesamten Industrie in und um Stuttgart, wo 1848 auch die Zentralstelle für Gewerbe und Handel unter der Leitung von Ferdinand von Steinbeis gegründet wurde. Er sorgte für die Gewerbeförderung im ganzen Land, wenngleich er eine gewisse Zusammenballung im »schwäbischen Manhattan« um Heidenheim und Aalen nicht verhindern konnte. Sehr zustatten kam ihm, daß in den Realteilungsgebieten zwar viele Menschen an Grund und Boden gebunden waren, aber durch die immer wiederkehrende Teilung meist nur noch so kleine Grundstücke besaßen, daß sie davon allein nicht leben konnten. Sie nahmen deshalb die Möglichkeiten des Zu- oder Nebenerwerbs in der neu entstehenden Industrie in ihrer Umgebung gerne an. Die starke Bindung an die Scholle erklärte es andererseits aber auch, daß manche Großbetriebe schon in der »Gründerzeit« den Mangel an Arbeitskräften zu beklagen hatten.

Daß 1875 in der preußischen Rheinprovinz bereits zehnmal so viele Dampfmaschinen wie in Württemberg in Betrieb waren, zeigt deutlich, daß die Industrialisierung hierzulande keineswegs sprunghaft erfolgte. In Karlsruhe war zwar 1840 die erste in Deutschland erbaute Lokomotive in Dienst gestellt worden, und das Eisenbahnnetz überspannte von 1843 an immer weiter das Land. So belebte schon die Verlegung der Holzschwellen und die schnellere Verkehrsverbindung den Markt. Aber erst die Erfindung des Motors im Jahr 1883 und die erste Fernfahrt eines Autos von Mannheim nach Pforzheim brachten den Durchbruch und den Beginn des technischen Zeitalters. Wurden in den drei einzigen badischen Großbetrieben des Jahres 1882 in Säckingen, Lörrach und Ettlingen nur Textilien hergestellt, so war unter dem Dutzend Großbetriebe an der Jahrhundertwende nur noch eine Textilfabrik.

Nach den Siebziger Kriegen hatte die Industrie zunächst unter den französischen Reparationslieferungen zu leiden. Ende der achtziger Jahre begannen dann aber die goldenen Zwanzig bis zum Beginn des Ersten Weltkrieges. Von tausend Einwohnern in Baden verdienten um die Jahrhundertwende 255, im Württembergischen erst 221 ihr Geld in Industrie und Handel. Zuerst verdrängte die Metallindustrie in Baden, später auch in Württemberg die Textilindustrie auf den zweiten und dritten Platz. Heinrich Lanz und Carl Benz in Mannheim, Mauser in Oberndorf, Voith in Heidenheim, die Württembergische Metallwarenfabrik in Geislingen sowie Gottfried Daimlers und Robert Boschs Erfindungen in und um Stuttgart eroberten die Märkte, nicht nur in Deutschland. Der Mangel an Rohstoffen und Energie gebot schon damals eine hochqualifizierte Fertigung. Am besten setzte sich diese Erkenntnis in der feinmechanischen Industrie zwischen Rottweil, Tuttlingen und Schwenningen durch. Insgesamt wuchs der Maschinen-, Stahl- und Fahrzeugbau zwischen 1925 und 1939 in Baden um 66, in Württemberg sogar um 171 Prozent.

Nach dem letzten Krieg wurde die wirtschaftliche Entfaltung zunächst durch die Befriedigung des Nachholbedarfs aus der Kriegszeit und durch die Beseitigung der Kriegsschäden bestimmt. Am meisten profitierten davon die in Baden-Württemberg ohnehin stark vertretene Fahrzeugindustrie und deren Zulieferer, aber auch die Möbel- und Bekleidungsindustrie sowie die Maschinenindustrie. So stieg das Bruttoinlandsprodukt zwischen 1950 und 1961 je Einwohner um das Anderthalbfache, obwohl die Bevölkerungszahl durch den überdurchschnittlich starken Zustrom von Flüchtlingen und Heimatvertriebenen um ein Fünftel anstieg. Besonders stark bekamen dies die beiden industriereicheren nördlichen Landesteile zu spüren, wo schon in den fünfziger Jahren nur noch 30 und 32 Prozent der Erwerbstätigen, in Südwürttemberg dagegen 45 und in Südbaden 42 Prozent in der Landwirtschaft beschäftigt waren. In Nordwürttemberg war über die Hälfte in der Metallbranche, ein Fünftel in der Textilbranche tätig, in Nordbaden auch die Hälfte in der Metallbranche, je ein Zehntel aber in der Chemie und in der Lebensmittelherstellung. Und obwohl nur 15,6 Prozent der gesamten Einwohnerschaft in den drei Großstädten Stuttgart, Mannheim und Karlsruhe wohnte, wurde dort ein Viertel des Bruttosozialprodukts im Land erarbeitet.

Relativ stark expandierte auch die Wirtschaft in dem durch die »Rote Zone« nach dem Ersten Weltkrieg und durch die Spannungen zu Frankreich vor dem Zweiten Weltkrieg besonders gefährdeten südbadischen Grenzland. Nur jeder Zehnte war damals zwischen Ortenau und Breisgau im Gewerbe tätig. Heute, da dieses Gebiet zum Schnittpunkt der Europäischen Gemeinschaft geworden ist, haben sich dort auch mehrere Großbetriebe angesiedelt. Dazu kommen die Raffinerien in Karlsruhe, die drei neuen Nord-Süd-Autobahnen, die elektrifizierte Schwarzwaldbahn, die Kanalisierung des Neckars bis Plochingen und mehr als ein Dutzend neuer Kraftwerke, welche die Schwierigkeiten in der Energie- und Verkehrsversorgung mildern helfen. Aber nur dadurch war es auch möglich, daß sich die Bevölkerung in den letzten fünfzehn Jahren in Württemberg um 12 und in Baden sogar um 28 Prozent vermehrt hat. Und dies war auch die Voraussetzung dafür, daß sich der Anteil der in der baden-württembergischen Industrie Beschäftigten innerhalb von drei Jahrzehnten von 16,5 auf 19 Prozent, also weit über den Bevölkerungsanteil Baden-Württembergs an der Bevölkerung des Bundesgebietes hinaus erhöht hat. Maschinen- und Fahrzeugbau sind heute die tragenden Säulen der baden-württembergischen Industrie. Sie beschäftigen mehr als 1,3 Millionen Menschen, das sind von den wenig mehr als vier Millionen Erwerbstätigen im Land nicht ganz ein Drittel. Und erwerbstätig sind wiederum etwa 45 Prozent aller Einwohner, also einschließlich der Kinder und Alten. Anfangs der siebziger Jahre war die Erwerbsquote sogar noch höher. Während der Rezessionsjahre hat Baden-Württemberg aber dann mit seiner umfangreichen Investitionsindustrie prozentual mehr Arbeitsplätze verloren als manches andere Bundesland. Verursacht wurde diese schmerzliche Entwicklung durch den starken Rückgang im Kraftfahrzeugbau, der nicht nur in Stuttgart und Mannheim, sondern auch in Sindelfingen, in Gaggenau und in Ulm sowie in Nekkarsulm schon seit Jahrzehnten betrieben wird. Dennoch blieb die Zahl der Arbeitslosen trotz all der Konkurse und wirtschaftlichen Schwierigkeiten in Baden-Württemberg erheblich unter der Quote in den meisten anderen Bundesländern, auch unter dem Bundesdurchschnitt. Allerdings, die Zahl der Kurzarbeiter, also die Zahl derer, die nicht wie damals üblich 40 Stunden in der Woche beschäftigt wurden, ist gelegentlich in Baden-Württemberg größer gewesen als in anderen Ländern. Dies traf zwar weniger auf das nach dem Ruhrgebiet zweitgrößte wirtschaftliche Ballungsgebiet Deutschlands am mittleren Neckar zu, aber auf manche andere Region. Immerhin haben auch hier die meist mittelständischen Unternehmer versucht, ihre hochqualifizierten Facharbeiter in der wirtschaftlich angespannten Zeit vor der Arbeitslosigkeit zu bewahren. Und da viele von diesen zu Hause als Nebenerwerbslandwirte auch noch ein bißchen Landwirtschaft umtreiben, konnten sie so ihrer Heimat erhalten werden. Dies ist auch das Geheimnis des ausgeglichenen sozialen Klimas in der baden-württembergischen Wirtschaft, in der meist erheblich weniger Arbeitstage durch Streik ausfallen als in vielen anderen Bundesländern. Immerhin verzeichnete Baden-Württemberg 1978 auch mit 12,26 Mark den höchsten durchschnittlichen Bruttostundenverdienst mit Ausnahme von Hamburg und dementsprechend auch den höchsten Bruttowochenverdienst.

Es gibt zwar auch einige stattliche Großbetriebe im deutschen Südwesten, mit Daimler-Benz und Bosch sogar zwei führende Weltunternehmen, die übrigens beide in Stuttgart zu Hause sind. Beherrscht wird die Industrielandschaft Baden-Württembergs aber von der großen Zahl der Mittelbetriebe, die meist aus den Werkstätten der Denker und Tüftler herausgewachsen sind. Hier sind die Erfinder zu Hause, welche die Wirtschaft des Südwestens mit einem Exportanteil von rund 25 Prozent überall in der Welt hat bekanntwerden lassen. Die Namen Voith, Schuler, Freudenberg oder Liebherr zeugen für viele. Und wegen ihrer weltweiten Beziehungen und Verflechtungen konnte die Industrie des Bundeslandes mit der höchsten Industriedichte, in dem 154 Beschäftigte – dreißig mehr als im Bundesgebiet – auf 1000 Einwohner gezählt werden, auch in den Jahren der konjunkturellen Erschwernisse immer wieder einen Ausgleich zwischen Inlandsnachfrage und Auslandsgeschäft finden.

Dabei hat es sich als besonders vorteilhaft erwiesen, daß in der aus der Feinmechanik hervorgegangenen elektrotechnischen Industrie sowie in der Verbrauchsgüter herstellenden Industrie in Baden-Württemberg überproportional viele Personen, vor allem Frauen, beschäftigt sind. Waren am Anfang des Jahrhunderts in den durch den Verkehr schwer erreichbaren Gebieten der Schwäbischen Alb und des Schwarzwaldes besonders viele Frauen als Heimarbeiterinnen mit textilen Arbeiten oder im Uhrmacher- und Instrumentenhandwerk beschäftigt, so findet man jetzt viele Frauen in der besonders um Pforzheim und um Schwäbisch Gmünd verbreiteten Schmuckindustrie. Und es ist interessant, daß in Baden-Württemberg die Zahl der Tätigen in den Kleinbetrieben mit zehn bis zwanzig Beschäftigten zwischen 1964 und 1975 keineswegs kleiner, sondern um etwa ein Fünftel größer geworden ist. Die Zahl der Mitarbeiter in den Betrieben mit mehr als 5000 Beschäftigten hat sich allerdings in derselben Zeit auch fast um ein Viertel auf rund 400 000 Personen erhöht.

So wurde in den siebziger Jahren in Baden-Württemberg etwa ein Viertel aller Kraftfahrzeuge hergestellt. Und fast vier von fünf der in Westdeutschland gefertigten Uhren sowie 80 Prozent des Modeschmucks kommen aus dem an Rohstoffen armen, den saarländischen und Ruhrkohlerevieren so fernen Land, dem es deshalb besonders an billiger Energie mangelt. Weil diese Menschen aber seit Generationen auf ihrer Hände Arbeit angewiesen waren, ist Baden-Württemberg inzwischen in der Lederindustrie, in der Herstellung von Musikinstrumenten und von medizinischen Geräten fast zur Hälfte an der Gesamtproduktion in der Bundesrepublik beteiligt.

Daß diese ganze Entwicklung auch dem Handwerk zugute kam, obwohl die Zahl der Handwerkerbetriebe erheblich kleiner geworden ist, zeugt von der immer noch im Vergleich zu den anderen Bundesländern ausgeglichenen mittelständischen Wirtschaftsstruktur Baden-Württembergs. Immerhin befinden sich nur fünf der 100 größten Unternehmen der Bundesrepublik in diesem Bundesland, das den höchsten Grad der Industrialisierung in der Bundesrepublik erreicht hat.

Bilderläuterungen 53–64

53 Schiltach, die rund 4000 Einwohner zählende Gemeinde im Kinzigtal, war ursprünglich der Wohnplatz von Holzfällern und Flößern. 1894 glitt von hier aus das letzte Floß zum Rhein hinunter. Damals waren aber schon die ersten Gewerbebetriebe wie in Welschdorf auf unserem Bild in das enge Schwarzwaldtal hinein vorgedrungen. Durch Einheirat war der Ort im 14. Jahrhundert vorübergehend einmal in den Besitz der Grafen von Teck, später der Württemberger gelangt. Jetzt gehört der Ort mit seinem bald 400 Jahre alten Rathaus und der Kirche, im Hintergrund sichtbar, wie der gesamte Kreis Rottweil zum Regierungsbezirk Freiburg.

54 Leichtbaustoffgewinnung in Tuningen am östlichen Rand der Baar. Der einträgliche Gewerbebetrieb gibt vielen Menschen dieser nicht allzu dicht besiedelten Gegend einen Arbeitsplatz. Dank der neuen Autobahn von Stuttgart nach Singen ist der Ort für die Ansiedlung weiterer Gewerbeunternehmen noch interessanter geworden.

55 Das Portland-Zementwerk in Leimen im Rhein-Neckar-Kreis ist auf gute Verkehrsverbindungen angewiesen. In der mehr als 16000 Einwohner zählenden Stadt, die ursprünglich stark landwirtschaftlich bestimmt war, wohnen heute auch viele Pendler, die in Heidelberg oder gar Mannheim beschäftigt sind. Trotzdem mußte die Stadt Heidelberg für ihre Bürger zwei ganz neue Siedlungen im Emmertsgrund (hinten rechts) und auf dem Bocksberg (hinten links) erschließen.

56 Feuerbach mit der Firma Bosch im Vordergrund und Zuffenhausen mit seinem Industriegebiet in der Bildmitte sind die beiden industriereichsten Stadtteile Stuttgarts. Deutlich ist die Eisenbahnstrecke dazwischen zu erkennen, auf der ebenso wie aus Richtung Waiblingen und Richtung Esslingen täglich rund 40000 Einpendler in die Landeshauptstadt zur Arbeit fahren. Hinter dem Gaskessel in der oberen Bildmitte beginnt das dritte Industriezentrum Stuttgarts, das sich beiderseits des Neckars über Untertürkheim und Wangen bis zum Hafen in Hedelfingen ausgebreitet hat. Auf dem Burgholzhof ist am linken Bildrand auch noch das neue Robert-Bosch-Krankenhaus sichtbar.

57 Sindelfingen. Die beiden Weltfirmen von Daimler-Benz rechts im Bild und IBM dahinter haben die Stadt mit ihren 54000 Einwohnern zu der an Gewerbesteuereinnahmen reichsten Baden-Württembergs gemacht. Täglich kommen viele Tausend Arbeiter aus der ländlichen Umgebung hierher zur Arbeit. So wuchsen auch schnell mehrere Einkaufszentren in der Stadt aus dem Boden, eines davon sehr modern, aber nur wenig auf das Stadtbild abgestimmt, mitten in der Altstadt. Zu dieser Welt der Kontraste paßt auch das moderne Quaderrathaus unmittelbar hinter dem alten Verwaltungsgebäude der Stadt, in der heute mehr Menschen arbeiten als wohnen. Der Goldberg links im Bild trennt sie von Böblingen, dessen Skyline vor dem Hintergrund der Schwäbischen Alb inzwischen durch mehrere Hochhäuser markiert wird.

58 Philippsburg, einst Residenz der Bischöfe von Speyer, später zur Festung ausgebaut, ist im 17. und 18. Jahrhundert zerstört worden. Erst der Bau des Kernkraftwerks am Altrhein hat die mehr als 6000 Einwohner zählende Stadt mit mehreren mittleren Gewerbebetrieben über das Land hinaus bekannt gemacht. Links im Hintergrund ist noch die Gemeinde Wiesental zu erkennen.

59 Das Kernkraftwerk bei Neckarwestheim, von dem aus auch weitgehend das Stromnetz der Bundesbahn gespeist wird, wurde wegen des großen Bedarfs an Kühlwasser ebenfalls unmittelbar am Fluß angelegt. Der Neckar ist aber auch die Lebensader für das benachbarte Dampfkraftwerk bei Walheim, dessen Schornstein rechts oben im Hintergrund über das Niveau der Hochebene hinausragt.

60 Verdrahtete Landschaft. Von den Umweltschützern werden immer wieder die Gefahren der Kernkraftwerke bei technischen Zwischenfällen beklagt. Wie sehr aber die Landschaft durch das Drahtgewirr der Hochspannungsleitungen verunziert wird, wird heutzutage schon oft gar nicht mehr beachtet.

61 Das Pumpspeicherwerk Glems bei Dettingen hat eine auffallende Narbe in der Natur der Alb hinterlassen. Hier werden die Wasserreserven gespeichert, mit denen dann in Spitzenzeiten wieder Strom erzeugt werden kann. Von den Wanderern auf dem Hohenneuffen, auf der Teck oder gar auf den Kaiserbergen ganz im Hintergrund ist diese Badewanne, in der allerdings das Baden strengstens untersagt ist, zum Glück nicht einzusehen.

62 Die Kläranlage Uhldingen–Mühlhofen. Jahrzehntelang haben die immer größer werdenden Gemeinden rund um den Bodensee ihre Abwässer unbekümmert in den größten deutschen Binnensee hineingeleitet. Inzwischen haben Bund und Land mehr als 200 Millionen Mark für den Bau von Kläranlagen, wie in der Mitte des Bildes zu sehen, zur Verfügung gestellt. Es ist eine Sammelkläranlage inmitten der Gemeinden Unteruhldingen mit dem Pfahlbaudorf am Ufer des ehemals selbständigen Ortsteils Seefeld an der Aach links im Bild sowie der Teilorte Oberuhldingen und Mühlhofen in der rechten Bildhälfte. Sie alle sind bereits durch eine Umgehungsstraße vom Touristenverkehr zum Bodensee entlastet worden.

63 Der Sipplinger Berg zeigt, welche Wunden der Technik wegen auch in den Wald hineingehauen werden müssen. Hier wurde eines der Pumpwerke errichtet, durch das das Bodenseewasser an Überlingen (im Hintergrund) vorbei durch die Fernleitungen bis nach Stuttgart und nach Pforzheim in die Zentren des industriellen Großverbrauchs an Wasser transportiert wird.

64 Die Ausstellungshallen auf dem Stuttgarter Killesberg werden immer mehr zum Schaufenster Baden-Württembergs. Bei den schon zur Tradition gewordenen Messen werden hier am Rande des Höhenparks die Produkte des industrieintensivsten Bundeslandes mit den in der Relation zur Einwohnerzahl meisten Handwerkern ausgestellt. Hier finden aber auch Tagungen und Veranstaltungen aller Art statt.

53. *Schiltachtal, Beispiel wirtschaftlicher Erschließung abgelegener Schwarzwaldtäler*

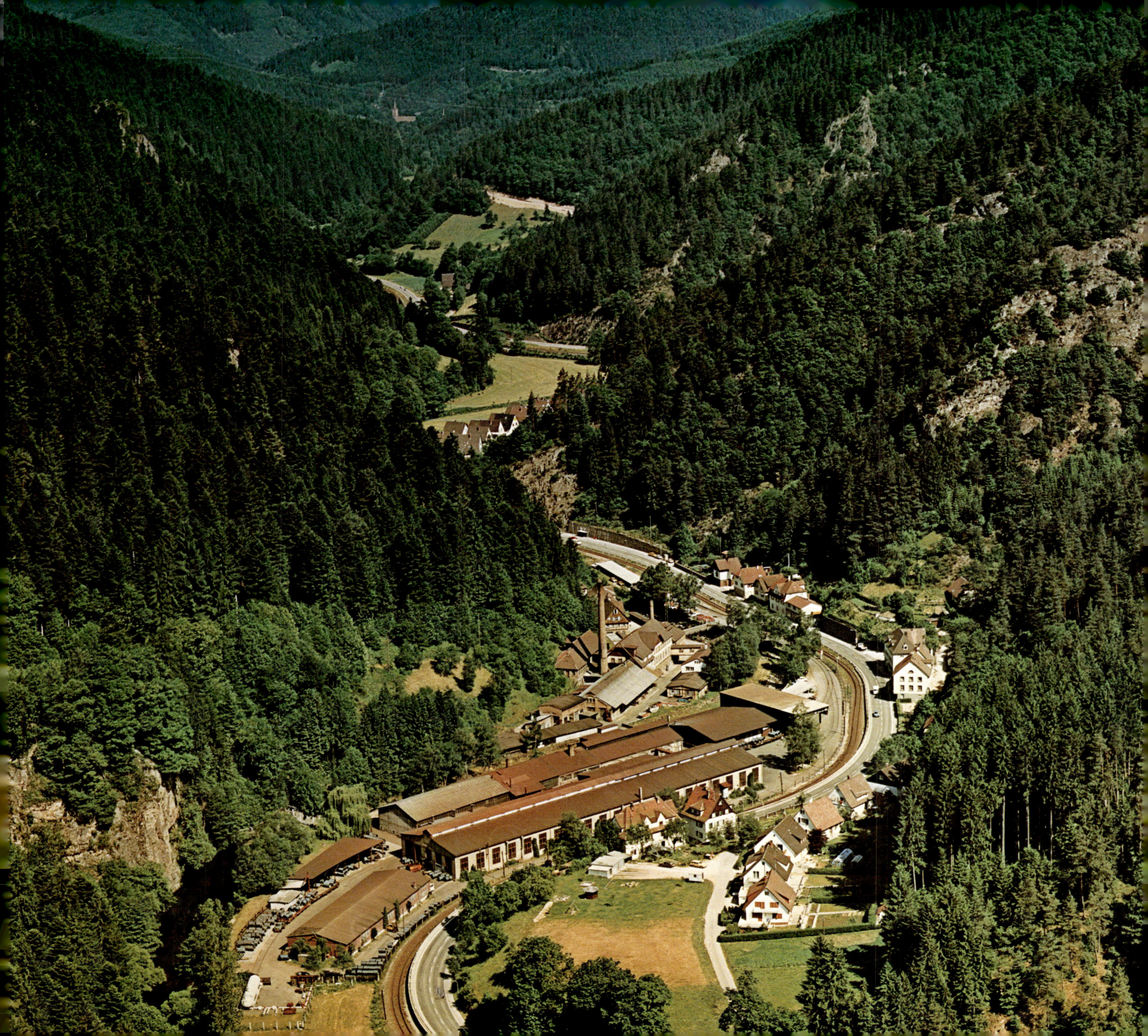

54. Baustoffgewinnung am Fuße der Schwäbischen Alb. Hier bei Tuningen im Schwarzwald-Baar-Kreis. Rechts die A 81

55. Portland-Zementwerk in Leimen. Im Hintergrund am Fuße des Kleinen Odenwalds die Heidelberger Stadtteile Emmertsgrund und Bocksberg

56. Industrielandschaft Stuttgart-Feuerbach (im Vordergrund Bosch) und Stuttgart-Zuffenhausen. Im Hintergrund das Neckartal

57. Industriestandort Sindelfingen mit Fabrikanlagen von Daimler-Benz (rechts) und IBM (dahinter). Im Hintergrund Böblingen, Schönbuch und Schwäbische Alb

58. Das Kernkraftwerk Philippsburg am Rhein (Landkreis Karlsruhe)

59. Das Kernkraftwerk Neckarwestheim bei Heilbronn. Im Hintergrund Schornstein des Dampfkraftwerks Walheim

60. *Verdrahtete Landschaft: Starkstromleitungen bei Neckarwestheim*
61. *Pumpspeicherwerk Glems (oberes Becken). Links hinten Dettingen/Ermstal. Im Hintergrund Hohenneuffen, Teck und Kaiserberge*

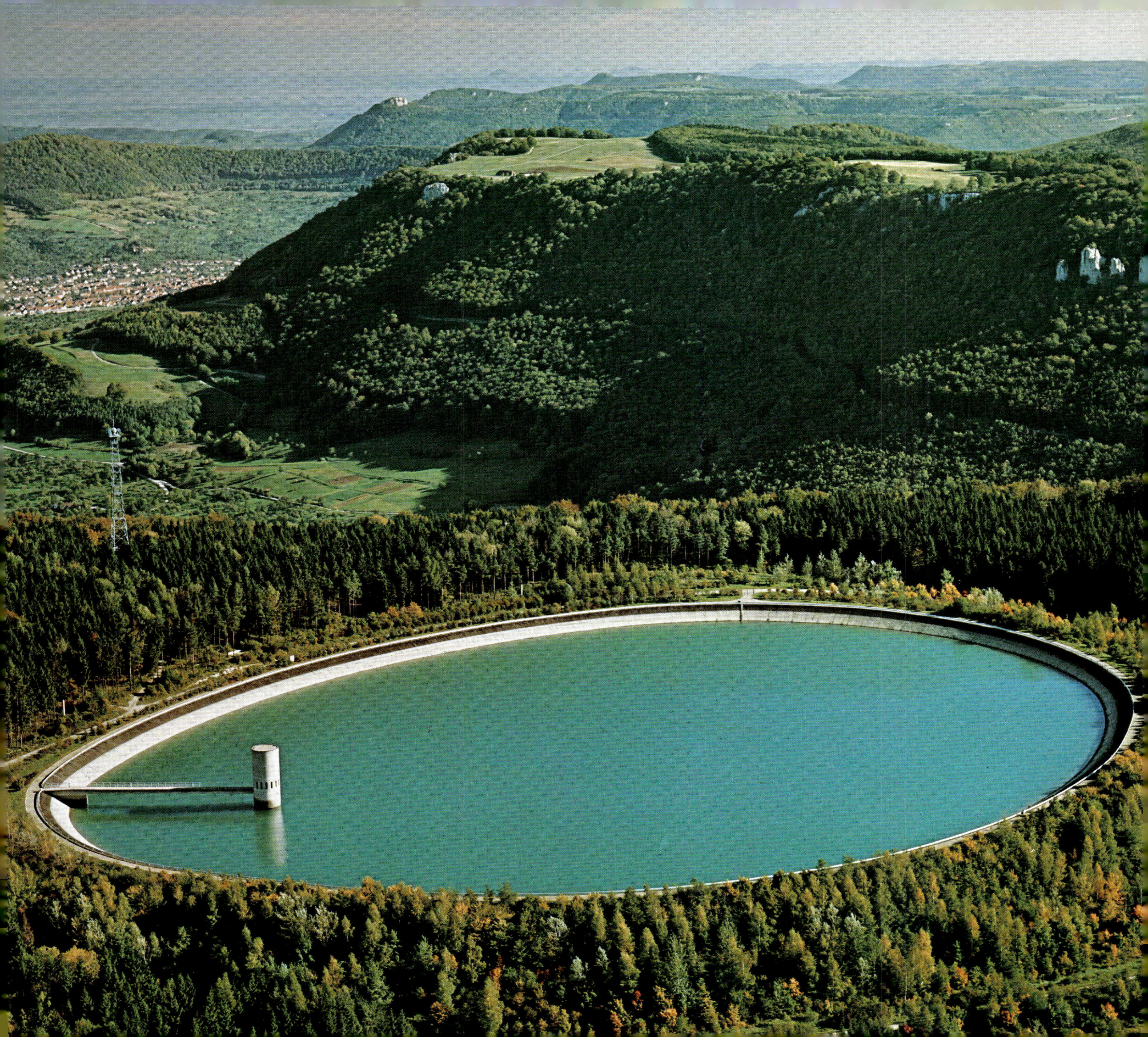

62. Uhldingen-Mühlhofen am Bodensee mit Kläranlagen an der Mündung der Seefelder Aach

63. Bodenseewasserversorgung auf dem Sipplinger Berg, Ausgangspunkt landesweiter Wasserversorgung. Am Seeufer links Überlingen

64. Messegelände auf dem Stuttgarter Killesberg, das »Schaufenster Baden-Württembergs«

Stadtlandschaft

Baden-Württemberg ist ein städtereiches Land. 1951 lebten rund 2,2 Millionen Menschen in 31 Städten mit mehr als 20 000 Einwohnern, von den 6,57 Millionen Landesbewohnern konnte sich also jeder dritte als Städter bezeichnen. Rechnet man die vielen kleinen Städte mit hinzu, fällt der Prozentsatz noch »städtischer« aus. Trotzdem bot das Land damals noch ein Gesamtbild, in dem städtische und ländliche Züge eine relative Ausgewogenheit zeigten. Seit 1951 hat sich dies gründlich verändert. Viele bisher als Einheit existierende Stadtgebilde gerieten in den Sog industrieller Ballungsgebiete, wuchsen zusammen und vereinigten sich zu weitflächigen Stadtlandschaften. Von den 9,1 Millionen Einwohnern des Landes leben fast die Hälfte in 79 Städten mit jeweils mehr als 20 000 Einwohnern. Gleichzeitig hat sich, vielerorts durch die Zerstörungen im Zweiten Weltkrieg bedingt, die innere Gestalt der Städte verändert, und die Ausrichtung eines weiten Umlands auf städtische Chancen und Bedürfnisse hat bis »weit ins grüne Land hinein« den Prozeß der Verstädterung gefördert. Stadtgestalt, Stadtlandschaft und Verstädterung sind dadurch in wenigen Jahrzehnten zu Problemen für Gesicht und Leben des Landes geworden.

Städte sind künstliche Gründungen. Nach ihren frühesten Spuren, den »oppida« der Kelten, fahndet die Archäologie. Auch von den »civitates« der römischen Herrschaft (15 v. Chr. – 259 n. Chr.), die letztlich Völkerschaftsbezirke umschrieben, blieben nur wenige »städtische« Hinweise auf Größe und Wichtigkeit ihrer Hauptplätze. Doch wenn sich in Baden-Württemberg auch kein mit Augsburg, Mainz oder Trier vergleichbarer Ort befand, so waren sie doch durch ihre Lage an Verbindungswegen ausgezeichnet, auf denen sich im Mittelalter neues Leben festsetzen konnte. Die Bischofsstadt Konstanz, wohl die älteste der Städte, war über Bregenz mit Chur und Italien verbunden, eine Verbindung, die der Textilhandel mit der tela di Costanza bis ins späte Mittelalter nutzte. Baden-Baden (Aquae) hatte nach Süden eine Straßenverbindung mit Basel, nach Norden mit dem Raum um Ladenburg (Lopodunum) und Heidelberg. Pforzheim, wo sich das planmäßige Anknüpfen der karolingischen Reichsverwaltung an die Knotenpunkte der Römerzeit besonders deutlich zeigt, hatte über Ettlingen Verbindung mit Straßburg und über das Strohgäu mit dem Neckarraum um Cannstatt. Rottweil (Arae Flaviae) und Rottenburg (Sumelocenna) schließlich waren durch die Neckarstraße mit dem mittleren und unteren Neckargebiet verbunden, eine Verkehrsader bezeichnend, die heute noch die Schlagader Württembergs genannt wird.

An all diesen Haftpunkten römischer Macht hat das Mittelalter Städte zum Leben erweckt, denn Straßenverbindungen zu sichern und zu nützen, war eine der wichtigsten Aufgaben einer mittelalterlichen Stadtgründung. Es ergab sich dies aus ihrer ersten und existentiellen Bedingung, einen Markt zu haben, der die Produkte des Umlands vermitteln und der Entwicklung von Gewerbe und Handel dienlich sein konnte.

Südwestdeutschland blieb bis ins 12. Jahrhundert hinein bäuerliche Dorflandschaft. Ob sich, wie in Ulm, die Siedlungen in Anlehnung an eine Königspfalz oder, wie im Einflußbereich der Reichenau, im Schatten eines Klosters vergrößerten, sie blieben doch Dörfer: einem Orts- und Gerichtsherrn verpflichtet, auf Schutz angewiesen, zinsend und fronend. Obwohl das antike Städtewesen in den deutschen Bischofsstädten einen gewissen Nachhall hatte und die nach Rom reitenden deutschen Kaiser mit Lebenswirklichkeit und Verfassung der italienischen Städte vertraut waren, mit der Herausbildung eines Stadtrechts ließ man sich im Heiligen Römischen Reich Zeit. Denn Stadtrecht bedeutete Verleihung von Freiheiten. Der Freiheit, Wochen- und Jahrmärkte unter dem Schutz eines Marktfriedens abzuhalten. Der Freiheit, diesen Frieden durch eine Stadtmauer und mit Waffen zu schützen. Und der Freiheit, nach innen das Gemeinwesen durch eigene Verwaltung und gerichtliche Befugnisse zu ordnen. Solche Privilegien konnten nur vom König oder den Großen im Reich übertragen werden. Da Zugeständnisse von Rechten gleichzeitig Schmälerung von Rechten bedeutet, kam in Deutschland die Ausbildung eines »Stadtrechts« erst unter Kaiser Heinrich IV. zu einem gewissen Abschluß. Wenig später trat das »Stadtrecht« auch in Südwestdeutschland als neuer Faktor der gesellschaftlichen und politischen Geschichte auf. Seine Schrittmacher waren die Herzöge von Zähringen.

Seit dem Ausgang des 11. Jahrhunderts bauten die Zähringer im südlichen Schwarzwald ein Territorium auf. Burgen zur Sicherung des Eigenbesitzes, Rodung und Erwerb von Klostervogteien und schließlich die Gründung von Städten markierten die Haftpunkte ihres politischen Anspruchs. Um 1120 legte Herzog Konrad von Zähringen die Städte Freiburg im Breisgau, Offenburg und Villingen an. Sie bildeten die Eckpunkte des großen Straßendreiecks, das seinen »Schwarzwaldstaat« umschloß. Als »ein besonders großartiges und einheitliches Beispiel einer Stadtanlage des frühen Jahrhunderts von epochaler Bedeutung« (Werner Noack) zeigt Villingen Sinn und Bestimmung einer zähringischen Stadtplanung. Zwei breite Marktstraßen, die ein Achsenkreuz bilden und an ihren End- bzw. Eingangspunkten durch vier Stadttore geschützt sind, lassen den Verkehr des Umlands in die Stadt strömen. Da die Stadt keinen Marktplatz hat, sondern die Achsen den Markt bedeuten, hat sie ebenso Sammel- wie Durchgangs- und Mittlungscharakter. Und da sie befestigt ist, bietet sie einen an den Ort und den Markt gebundenen Frieden, der auch die Verkehrsstraßen schützt. Offenburg am Ausgang des Kinzigtals, Freiburg am Ausgang des für die Paßstraßen wichtigen Dreisamtals, Villingen am Durchlaß zu Donau und Bodensee und das wohl ebenfalls von Herzog Konrad gegründete Rottweil am Oberlauf des Neckars, sie alle bezeugen durch Lage und Gestalt den Auftrag ihres Ursprungs. Als besondere rechtliche Gebilde, die der Freiburger Stadtrodel von 1120 als »Eidgenossenschaft« von Kaufleuten zur Begründung und Einrichtung eines Markts bezeichnet, waren sie feste Plätze für Warenaustausch und gewerbliche Entwicklung. Sie entwickelten sich zum dynamischen Element neuer Wirtschaftsformen und zugleich einer neuen Sozialordnung, die bisher ausschließlich durch die Beziehungen zwischen Grundherrn und Bauern geprägt war.

Auch die Burgenbaupolitik der Staufer wurde von einer planmäßigen Städtepolitik begleitet. Im 12. Jahrhundert vermehrte sich in Deutschland die Zahl der Städte von 140 auf 250, im 13. Jahrhundert Friedrichs II. gab es bereits 2000 städtische Gemeinwesen. Bis 1200 gründeten die Staufer im heutigen Bundesland Baden-Württemberg die Städte Schwäbisch Gmünd und Göppingen, Bopfingen und Giengen, Ulm und Ravensburg, Überlingen und Pforzheim, Ettlingen und Durlach, Eppingen, Heidelberg und Schwäbisch Hall. Im 13. Jahrhundert erwarben sie auch Biberach, Saulgau und Pfullendorf, Leutkirch und Wangen, Rottweil und Reutlingen, Cannstatt und Esslingen, Wimpfen und Heilbronn, Welzheim und Aalen – insgesamt ein stattlicher Kreis von wohlbewehrten Reichslandstädten, die als regionalpolitische Kontrollstationen und Verwaltungsmittelpunkte dienten und als Wirtschaftsplätze ihrem Stadtherrn Jahressteuern und Zölle, Standgelder und Einkünfte aus Stadtwaage, Münzstätte und Judenschutz einbrachten.

Neben den staufischen Städten, deren Mehrheit in nachstaufischer Zeit zu Reichsstädten wurden, wuchs um dieselbe Zeit eine jüngere Gruppe landesherrlicher Gründungen auf, meist bildeten Burgen und Märkte den Ansatzpunkt dazu. Als die wichtigsten traten Tübingen und Stuttgart in Erscheinung. 1231 erstmals als Stadt bezeichnet, entwickelte sich Tübingen als pfalzgräfliche Residenz zur volkreichsten Stadt Altwürttembergs und galt bis in die neuere Zeit als Württembergs zweite Hauptstadt. Stuttgart, das nach dem Verlöschen der Staufer zur Stadt erhoben und von Graf Friedrich dem Erlauchten um 1279 zur Residenz erwählt wurde, wurde noch im gleichen Jahrhundert zum dynamischen Zentrum des expansiven Territoriums der Württemberger.

Die von fast allen Hochadelsfamilien mitgetragene Welle der Städtegründungen verebbte mit dem 15. Jahrhundert.

Zu ihrer politisch, sozial und ökonomisch wichtigsten Ausprägung wurde die reichsunmittelbare Stadt, die sich unter der Gunst ihrer Privilegien und der aufblühenden Gewerbe und Märkte zur Stadtrepublik, zur politisch handlungsfähigen juristischen Person entwickelte. Schwaben und Franken zählten bis zur Auflösung des alten Deutschen Reichs rund 40 Reichsstädte. So viele Unterschiede es in ihrem Rechtscharakter auch gab, so einheitlich kennzeichneten im 14. Jahrhundert zwei Prozesse ihren Aufstieg. Der erste war die Differenzierung der Bürger in Ober- und Unterschichten. Sie äußerte sich in den oft gewaltsam ausgetragenen Kämpfen zwischen patrizischen »Geschlechtern« und Handwerkerzünften um ihren Anteil am Stadtregiment und fand erst spät in Regimentsordnungen (Esslingen 1392) und Schwörbriefen (Ulm 1397) zu verfassungsrechtlichem Ausgleich.

Der zweite war die Notwendigkeit, den Status der Selbständigkeit ständig verteidigen zu müssen, einerseits gegen die Verpfändungspolitik des königlichen bzw. kaiserlichen Inhabers der Obrigkeit, vor allem aber gegen die nach Landesherrschaft strebenden Grafen von Württemberg. Zwang zur Abwehr und das städtische Trachten nach landesherrlichen Rechten führten im letzten Jahrhundertdrittel zu blutigen Auseinandersetzungen zwischen Städte- und Ritterbünden. Als 1388 die Schlacht bei Döffingen das damalige Übergewicht der Städte über die Fürsten beseitigte, bereitete sich in einer Periode von Sonderbündnissen ein Ausgleich vor, der 1488 22 schwäbische Reichsstädte mit Fürsten, Grafen und Herren im Schwäbischen Bund vereinigte. Der Schwäbische Bund zerbrach 1534 unter den aufsplitternden Wirkungen der Reformation. Die politische Rolle der Reichsstädte beschränkte sich von nun an auf ihre Mitwirkung in Kreistagen und Reichstagen, und die Rolle der Landstädte im Herzogtum Württemberg und in den badischen Markgrafschaften, wo nur fünf Reichsstädte das Ende des Alten Reichs erlebten, wurde bestimmt von den landesherrlichen Verwaltungsformen.

Die Städte Südwestdeutschlands waren klein. Um 1450 war Ulm mit 13000 Einwohnern die einzige Großstadt, die sechs großen Mittelstädte zählten zwischen 5000 und 10000 Einwohner. Um so mehr muß ihre erweckende ökonomische, gesellschaftliche und kulturelle Kraft erstaunen. Meist planvoll strukturiert, hier das Rippen- oder Sternsystem mit Fachwerkgiebelstraßen, dort das Achsenkreuz breiter Marktstraßen mit traufseitig gestellten Häusern bevorzugend, statteten sie sich mit architektonischen Qualitäten aus, deren Vielfalt, Individualität und stadtbildnerischen Zusammenklang die späteren »Stadtansichten« der Vedutenmalerei erst eigentlich bewußt gemacht haben. Kultur- und Kunstzentren wie Freiburg und Ulm, Esslingen und Konstanz trugen die Kunst ins Volk. Fernhandelsstädte wie Ulm, Ravensburg und Schwäbisch Hall erschlossen für ihre Märkte weite ländliche Einzugsgebiete. Ihr Spitalwesen begründete die neuzeitliche Sozialfürsorge, und das Spektrum der politisch fortwirkenden Kräfte verdankt ihnen die Ideale bürgerlicher Verantwortung und Solidarität.

Der systematisierende Geist von Renaissance und Barock hat diese mittelalterliche Tradition um den Typus der fürstlichen Planstadt bereichert. 1599 ließ Herzog Friedrich von Württemberg Freudenstadt als Mühlbrettanlage erbauen. 1606 gründete Kurfürst Friedrich IV. von der Pfalz die befestigte Stadt Mannheim mit einer für den späteren Stadtausbau grundlegend gewordenen schachbrettartigen Aufteilung in Wohnquadrate. Um 1715 begann unter Markgraf Karl Wilhelm von Baden-Durlach Karlsruhe als eine durch Radialstraßen dem Schloß zugeordnete Residenzstadt Gestalt zu gewinnen. In Ludwigsburg gab Herzog Eberhard Ludwig 1718 einer Neuschöpfung von streng symmetrischer Schachbrettordnung Stadtrecht, um sie sechs Jahre später zur Residenzstadt zu erheben. In Öhringen schließlich erweiterte zu Ende des 18. Jahrhunderts der Erbprinz von Hohenlohe-Ingelfingen die alte Stadt in merkantilistischer Absicht um die Karlsvorstadt, um in ihr Handwerker anzusiedeln.

Dieses Buch zeigt Stadtbilder von heute: Lebewesen, die den Verwerfungen, Veränderungen und Heimsuchungen der Geschichte anheimgegeben waren. Es zeigt sie, je nach dem Thema einer Bilderfolge, in den unterschiedlichsten Zusammenhängen. Lassen sie hier durch ihre Lage die ursprüngliche »zentralörtliche« Bestimmung erkennen (Wimpfen, Schwäbisch Hall, Reutlingen), so bringt dort die Vogelschau vor allem die Individualität der Stadtkerne, ihrer alten Bausubstanz und Straßenzüge zur Geltung (Biberach, Tübingen, Kirchheim, Tauberbischofsheim). Machen die Bilder von Leutkirch oder Haslach den Nestcharakter einer kleinen ummauerten Stadt deutlich, so geben Überlingen und Konstanz einen Begriff von der Dichte der Bebauung und der Enge des Zusammenlebens. Spricht aus der klaren inneren Struktur von Villingen der Sinn alter Städtebaukunst für die Übereinstimmung gestufter architektonischer Maßverhältnisse, so geben sich in der Stilmischung des Baubestandes von Wiesloch oder Mannheim, Heilbronn und Pforzheim, Freudenstadt und Ulm die gewaltsamen Störungen kund, die von 1689 bis 1945 manche Stadt mit der Vernichtung ihres traditionellen Charakters konfrontiert und zu neuen Stadtplanungskonzepten gezwungen haben.

Es war das 19. Jahrhundert, das dem geschichtlich gewachsenen Stadtorganismus am meisten zugesetzt hat. Mit der »napoleonischen Flurbereinigung« wurden die Reichsstädte und städtischen Zentren geistlicher und weltlicher Standesherrschaften zu Landstädten, die ihre Direktiven einheitlich von den Zentralverwaltungen in Stuttgart und Karlsruhe empfingen. Wissenschaft und Technik führten neue Formen gewerblichen Lebens herauf. Das sie begleitende Bevölkerungswachstum sprengte die alten Stadtgrenzen. Der industrielle Massengüterverkehr verdichtete die Siedlungsräume im nordwestlichen Baden und am mittleren Neckar und leitete in den Städten den Prozeß der Viertelsbildung und die Entstehung von Vorstädten ein. Mietskasernen und Schlote veränderten die Stadtsilhouetten. Eisenbahn und Transitstraßen führten zu Durchbrüchen. Und als die Gewerbefreiheit die Wirtschaftskarte differenzierte und viele Städte zu spezifischen Industriestandorten werden ließ, veränderten Zweckbauten und funktionelle Gesichtspunkte auch ihre innere Gestalt, schonsamer hier, bedenkenloser dort. Vor welche Wachstumsprobleme sich die entwicklungsbegünstigten Industriestädte zwischen 1855 und 1939 gestellt sahen, machen die Einwohnerzahlen von Stuttgart und Mannheim deutlich. 1855 zählte Württembergs größte Stadt noch 50 804 Einwohner, 1939 hatte sie für 456 346 zu sorgen. Badens größte Stadt wuchs in diesem Zeitraum von 25 688 Einwohnern auf 284 957.

Das 20. Jahrhundert, in dem die gewerblichen Verdichtungsräume sich vermehrten, die Städte der Ballungszentren aus den Nähten platzten, Trabanten- und Schlafstädte entstanden, städtischer »Landschaftsfraß« ganze Täler ihrer Natur beraubte und der oft bedenkenlose Umgang mit städtebaulichem Erbgut auch die Innenbezirke von Mittel- und Kleinstädten wohnfeindlich machte, – dieses hektische und fortschrittsbesessene 20. Jahrhundert hat vornehmlich in seiner zweiten Hälfte die Stadt schließlich zum komplexen Problem gemacht. Stadtstruktur und Stadtgestalt, Flächennutzung und Umlandbeziehung sind dadurch zu vorrangigen Aufgaben der Stadtentwicklung unseres »dynamischen Stadtzeitalters« geworden. Auch in Baden-Württemberg, das zwischen Allgäu und badischem Frankenland, Waldshut und Heidelberg trotz allem noch viel eigengeprägtes städtisches Traditionskapital bewahren konnte.

Bilderläuterungen 65–84

65 Bad Wimpfen. Kurz nachdem der Neckar die Jagst in sich aufgenommen hat, zeichnet ihn die großartige Stadtsilhouette von Wimpfen am Berg aus. Das Schwergewicht der Siedlung lag ursprünglich bei Brücke, Straßenkreuz, Straßenmarkt und Ritterstift von Wimpfen im Tal. Mit der um 1200 begonnenen Errichtung der staufischen Kaiserpfalz zwischen dem Roten Turm (rechts) und dem fünfspitzigen Weißen Turm (links) verlagerte sich das Gewicht auf die befestigte reichsfreie Bergstadt, der die gotische Stadtpfarrkirche und abwechslungsreich gestaltete Straßen mit Fachwerk-Giebelfronten das Gepräge geben. Im Tal Offenau, links Heinsheim mit Burgruine Ehrenberg. Im Hintergrund deuten auf der rechten Nekkarseite das Deutschordensschloß Horneck in Gundelsheim und die Burg Hornberg des Götz von Berlichingen über Neckarzimmern den Burgenreichtum des dem Odenwald entgegenziehenden unteren Neckars an.

66 Tauberbischofsheim. Die bis 1803 kurmainzische Amtsstadt, deren Oval die ehemalige Befestigung mit dem kurmainzischen Schloß als Kernstück (links) noch gut erkennen läßt, ist Mittelpunkt des badischen Taubergrunds, eines bis 1950 vernachlässigten Notstandsgebietes. Die Stadt zählt zu den Bundesausbauorten.

67 Leutkirch. Die Große Kreisstadt im grünen Wellenschlag des Allgäuer Hügellandes entstand als Marktsiedlung an der Verkehrsstraße Memmingen – Lindau. Sie erhielt 1293 Stadtrecht und wurde 1397 reichsunmittelbar. Die durch Leinwandweberei reich gewordene Stadt erbaute 1514 die Pfarrkirche St. Martin (rechts). Den barocken Rathaus- und Marktplatzbereich markiert der Bockturm (Bildmitte oben). Der Grüngürtel läßt das einstige Maueroval erkennen.

68 Überlingen. Die Bodenseestadt gewann ihre Bedeutung in staufischer Zeit. An der Königsstraße Ulm–Konstanz als Markt- und Speicherplatz gelegen, gab ihr die Fähre Überlingen–Klausenhorn auch Züge einer Fernhandelsstadt. Die Ursprungszelle der Marktsiedlung lag zwischen der Schiffslände und der beim Nikolausmünster liegenden Hofstatt. 1268 wurde Überlingen Reichsstadt. Seine Hochblüte erlebte es im späten Mittelalter, dessen spätgotische Kunst die innere Stadtgestalt noch heute bestimmt.

69 Konstanz. Um 590 nahm, wohl auf Wunsch des alamannischen Herzogs, der erste Bischof Besitz von der befestigten spätrömischen Siedlung am brückenkopfartigen Horn des südlichen Bodenseeufers. Zwischen Rhein, Münster (Mitte) und Stephanskirche (links) entwickelte sich die bischöfliche Marktstadt, der in staufischer Zeit eine bürgerliche Marktsiedlung links von St. Stephan zur Seite trat. Diese kam vornehmlich durch Fernhandel mit Leinwand zu internationalem Ruf. Ausdruck der Marktbedeutung ist das Kaufhaus (Konzilgebäude) von 1388 am Hafen. Von der kirchlichen Tradition der Stadt mit der einst größten und klosterreichsten Diözese zeugen das romanisch-gotische Münster, das frühgotische Dominikanerkloster (Inselhotel Bildmitte rechts) und das ehemalige Jesuitenkolleg mit Kirche, das im Vordergrund die Domfreiheit der bischöflichen Pfalz und das Gewimmel der bischöflichen »Hörigenstadt« begrenzt. 1827 wurde der Bischofssitz nach Freiburg i. Br. verlegt.

70 Ulm. »Des heiligen römischen riches stat Ulme« ist das Geschöpf ihres Marktes. Eine uralte Straßenkreuzung, ein Flußübergang, der Donauhandel und das Interesse der deutschen Könige und Kaiser an diesem Platz machten die Marktsiedlung zur Stadt. Ihr ältester Schwerpunkt war der Streifen am Donauufer zwischen dem langgestreckten Schwörhaus mit dem Weinmarkt (ganz rechts), dem Rathaus (mit Türmchen in der Bildmitte) und der Herdbrücke. Nach der weitausgreifenden Stadterweiterung des 14. Jahrhunderts wurde das Münster (1377 bis 1543) zum beherrschenden Baudenkmal der kunstreichen Stadt, die vornehmlich durch die Monopolstellung ihrer Barchentweberei aufblühte, ein großes Territorium erwarb und zur Führerin des Schwäbischen Städtebundes wurde. Den Niedergang der Stadt brachte der Dreißigjährige Krieg. 1810 kam Ulm an Württemberg, wobei die Donau zur Landesgrenze gegen Bayern (Neu-Ulm mit Donaucenter) wurde. Kommunalpolitische Zusammenarbeit in der Planungsgemeinschaft Donau-Iller-Blau sucht die künstliche Trennungslinie zu überwinden.

71 Biberach. Die stauferzeitliche Marktsiedlung an der Riß entwickelte sich bis zum 14. Jahrhundert durch Landwirtschaft, Markt, Barchenthandel und gute Verkehrslage zu einem blühenden Gemeinwesen. Einst umwehrt von einer 26türmigen Stadtbefestigung, konnte die Stadt trotz ihres weitausgreifenden Wachstums seit dem Zweiten Weltkrieg wesentliche Charaktermerkmale ihrer reichsstädtischen Vergangenheit bewahren. Unser Bild zeigt den Stadtkern mit dem giebelgesäumten Marktplatz (Vordergrund rechts), dem Rathaus und der Pfarrkirche St. Martin (Bildmitte) und dem Komplex des Heiliggeistspitals (Bildmitte links).

72 Reutlingen. In staufischer Zeit als Marktgründung an der Furt der Reichsstraße durch die Echaz entstanden, von Kaiser Friedrich II. planmäßig neu angelegt und heiß begehrt von den Württemberger Grafen, spielte die Reichsstadt unter der Achalm eine bedeutende Rolle im Städtekrieg und im Schwäbischen Bund. 1726 zerstörte ein Brand die alte Stadt, die gotische Marienkirche (Bildmitte) wurde gerettet. Im 19. Jahrhundert entwickelte sich Reutlingen zur Industriestadt, gegen deren Wachstum sich das Grün des Albtraufs mühsam zu behaupten sucht.

73 Schwäbisch Hall. Sole- und Salzgewinnung seit keltischer Zeit, Landwirtschaft, staufische Städtepolitik und königliche Münze führten die fränkische Stadt im Kochertal zu Unabhängigkeit und Wohlhabenheit, die im späten Mittelalter auch eine bemerkenswerte Kunstblüte und Stadtkultur auslösten. Ihr verdankt Baden-Württemberg eines seiner schönsten alten Stadtbilder, in dessen Baubestand die Michaelskirche, einige Adelstürme, die Keckenburg, das Büchsenhaus und das Barockrathaus besonderen Rang haben. Im Vordergrund der Haalplatz, wo die Solquelle ausgebeutet wurde.

74 Mannheim. Die größte Stadt Badens, hervorgegangen aus einem Generalbebauungsplan des niederländischen Festungsbaumeisters Menno Coehorn, zählte bis zu ihrer Verwüstung im Zweiten Weltkrieg zu den berühmtesten Modellstädten fürstlicher Planung. Beim Wiederaufbau knüpfte man an das alte Schema der Wohnquadrate an, deren Schwarm sich von der breiten Schloßfront aus zum Neckar hin entfaltet. Als die zwei bedeutendsten wiederaufgebauten Baudenkmäler zeigt das Luftbild die 1733 erbaute Jesuitenkirche (links) sowie den gewaltigen Schloßkomplex, den Kurfürst Karl Philipp 1720 zu bauen befahl, als er die Residenz der Pfalz von Heidelberg nach Mannheim verlegte. Der Mittelpavillon des Corps de logis bestimmte die Achse und den Blickpunkt der Hauptstraße Mannheims.

75 Freudenstadt. Das Marktplatzgeviert der Schwarzwaldstadt, das im Zweiten Weltkrieg völlig zerstört wurde, erhielt beim Wiederaufbau erneut die regelmäßige Form, die ihr Herzog Friedrich bei der Stadtgründung (um 1600) hatte geben lassen. Im Vordergrund der Winkelhakenbau der von Heinrich Schickhardt gestalteten Stadtkirche. Die den 5 ha großen Marktplatz umlaufenden Arkaden unterstreichen den Erholungscharakter der heilklimatischen Kurstadt, die auch als Wintersportplatz Ruf besitzt.

76 Kirchheim unter Teck. Seit dem 11. Jahrhundert im Besitz des Marktrechts, in spätstaufischer Zeit mit Stadtrecht ausgestattet, erwarb Kirchheim vom 15. Jahrhundert an Namen und Rang in Handel und Tuchmachereigewerbe. 1690 brannte die württembergische Amtsstadt aus. Herausragende Gebäude des heutigen Stadtkerns sind die im wesentlichen spätgotische Stadtkirche St. Martin und das 1722/24 erbaute Rathaus, ein Fachwerkbau mit Dachreiterturm (rechts oben).

77 Tübingen. Blick von der Neckarseite mit dem Hölderlinturm, dem Stift (vorn rechts mit schieferblauem Dach) und der Stiftskirche St. Georg, deren spätgotischer Chor als Grablege der württembergischen Grafen und Herzöge diente. 1231 als Stadt bezeugt, kam die Residenz der Pfalzgrafen von Tübingen 1342 kaufweise an die Grafen von Württemberg. In der Städtepolitik der Württemberger hatte Tübingen die Aufgabe, die Landstädte Balingen, Ebingen und Tuttlingen enger mit den Landesherren zu verbinden. Entscheidend für die Zukunft der Stadt wurde die Gründung der Universität im Jahre 1477. Sie machte Tübingen zum wissenschaftlichen Zentrum Altwürttembergs.

78 Pforzheim. Die Stadt an der Grenze der alten Länder Baden und Württemberg, die bis 1565 Residenz der Markgrafen von Baden war, hat seit dem 17. Jahrhundert manche Kriegszerstörung erlitten. 1945 vernichtete ein Luftangriff 80 Prozent aller Gebäude. Das Gesicht der wiederaufgebauten Edelmetall-Industriestadt an der nördlichen Pforte des Schwarzwaldes bestimmt der funktionelle Charakter modernen Bauens. Unser Bild zeigt die Innenstadt mit dem Komplex des Rathauses (Mitte links).

79 Heilbronn. 1944 wurde die Altstadt von Heilbronn durch einen Luftangriff fast völlig zerstört. So ragen aus dem in gelockerter Form wiederaufgebauten Stadtkern nur wenige alte Gebäude auf: links die gotische Kilianskirche mit ihrem eigentümlichen Hauptturm, rechts der Deutschhof mit der Deutschhauskirche, der sich an die Stelle des fränkischen Königshofes der karolingischen Zeit gesetzt hat. Schon früh im Besitz des Marktrechts, blühte Heilbronn unter den Staufern und danach als Reichsstadt auf. Weinbau und Weinhandel, Mühlenindustrie und Neckarschiffahrt prägen die Grundzüge einer inzwischen hochdifferenziert gewordenen Wirtschaftskarte. 1970 wurde Heilbronn Großstadt.

80 Villingen-Schwenningen. Am 1. 1. 1972 schlossen sich die Städte Villingen und Schwenningen zur Mittelpunktstadt des Schwarzwald-Baar-Kreises zusammen. Villingen ist 817, Schwenningen 875 erstmals beurkundet. Nachdem beide unter den Zähringern und Fürstenbergern zeitweilig vereinigt gewesen waren, begann für sie eine 500jährige »Zeit der Grenzen und Grenzpfähle«, als die Reichsstadt Villingen 1326 Vorderösterreich zugeordnet wurde und Schwenningen 1449 an die Grafschaft Württemberg kam. Heute ist die gesamtstädtische Integration ein Hauptproblem des Zusammenschlusses. Das städtebauliche Kernstück repräsentiert der ovale Stadtkern der Zähringergründung Villingen. Die ihrer Anschaulichkeit wegen gewählte ältere Luftaufnahme läßt das Achsenkreuz der zwei die Stadt durchlaufenden breiten Marktstraßen deutlich erkennen. Ein stattliches Ensemble von mittelalterlichen Wehr-, Kult- und Profanbauten bezeugt noch heute Villingens Rang als Kulturmittelpunkt der Baar.

81 Haslach im Kinzigtal. Ein wohl zähringischer Markt bildete den Ursprung der Stadt, die im 13. und 14. Jahrhundert einer fürstenbergischen Linie als Residenz diente, bis ihm nach mehrfachem Herrschaftswechsel Wolfach den Rang ablief. Im 16. Jahrhundert war Haslach ein Hauptsitz des Kinzigtäler Bergbaus. 1704 brannten die Franzosen die ummauerte Stadt nieder, 1722 wurde die fürstenbergische Residenz nach Donaueschingen verlegt. Die Pfarrkirche der »Hansjakob-Stadt« liegt am Südrand des kreisförmigen Altstadtgrundrisses. Wie Hausach und Wolfach ist auch Haslach eine Hochburg der Kinzigtäler Fasnacht.

82 Wiesloch. Die südlich Heidelberg gelegene Kraichgaustadt hat wie alle Nachbarorte von ihrer mittelalterlichen Bausubstanz das meiste durch die Franzosen unter Mélac (1689) verloren. 1225 aus Lorscher Besitz an die Pfalzgrafen gekommen, erhielt der Marktflecken vor 1288 Stadtrecht und wurde ummauert. Bedeutsam wurde für Wiesloch, daß sich hier die von Basel nach Frankfurt führende Geleitstraße mit der von Wimpfen nach Speyer führenden Verkehrsstraße kreuzte.

83 Emmendingen. Die Siedlung am westlichen Rand des mittleren Schwarzwaldes wurde wohl erst im 15. Jahrhundert zum Markt, als die Markgrafen von Hachberg in Konkurrenz zu Österreich ein eigenes Marktdreieck aufbauten. 1590 verlegten die Markgrafen ihre Residenz von der Hochburg (Hachberg) in den Ort und gaben ihr Stadtrecht. Am unteren Bildrand rechts das barocke Rathaus mit Uhrtürmchen, in der Bildmitte die evangelische Kirche.

84 Böblingen. Bis ins 20. Jahrhundert hinein eine ländlich geprägte Stadt, die in ihrem Wappen das Zeichen ihrer Gründer, der Pfalzgrafen von Tübingen, aufbewahrte und sich seit dem 17. Jahrhundert auch als bevorzugter Witwensitz des Hauses Württemberg bewährte, geriet Böblingen durch Flughafen, Garnison und Industrieansiedlung mehr und mehr in den Sog des Ballungsraumes Mittlerer Neckar. Die alte Stadt zerstörte 1943 der Luftkrieg. Der neuen Stadt gaben die bewußte Trennung der Hauptfunktionen Wohnen, Arbeit und Erholung eine veränderte Struktur und Physiognomie. Charakteristisch ist eine zentrale Zone, die unter Einbeziehung der beiden Seen ein grünes Band durch die Stadt zieht. Im Vordergrund die Kongreßhalle.

65. Die Stauferstadt Bad Wimpfen mit der Kaiserpfalz über dem Neckartal. Im Hintergrund der Odenwald

66. Tauberbischofsheim, das mittelalterliche Stadtanlage und Befestigung noch deutlich erkennen läßt

67. *Auch Leutkirch im Allgäu zeigt noch die mittelalterliche Stadtstruktur*

68. Überlingen am Bodensee, als Kurort und wegen seines mittelalterlichen Stadtbildes gleichermaßen gern besucht

69. Konstanz, regionales Zentrum des westlichen Bodenseegebietes. Im Zentrum das Münster, rechts der austretende Rhein

70. Ulm: Diesseits der Donau im Kern der alten Bürgerstadt das Münster, jenseits im bayerischen Neu-Ulm das Donaucenter

71. Mittelalterliche Bausubstanz in Biberach an der Riß: Rathaus, Stadtpfarrkirche und Heiliggeistspital

72. Reutlingen am Fuße der Achalm. Im Vordergrund das Schwabentor, dahinter das moderne Rathaus und die gotische Marienkirche

73. Schwäbisch Hall, noch heute eines der schönsten deutschen Stadtbilder, überragt von der gotischen Michaelskirche

74. Die schachbrettartige Stadtanlage von Mannheim vom kurpfälzischen Schloß her gesehen. Links die Jesuitenkirche, rechts hinten das Collinicenter

75. Das Marktplatzgeviert der Schwarzwaldstadt Freudenstadt. Im Vordergrund übereck die Stadtkirche

76. Kirchheim unter Teck mit der spätgotischen Martinskirche und dem, einen Dachreiterturm tragenden, Fachwerkrathaus
77. Tübingen von der Neckarseite mit Stiftskirche, evangelisch-theologischem Stift (links davor) und Hölderlinturm (vorne rechts)

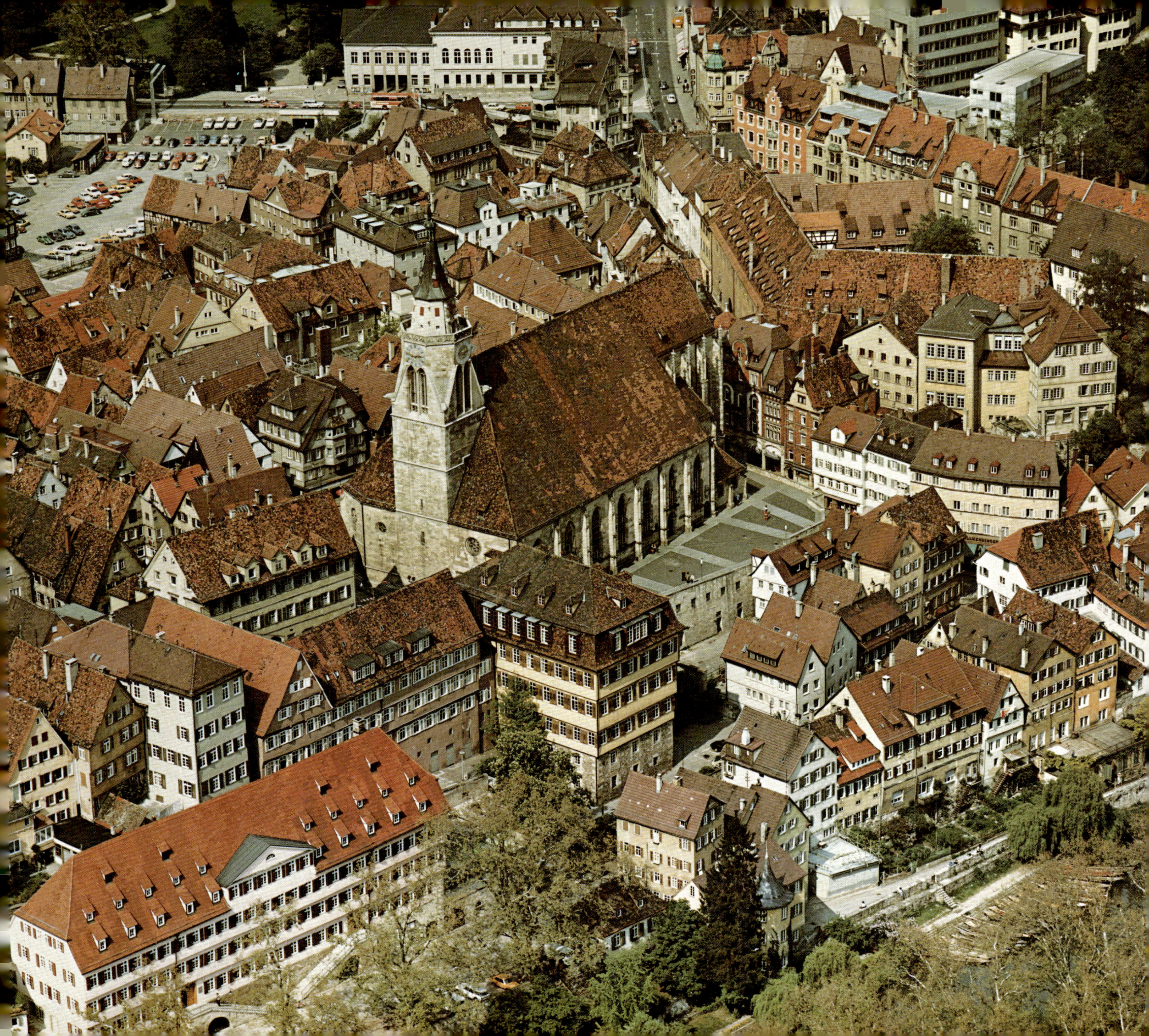

78. *Das Gebiet der wiederaufgebauten Goldstadt Pforzheim. Links Mitte der moderne Rathauskomplex*

79. Heilbronn am Neckar: Links die Kilianskirche, rechts das Kulturzentrum Deutschhof

80. *Der Stadtkern von Villingen: Modellfall einer Zähringer Stadtanlage mit Achsenkreuz im ovalen Grundriß*

81. Haslach im Kinzigtal, eine Hochburg der alemannischen Fasnacht, läßt die Zähringer Gründung deutlich erkennen

82. Wiesloch an der südlichen Bergstraße bei Heidelberg

83. Stadtkern von Emmendingen am Ausgang des Elztales

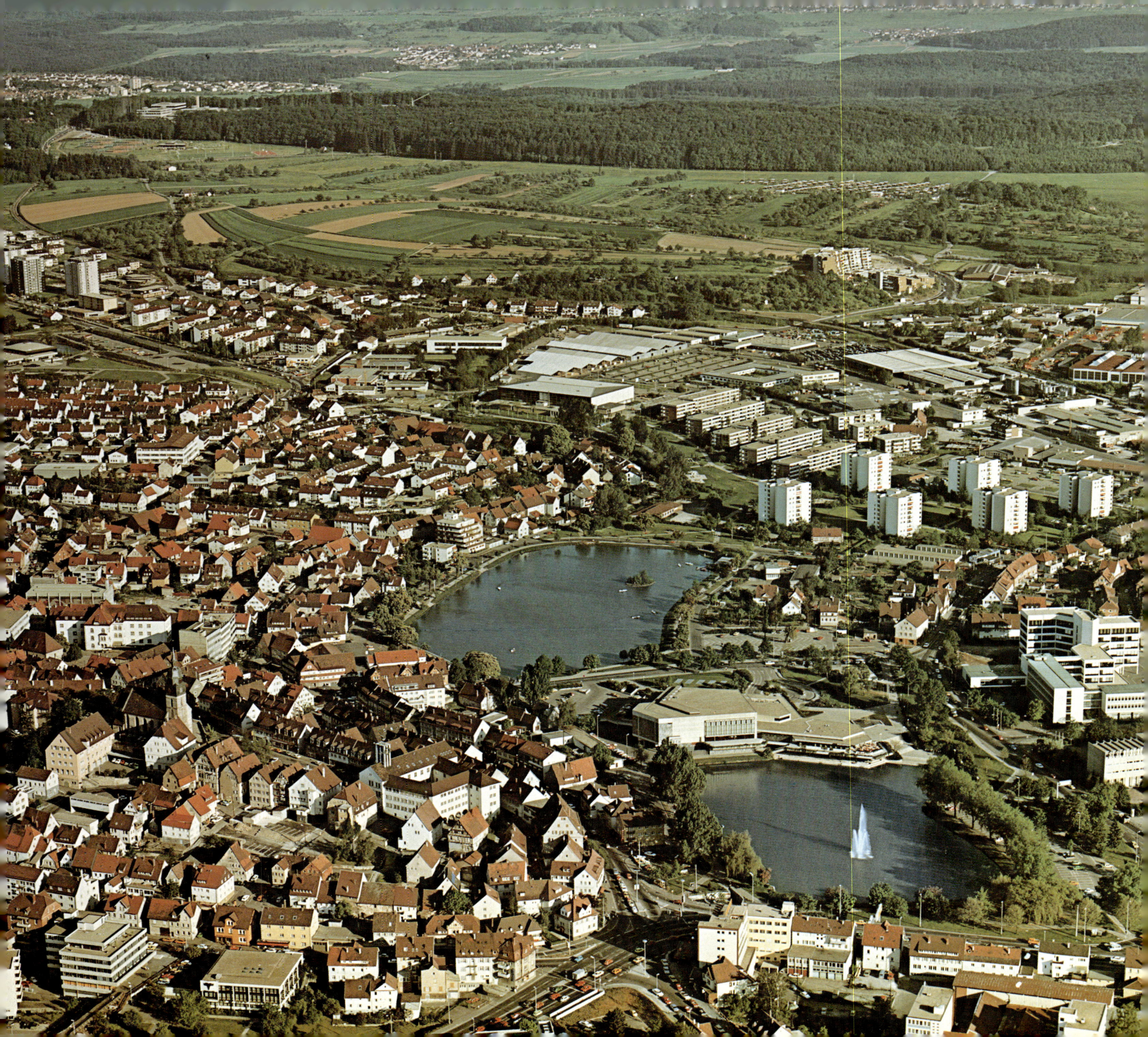

Land der Residenzen

Die vielgeschmähte »deutsche Kleinstaaterei« im Heiligen Römischen Reich richtete nach dem Untergang der Staufer ihr buntestes Spielfeld auf schwäbisch-fränkischem Boden ein. Schließlich zersplitterten rund 35 weltliche und geistliche Herrschaften und Reichsstädte das Land. Sie machten bis weit ins 15. Jahrhundert hinein einander das Leben sauer, teils in Fehden auf eigene Faust, teils in bündischen Kleinkriegen, bevor man sich 1488 zu einem »Schwäbischen Bund« zusammenfand. 1497 gab die Reichsreform Kaiser Maximilians dem Mosaik der Territorien den Rahmen: den »Schwäbischen Kreis«. Nahezu das ganze alte Schwaben bis an den Rhein zusammenfassend, steckte er die Pflichten des Zusammenwirkens im Reichsinteresse ab. Der Rahmen hielt bis zum Untergang des Alten Reichs im Jahre 1806. Er überstand die Zerreißprobe der Reformationszeit, den Dreißigjährigen Krieg von 1618 bis 1648, die französischen Reunionskriege von 1679 bis 1697, die Türkenkriege von 1680 bis 1699 und den Spanischen Erbfolgekrieg von 1701 bis 1714, allesamt Kriege, die auch den kleinen südwestdeutschen Territorien und ihren Residenzen hart zugesetzt haben. Erst die »napoleonische Flurbereinigung« der Jahre 1802 bis 1810 zerbrach den Rahmen. Mit dem Rahmen zerfiel auch das Mosaik.

Die Masse dieser Territorien war klein, zuweilen winzig. Macht strebten sie selten an. Politisches Gewicht hatten nur die Fürstengeschlechter der vier größten Herrschaftsgebilde: Habsburg–Österreich, Württemberg, Kurpfalz und Baden. Doch den Ehrgeiz, gehört zu werden, dreinzureden, hier fördernd und dort bremsend einzugreifen, hatten sie alle. So wurde mancher Ansatz zu weiträumigen Plänen der Verkehrserschließung zerrieben. Auch drückten die Lasten, die große Hofhaltungen einem kleinen Gebiet abverlangten, und Notzeiten brachten die geringe Einwohnerzahl einer Miniaturresidenz zuweilen an die Grenze ihrer Leistungskraft. An Kritik und Zorn über die territoriale Aufsplitterung des Südwestens hat es daher nie gefehlt. Dennoch: Man darf »die Fülle und den Reichtum der wirtschaftlichen, kulturellen, künstlerischen und allgemein menschlichen Erscheinungen nicht übersehen, die gerade durch die Vielzahl der politischen Gebilde möglich, ja im gegenseitigen Wettstreit recht eigentlich verschuldet wurden« (Max Miller). Unsere Bilderfolge bestätigt dies mit einem Rund-

84. Böblingen mit Kongreßhalle und Anlagenseen

blick auf illustre Zeugnisse der Schloßbaukunst. In zwei großen Wellen hat sich diese vor und nach dem Dreißigjährigen Krieg entfaltet, die erste stilistisch der Renaissance, die zweite dem Barock verpflichtet.

Erbstücke der Kurpfalz

Zwei Schlösser im Norden des Landes geben den Auftakt: Schwetzingen als Beispiel einer zum Gesamtkunstwerk gewordenen Barockparkanlage und die Ruine des Heidelberger Schlosses als das Glanzstück eines »Burgschlosses«, dessen mittelalterlichen Festungscharakter die Schloßbaukunst der Renaissance zu fürstlicher Schönheit erweckt hat. Beide sind Schöpfungen der Kurpfalz, und beide sind mit der Residenz Mannheim in einem Atemzug zu nennen.
Erwachsen aus der Pfalzgrafschaft bei Rhein, hatte die Kurpfalz ihren territorialen Schwerpunkt im unteren Neckarraum. Seit dem 14. Jahrhundert waren Burg und Stadt Heidelberg ihr Zentrum. Durch bedeutende Kurfürsten zur Führungsmacht des calvinischen Protestantismus aufgestiegen, entfaltete das pfälzische Haus um 1600 eine wagnisreiche Aktivität. Ihr verdankt Mannheim seine Gründung (1606) als befestigter Handelsplatz. Sie führte aber auch dazu, daß Kurfürst Friedrich V. von der Pfalz zum Haupt der protestantischen Union wurde und ihn die Böhmen 1619 zu ihrem König wählten, ein Abenteuer, das den Dreißigjährigen Krieg auslöste, den unteren Neckarraum zum Schauplatz machte und den »Winterkönig« die Pfalz kostete. Was nach dem Westfälischen Frieden in den pfälzischen Landen eben erst dabei war, sich zu erholen, vernichteten die Generäle des Sonnenkönigs wieder; 1689 und 1693 sprengten sie auch das Heidelberger Schloß. Den Schlußstrich unter die Geschichte Heidelbergs als Residenz verursachte zu guter Letzt eine Kirchenhändel-Bagatelle. Weil ihm die Stadt die seither simultan benützte Heiliggeistkirche nicht als Hofkirche überlassen wollte, verlegte der aus der katholischen Linie Pfalz–Neuburg stammende Kurfürst Karl Philipp 1720 die Hofhaltung nach Mannheim.
Das Residenzschloß von Mannheim entstand von 1720 an, bis 1731 mußte Karl Philipp auf die Übersiedlung in die bezugsfertigen Teile warten. In der Zwischenzeit wurde dem noch verhältnismäßig unansehnlichen Schwetzinger Schloß die Ehre zuteil, Interimsresidenz der Kurpfalz zu sein. Da der Dynast alle Gelder auf Mannheim konzentrierte, profitierte Schwetzingen nicht allzuviel davon, es sei denn die

Schaffung jener großartigen Gartenachse, die später für die Gestalt des Barockgartens bestimmend werden sollte. So kam Schwetzingens Glanzzeit erst um die Mitte des Jahrhunderts, als der Ruhm der musikfreudigen und geistig weltoffenen neuen Residenz Mannheim den Namen des Kurfürsten Karl Theodor von der Pfalz durch Europa trug und Schwetzingen seine Sommerresidenz war. Doch der Glanz beider Schlösser erlosch so jäh, wie er aufgeleuchtet hatte. Um seine bayerische Erbschaft anzutreten, verlegte Karl Theodor 1778 seine Hofhaltung nach München. Als dann die linksrheinische Pfalz an Frankreich verlorenging, und Napoleon die rechtsrheinische Pfalz zu Baden schlug, war die Geschichte der Kurpfalz an ihr Ende gekommen.

Altwürttemberg

»Eine Residenz – und zumal eine württembergische – wählt man nicht nach Laune oder deshalb, weil es die Altvorderen auch so machten. Irgendwann einmal kommt die Phase, in der die Dinge überprüft und relativiert werden müssen, in der eine Residenz ihre ›Haltbarkeit‹ beweist oder nicht. Stuttgart hat diese Feuerprobe bestanden.« So schreibt Otto Borst in seiner Geschichte der württembergischen Hauptstadt.
Stuttgarts erste Feuerprobe kam mit der kriegerischen Aktion König Rudolfs von Habsburg gegen Graf Eberhard I. von Württemberg. Sie hatte ihre Ursache im Bemühen Rudolfs, das Herzogtum Schwaben dem Reich zurückzugewinnen und damit den ins Kraut schießenden territorialen Ehrgeiz des Hochadels, also auch der Württemberger, abzublocken. Das Territorium des Württembergers entging knapp der Katastrophe, die junge Stadt Stuttgart jedoch, die zu Eberhard stand, erwies sich als ruhender Pol: »Für die Residenz ist der Anfang gemacht.«
Die Grafen von Württemberg haben nach dem Untergang der Staufer so methodisch an ihrem Territorium gezimmert wie kein anderes fürstliches Haus im Südwesten. 1388 gelang es ihnen in der Schlacht bei Döffingen, die Phase des Städtekriegs zugunsten des herrschaftlichen Prinzips zu entscheiden. Dieses wurde fortan von der württembergischen Grafenfamilie repräsentiert. 1482 überwanden sie im Münsinger Vertrag die 40 Jahre währende familienrechtliche Teilung der Grafschaft in eine Uracher und eine Stuttgarter Herrschaft. Im Unterschied zur verzettelten Territorialherrschaft Österreich-Schwaben (Vorderösterreich), vermochte

ihre Verwaltungsorganisation aus einem spätmittelalterlichen Sammelsurium von Besitzungen und Rechten der verschiedensten Art eine tatsächliche Einheit zu bilden. Diese hatte räumlich ihren Schwerpunkt in Stuttgart, wurde durch eine planmäßige Befestigungs- und Schloßbaupolitik nach außen abgesichert und erhielt 1495 den Rang eines Herzogtums, das sich mit dem Tübinger Vertrag von 1514 eine ständische Landesverfassung gab. 1520 bis 1534 überstand das junge Herzogtum eine österreichische Besetzungszeit. Für seine innere Einheit wurde die Durchführung der Reformation entscheidend: Die Herrschaft der evangelisch-lutherischen Konfession und der bürgerliche Charakter der Landstände blieben bis zum 19. Jahrhundert die hervorstechenden Merkmale des altwürttembergischen Kleinstaates.

Stuttgarts zentrale Bedeutung blieb, wenngleich auch Urach und Tübingen zeitweilig Residenzcharakter hatten, seit dem Münsinger Vertrag unangefochten. Der Turm der Stiftskirche, in der sich die Grablege der Württemberger befindet, ist das älteste Symbol dieser Zentralität. In seiner unmittelbaren Nähe liegt das Alte Schloß, das zur Zeit der endgültigen Reformierung der Landesherrschaft um 1550 seine blockhafte Renaissancegestalt erhielt. Zusammen mit dem Neuen Schloß bildet es auch heute noch die Mitte der Stadt. Im 18. Jahrhundert haben allerdings die Intermezzi absolutistischer Launen Stuttgart den Vorzug der Alleinresidenz streitig gemacht: 1718 bzw. 1725 machte Herzog Eberhard Ludwig das barocke Luxuskind Ludwigsburg zur Residenz, und von 1727 bis 1734 beherbergte die neue Stadtschöpfung auch die Regierungsbehörden. Dasselbe wiederholte sich 1764 bis 1775 unter Herzog Karl Eugen. Da Altwürttemberg jedoch zu den Gewinnern der napoleonischen Flurbereinigung gehörte, erhielt die kurfürstliche Residenzstadt 1806 den Rang der Haupt- und Residenzstadt des neuen Königreichs Württemberg und behielt ihn bis zur Staatsumwälzung von 1918.

Im Badener Land

Weit weniger geradlinig als Württemberg entwickelte sich Baden zum Territorialstaat. 1535, als das Herzogtum Württemberg bereits die Feuerprobe einer österreichischen Regierung bestanden hatte, erfolgte in Baden die Erbteilung der Markgrafschaft in die Linien Baden-Baden und Baden-Durlach. Die Teilung geschah phantasielos und schuf für 200 Jahre zwei Zwergstaaten mit einander übergreifenden und lähmenden Zuständigkeiten. Die Reformationszeit verfestigte das Trennende: Die Markgrafschaft Baden-Baden blieb katholisch, die Markgrafschaft Baden-Durlach wurde evangelisch. Für die Residenzen beider Linien kam – wie für Heidelberg – das Unheil mit dem französischen Einfall von 1689. In Baden-Baden brannte das Neue Schloß, Residenz seit 1479, in Durlach brannte die Karlsburg, Residenz seit 1565. Notwendigkeit und barocke Selbstdarstellung führten hier wie dort zu neuen Residenzanlagen, deren großartige Konzeption erst eigentlich das Luftbild zu erkennen gibt. Eine Wegstunde von Baden-Baden entfernt errichtete von 1705 an der »Türkenlouis« Markgraf Ludwig Wilhelm von Baden-Baden die Residenz Rastatt, und zehn Jahre danach begann Markgraf Karl Wilhelm von Baden-Durlach Schloß und Stadt Karlsruhe zu bauen.

1771 beendete ein familiäres Schicksal die 200jährige Trennung: Die Baden-Badener Linie starb aus, der Durlachsche Zweig erbte. Fast über Nacht flüchtete nun das Leben aus den Rastatter Schloßgebäuden, und Karlsruhe wurde zur alleinigen Residenz. Bald danach gliederten Napoleons Länderschübe dem Kurfürstentum Baden im Süden das reichsunmittelbare Hochstift Konstanz mit der alten Bischofsresidenz Meersburg an, im Norden kamen die pfälzischen Lande mit der verwaisten Residenz Mannheim an Baden. Als Hauptstadt des 1806 zum Großherzogtum gewordenen Landes vertrat Karlsruhe fortan ein Staatsgebilde mit starken natürlichen und politischen Gegensätzen und repräsentierte als Residenz das aus dem Erbe der Zähringer erwachsene Haus bis zur Revolution von 1918.

Die kleine Residenz

Geschichte und Wirksamkeit der großen Territorien und ihrer Residenzen prägten die Strukturen des Landes, von den kleinen Residenzen empfing es seine Farbigkeit. Da sind die Fürsten von Fürstenberg, die ihre kleine Residenzstadt Donaueschingen seit dem 18. Jahrhundert zu einem kulturellen Mittelpunkt ausgestalteten. Auch das 1590 vollendete Schloß Heiligenberg bei Überlingen, dessen Rittersaal und Kapelle zu den Meisterleistungen deutscher Renaissance zählen, ist ihnen zu danken. Ihnen benachbart hatten die Linien der schwäbischen Zollern in Sigmaringen, Hechingen und Haigerloch ihre Repräsentations- und Verwaltungsmittelpunkte. Im Oberland setzten die Linien der Reichserbtruchsessen von Waldburg mit den Renaissance-Schlössern Waldburg und Zeil und dem Barockschloß Wurzach die Farbtupfen ihrer kleinfürstlichen Hofhaltungen in das Lebensbild eines Raums, der damals vor allem durch die Schloß- und Kirchenbauten der landesherrlichen Reichsstifte und Reichsabteien Gewicht erhielt.

Unter den geistlichen Residenzen hatte der bischöfliche Kleinstaat Konstanz mit dem Residenz- und Verwaltungsmittelpunkt Meersburg besonderen Rang, und die bischöfliche Residenz von Speyer baute sich im Rastatter Schloß ein wahrhaft fürstliches Szenarium. In Mergentheim residierte, seitdem Preußen sich der Reformation angeschlossen hatte, der Hochmeister des Deutschen Ordens. Auch die auf der Insel Mainau und im oberschwäbischen Altshausen residierenden Deutschordenskomture legten Wert auf Hofhaltungen von reichsgrafschaftlichem Anspruch.

Den burgenreichen fränkischen Nordosten des Landes machten schließlich die Linien des fürstlichen Hauses Hohenlohe zum »Musterland der kleinen Residenzen«. Ihr Stammschloß Weikersheim birgt als Kernstück einen der eindrucksvollsten Rittersäle süddeutscher Renaissancebaukunst. Ihr Bergschloß Langenburg konnte einen typischen Innenhof mit Laufgängen und umlaufenden Galerien bewahren. Ihr Schloß Neuenstein widerspiegelt als imposantes Konglomerat aus Elementen einer romanischen und gotischen Wasserburg und eines Residenzschlosses der Renaissance die kunstsinnige Tradition des Gesamthauses. Und sowohl der mit der Stiftskirche eine Einheit bildende Schloßkomplex von Öhringen wie die barock um- oder neugestalteten Residenzschlösser von Kirchberg an der Jagst und von Bartenstein lassen noch nachempfinden, wie stark im Alten Reich das Leben von Siedlung und Territorium auf diese kleinfürstlichen Hofhaltungen ausgerichtet war.

Das höfische Schauspiel

Die schöpferische Zeit der Residenzen begann mit der Schloßbaukunst der Renaissance, die sich um die Mitte des 16. Jahrhunderts im Ottheinrichsbau des Heidelberger Schlosses das überragende Denkmal gesetzt hat. Ihren Höhepunkt erlebte sie, als der Schloßbau von Rastatt die Periode der südwestdeutschen Barockresidenzen eröffnete. Und sie kam an ihr Ende, als mit der napoleonischen Neuordnung die Fülle der territorialen Kulturbeiträge verblühte und das kulturelle Schwergewicht auf die zwei Landesresidenzen Stuttgart und Karlsruhe überging.

Residenzkunst ist höfische Kunst. Ihre Architektur schuf für Hofhaltung und Zentralverwaltung den repräsentativen Rahmen, wie er landesherrlicher, reichsständischer Würde gebührte. Das geschah sparsamer hier, aufwendiger dort, wobei auch konfessionelle Unterschiede sich erstmals in der Kunsttätigkeit äußerten. So ist auch in Baden-Württemberg das Gesamtbild voll individueller Züge. Da jedoch für die Schloßbaukunst von Renaissance und Barock italienische und französische Vorbilder gemeinverbindlich wurden, ordneten sich die individuellen Tendenzen dem Tenor des Zeitgeschmacks, der »jetzigen manier« unter. So läßt sich, vergleicht man die Luftbilder untereinander, eine Entwicklungslinie erkennen, die zu einer immer engeren Verbindung von Schloßarchitektur und Landschaftsgestaltung führte und schließlich einmündete in die Idealpläne weit ausgreifender Schloßlandschaften.

Gleich der Burg und dem ummauerten mittelalterlichen Kloster sitzt auch das Renaissanceschloß noch nesthaft in seiner Umgebung. Es hat seinen Schwerpunkt im Hof einer wirkungsvoll gestuften Bautengruppe. Aber große Gartenanlagen geben bereits dem Wunsch Ausdruck, Architektur und Landschaft aufeinander zu beziehen und sie zu einer repräsentativen Einheit zu machen; der Hortus palatinus des Heidelberger Schlosses und der »Fürstliche Lustgarten zu Stuettgart« waren die einst berühmtesten Beispiele dafür. Im reich ausgestatteten Rittersaal oder gar im Lusthaus sowie im kunstvoll angelegten Schloßgarten erblickte die Residenz der humanistischen Renaissance die Symbole eines sowohl bergenden wie repräsentativen Rahmens, in dem sie ihr Ideal von anspruchsvoller, weltoffener Herrschaft verwirklichen konnte.

Das Barockschloß, Geschöpf einer Zeit, für deren Souveräne der Sonnenkönig von Frankreich und sein Schloß in Versailles die Leitbilder waren, brach diese in sich geschlossene Welt auf. Erfüllt vom Anspruch, alle Umwelt absolut auf sich zu beziehen und den Primat des Souveräns demonstrativ vor Augen zu stellen, machte der Barock das Schloß zum Fluchtpunkt einer durchplanten künstlerischen Idealeinheit. Er entfaltete den Hauptbau mit dem Corps de logis und seinen Flügelbauten zur imponierenden Fassadenanlage; in Karlsruhe beträgt die Fassadenbreite über 400 Meter. Ebenso funktionsgerecht wie großzügig ordnete er die Haupt- und Nebengebäude der vom Corps de logis bestimmten Hauptachse zu, hier Höfe bildend wie in Ludwigsburg, dort mit harmonisch gestuften Einzelobjekten eine ganze kleine Stadt gestaltend wie in Bruchsal.

Mit den sich entfaltenden Schlössern weiteten sich auch die

Gärten. Sie wurden zu großflächigen, reich ornamentierten Parks: zu distanzschaffenden Entrées, zu teppichartigen Vor- und Zwischenfeldern, oder auch, wie in Karlsruhe, zum grünen Zentrum eines Flächengebildes, dessen Strahlen alles Leben in der Residenzstadt auf das Residenzschloß bezogen. Wo immer es unbesiedelte oder waldreiche Landstriche erlaubten, griffen die Achsen des engeren Residenzbereichs tief in die Landschaft hinein. Ihre Chausseen führten dort häufig zu Jagd-, Lust- und Witwenschlössern, die als charmante points-de-vue Fixpunkte für die Gestaltung der Residenzlandschaft bedeuteten, am liebsten sich aber mit der Rolle begnügten, im glanzvollen Barocktheater der höfischen Welt intime Proszeniumslogen zu sein.

Bilderläuterungen 85–98

85 Heidelberg. Der Trichter des Neckartals, der Odenwald mit dem Königstuhl und die Bergstraßenhänge sind die Elemente des Landschaftsraums, in dem sich das vor 1180 vom Pfalzgrafen Konrad, einem Halbbruder Friedrich Barbarossas, gegründete Stadtdreieck eingerichtet hat. Von der Gründung an war Heidelberg einer der wichtigsten Sitze der Pfalzgrafschaft. Im 13. Jahrhundert wuchs es in die Rolle einer Residenz und des Zentrums der Landesverwaltung hinein. Heidelbergs kulturelle Entwicklung blieb aufs engste mit der 1386 gegründeten Universität verknüpft; deren Blütezeit in der Periode der humanistischen Renaissance vollendete auch die Ausgestaltung des Residenzschlosses zum Kleinod deutscher Renaissance-Baukunst (Ottheinrichsbau 1556/59). Nach den Wirren und politischen Veränderungen im Dreißigjährigen Krieg wurde das Schloß 1689, die Stadt 1693 von den Franzosen zerstört. Meinungsverschiedenheiten zwischen Kurfürst und Stadt führten bald danach dazu, daß Residenz und Regierung 1720 nach Mannheim verlegt wurden. Unser Bild zeigt das 1764 durch Blitzschlag endgültig zerstörte Schloß, die Alte Brücke (1786 als fünfte an dieser Stelle) und die Heiliggeistkirche (1398–1441).

86 Stuttgart. Wohl um die Mitte des 13. Jahrhunderts Stadt geworden, erhielt Stuttgart Residenzcharakter, als es nach 1316 die Grafen von Württemberg zum ständigen Wohnsitz wählten. Der Altstadtkern gewann seine bestimmenden Züge in der Renaissancezeit, der Einstandszeit des jungen protestantischen Herzogtums in der zweiten Hälfte des 16. Jahrhunderts. Aberlin Tretsch gestaltete damals das Alte Schloß neu (Bildmitte, heute Württ. Landesmuseum), die Alte Kanzlei (Bildmitte rechts) nahm die Landesverwaltung auf und die spätgotische Stiftskirche, Grablege des Fürstenhauses, erhielt ihre endgültige Gestalt. Als eine einheitlich rote Dächergruppe setzt sich dieses erste Residenzzentrum vom nachkriegszeitlichen Rathausbereich (rechts oben) ab. Den Vordergrund beherrscht das Neue Schloß der Herzöge und späteren Könige von Württemberg. Es ist eine nach innen und außen fassadenhaft gestaltete dreiflügelige Ehrenhofanlage, 1746 bis 1791 erbaut nach Plänen von Leopold Retti und Philippe de la Guêpière. Im Zweiten Weltkrieg schwer getroffen, wurde es 1958–1964 wiederhergestellt und ist seitdem Sitz mehrerer Ministerien. Der Schloßplatz, ursprünglich Exerzier- und Paradeplatz, wurde erst in der 2. Hälfte des 19. Jahrhunderts zur Anlage gestaltet, links von ihm befindet sich das 1912 von Theodor Fischer erbaute Kunstgebäude.

87 Karlsruhe, Schloß. Das nach Süden sich öffnende, durch den Schloßplatz mit der Stadt verbundene Residenzschloß der Markgrafen und späteren Großherzöge von Baden beherbergt heute das Badische Landesmuseum. Seinen zentralen Baukörper bildet ein achteckiger Barockturm, der 1715 zum Richtpunkt eines in allen Richtungen ausstrahlenden Systems von 32 Stadtstraßen und Waldalleen genommen wurde: Symbol einer von der alleserfassenden Gnadensonne des Souveräns lebenden Residenz. Der Schloßneubau von 1752 bis 1795 und auch die im 19. Jahrhundert rasch aufblühende Stadt hielten an dieser barocken Konzeption fest; in dem spätklassizistischen Baumeister Friedrich Weinbrenner hatte die Stadt einen herausragenden Erbwalter und Mehrer ihres besonderen baulichen Erbguts. Der Zweite Weltkrieg hat die Bausubstanz der Innenstadt großenteils zerstört, der Wiederaufbau orientierte sich so gut wie möglich am historischen Achsengefüge. Heute wird Karlsruhe als Sitz des Bundesgerichtshofs gern als »Residenz des Rechts« bezeichnet.

88 Schloß Schwetzingen. Zunächst als Interimsresidenz des von Heidelberg nach Mannheim übersiedelnden kurfürstlichen Hofes (1720), sodann von 1731 an als ständige Sommerresidenz erfuhr das ursprünglich kleine Schwetzinger Schloß einen bemerkenswerten Ausbau. Einzigartig sind seine teils in französischem, teils in englischem Stil gestalteten Parkanlagen, die mit Plastiken, Tempeln und Wasserspielen die sentimentalische Naturromantik der späten Barockzeit widerspiegeln.

89 Schloß Bruchsal. 1944 wurde das glanzvolle, aus rund 50 Einzelbauten bestehende »Gesamtkunstwerk« der geistlichen Residenz Bruchsal aufs schwerste vom Luftkrieg betroffen. Unser Bild zeigt das eindrucksvolle Ergebnis der Wiederaufbauarbeiten nach dem Zweiten Weltkrieg. Das Schloß, bis 1803 Residenz der Fürstbischöfe von Speyer, entstand von 1720 an nach Plänen von Maximilian von Welsch. Bauherr war Fürstbischof Damian Hugo von Schönborn, der den Fortgang der Arbeiten wiederholt durch seine Planänderungen hemmte. Glanz und künstlerische Größe erhielt die Anlage durch Balthasar Neumann, der 1731 zwischen die zwei Binnenhöfe des vierseitig geschlossenen Corps de logis eines der bedeutendsten Treppenhäuser des Barock eingefügt hat.

90 Ludwigsburg, Stadtmitte. Von 1709 an entstand, drei Wegstunden von der Residenz Stuttgart entfernt, neben einem mächtigen neuen Residenzschloß auch eine neue Residenzstadt aus dem Geist des barocken Absolutismus. Den Idealplan entwarf Donato G. Frisoni: ein Marktplatzgeviert als bestimmende Achse mit dem Denkmalbrunnen des Stadtgründers Herzog Eberhard Ludwig als Mittelpunkt, rechts die zweitürmige Stadtkirche (1718 ff.), links die einfachere Kirche der Reformierten (1727), die heute als katholische Pfarrkirche dient. Auch hier wurde die alte Bausubstanz vom Luftkrieg hart mitgenommen.

91 Rastatt, Schloß. Das Schloß des »Türkenlouis«, des Markgrafen Ludwig Wilhelm von Baden, entstand zusammen mit der neuen, Baden-Baden ersetzenden Residenzstadt nach Plänen von Domenico Egidio Rossi von 1697 bis 1707. Als erste jener Neugründungen, die ihren Grund sowohl in den voraufgegangenen Kriegszerstörungen wie im Repräsentationsbedürfnis der Barockfürsten hatten, leitete es in Südwestdeutschland eine neue Phase der Schloßbaukunst ein. Im Zweiten Weltkrieg wurde es, gleich dem Ludwigsburger Schloß, verschont. Es beherbergt heute das Wehrgeschichtliche Museum und eine »Erinnerungsstätte für die Freiheitsbewegungen in der deutschen Geschichte«.

92 Schloß Weikersheim. Als Stammsitz des Hauses Hohenlohe wurde die ursprüngliche Wasserburg im Taubertal in der späten Renaissancezeit von 1586 an zum Musterstück einer ländlichen Residenz umgestaltet. Schloß, Park und Stadt bilden eine stilvolle Einheit. Im Vordergrund die barocke Orangerie (um 1715), im Mittelgrund die Stadtkirche (1414). Der Rittersaal von Weikersheim zählt zu den Meisterwerken der deutschen Renaissance.

93 Bad Mergentheim. Stadt seit dem 14. Jahrhundert, wurde Mergentheim 1527 zur Residenz, als der Hochmeister des Deutschen Ordens von Burg Guttenberg in die alte Wasserburg von Mergentheim übersiedelte. Der Schloßneubau (1565/70), den 1625 eine schmuckvolle Torturmanlage und um 1730 die zweitürmige Schloßkirche bereicherten, gab der schön gegliederten fränkischen Stadt höfischen Zuschnitt, den sie bei der Mediatisierung selbstbewußt gegen die württembergische Annexion verteidigte.

94 Kirchberg an der Jagst. Ein gegen die Jagst zudrängender Bergsporn, der zur Zeit Barbarossas zu einer Burggründung einlud, wurde im 14. Jahrhundert zum Sockel eines schmal gebauten Städtchens, das lange reichsstädtisch war, bevor es zur Ehre kam, von 1591 bis 1861 Residenz einer Linie des Hauses Hohenlohe zu sein. Renaissance- und Barockzeit verwandelten den Bergsporn in eine Kleinresidenz, deren Großzügigkeit dem Selbstbewußtsein eines in den Reichsfürstenstand erhobenen Adelsgeschlechts vollauf entsprach.

95 Neuenstein, Schloß und Stadtkern. Unter den Schlössern im Öhringer Gäu hat das hohenlohische Schloß Neuenstein besonderen Rang. Mitte des 16. Jahrhunderts wurde die hochmittelalterliche Wasserburg zum Renaissanceschloß ausgebaut. Im folgenden Jahrhundert war es Residenzschloß einer eigenen hohenlohischen Linie. Im 18. Jahrhundert diente es fürstlichen Wohlfahrtseinrichtungen, und nachdem es im 19. Jahrhundert nicht in allem glücklich »restauriert« worden war, nahm es im 20. das Zentralarchiv und die Kunstsammlungen des Hauses Hohenlohe auf. Im Vordergrund ein Rundturm der alten Stadtbefestigung.

96 Ellwangen an der Jagst. Im Vordergrund das Höhenschloß der ehemaligen Fürstpropstei. Es erwuchs in Renaissance- und Barockzeit aus einem stauferzeitlichen Burgsitz der Äbte des von 764 bis 1460 bestehenden Benediktinerklosters (Schloßmuseum). Im rechten oberen Bilddrittel der Stadtkern von Ellwangen mit der kunst- und kulturgeschichtlich bedeutenden Bautengruppe um die Basilika der Stauferzeit. Sowohl das Benediktinerkloster (bis 1460) wie die gefürstete Propstei (bis 1803) übten bedeutenden wirtschaftlichen und künstlerischen Einfluß auf den Raum um Kocher und Jagst aus.

97 Heidenheim, Schloß Hellenstein. Schon zur Zeit Barbarossas Sicherungs- und Kontrollplatz des Albübergangs Brenztal–Donautal, wurde die helfensteinische Burg Hellenstein über der Stadt Heidenheim zu einem begehrten und mehrfach kriegerisch heimgesuchten Objekt territorialer Auseinandersetzungen. Aus ihnen gingen die Grafen von Württemberg als Sieger und Besitzer hervor (1504/1536). Bald nach 1600 wurde das Schloß zu einem bevorzugten Jagdsitz des herzoglichen Hauses ausgebaut und hatte den Rang einer landesfürstlichen Nebenresidenz (Heimatmuseum).

98 Mannheim, Wasserturm. Als um 1880 das industriell aufstrebende Mannheim neue Wohnquartiere erschloß, entstand die Oststadt auf einem vorwiegend gitterförmigen Grundriß. Ihr Schwerpunkt ist der einheitlich im Jugendstil gestaltete Friedrichsplatz mit dem 1885 erbauten Wasserturm: Symbol eines Repräsentationsbedürfnisses der bürgerlichen Zeit, in der noch die Erinnerung an den Glanz der Residenz Mannheim nachlebte. Im Gesamtbild der Stadt bildet der Wasserturm mit dem Friedrichsplatz den städtebaulichen Kontrapunkt zum Residenzschloß und läßt dadurch die Absicht erkennen, an dem von der Residenzzeit vorgezeichneten Stadtmuster festzuhalten.

85. *Heidelberg mit Schloß, alter Brücke und Heiliggeistkirche*

86. Historisches Stadtzentrum Stuttgarts mit Schloßplatz und Neuem Schloß, Altem Schloß (halbrechts Mitte) und Stiftskirche (rechts)
87. Die barocke Anlage des Karlsruher Schlosses, noch heute Mittelpunkt der axial angelegten Residenzstadt

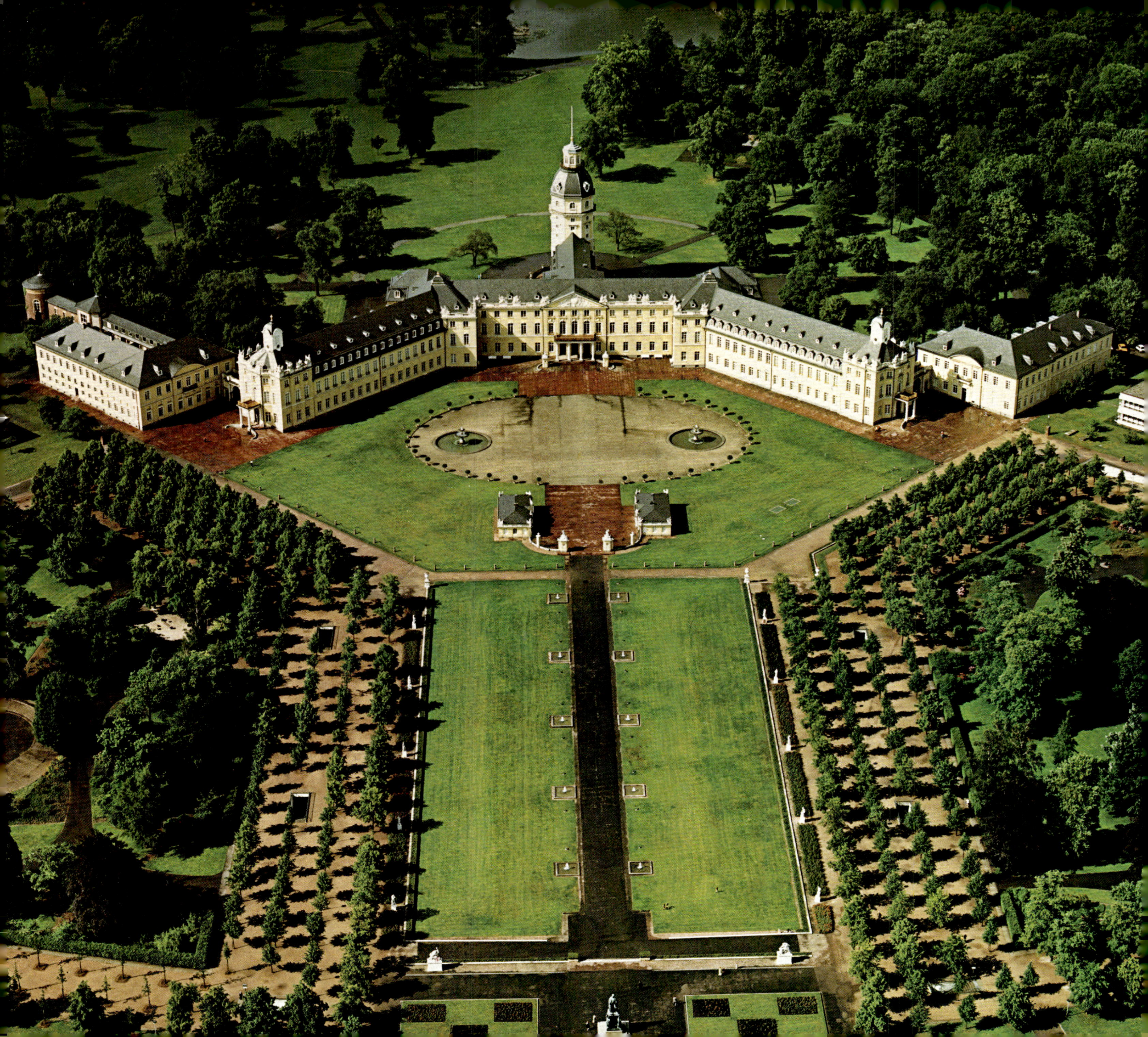

88. Schloß und Schloßpark Schwetzingen, Muster barocker Naturempfindung und feudalen Gestaltungswillens

89. Das wiedererstandene fürstbischöfliche Schloß Bruchsal, ein Werk bedeutender Barockbaumeister

90. Die ehemalige Residenzstadt Ludwigsburg mit Marktplatz und zweitürmiger Stadtkirche
91. Das markgräflich-badische Residenzschloß des »Türken-Louis« in Rastatt

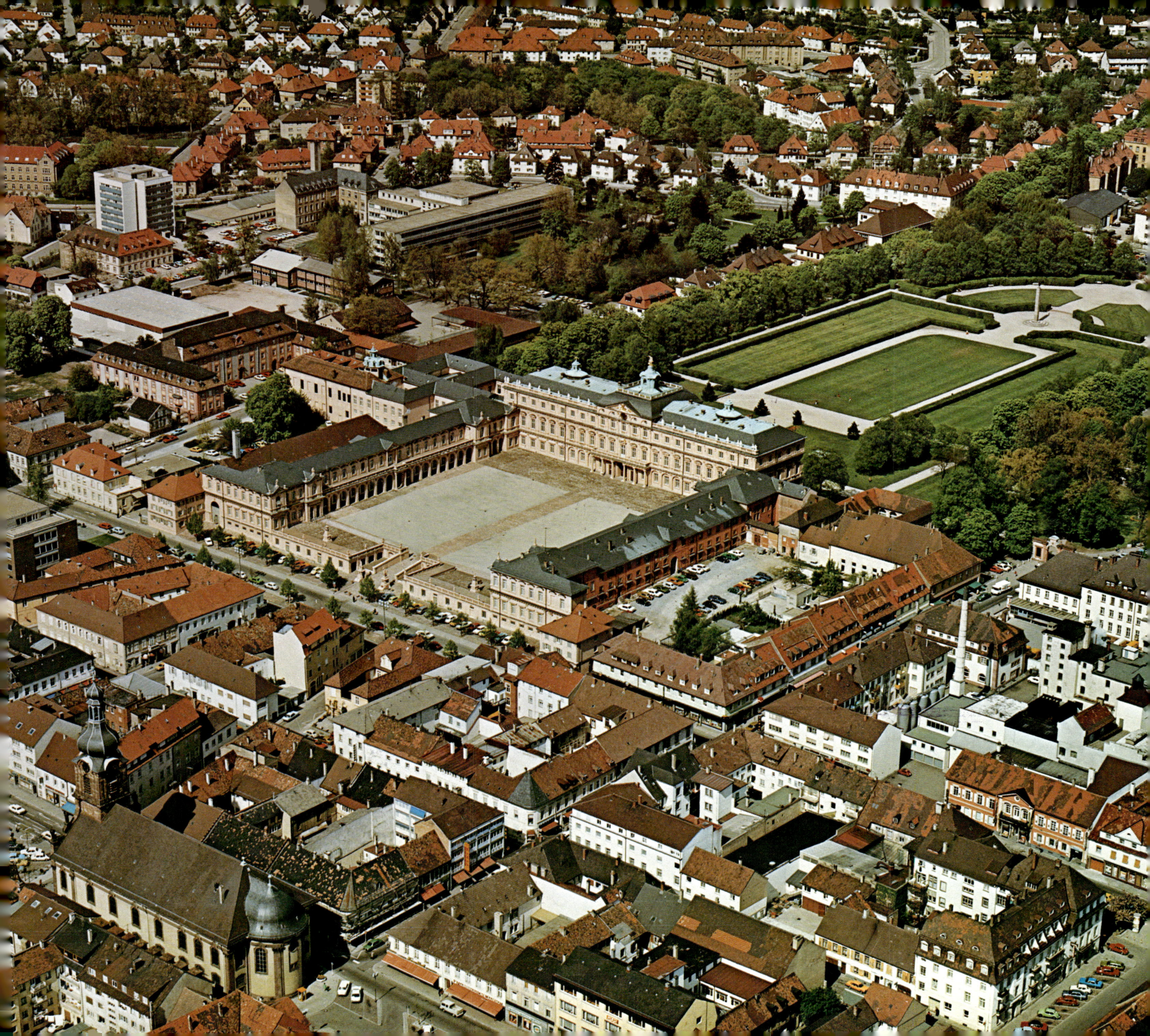

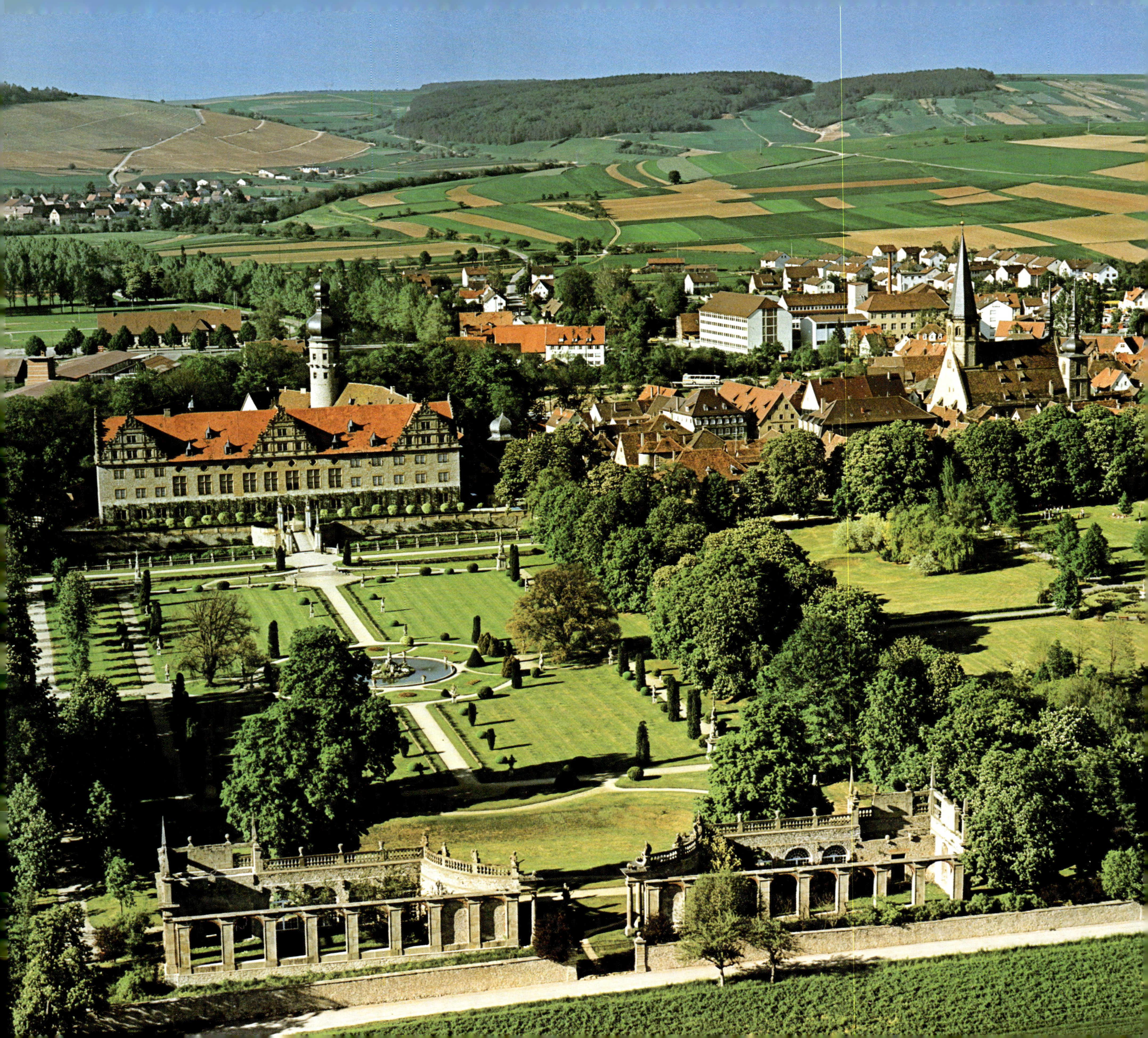

92. (linke Seite) Renaissanceanlage des hohenlohischen Stammsitzes Schloß Weikersheim im Taubertal
93. Bad Mergentheim, einst Residenz der Hochmeister des Deutschen Ordens mit Schloß und Schloßkirche (links)

94. Kirchberg an der Jagst, beispielhaft für zahlreiche Kleinresidenzen im einst zersplitterten deutschen Südwesten
95. Schloß und Stadtkern Neuenstein, heute Sitz des Zentralarchivs und der Kunstsammlungen des Hauses Hohenlohe

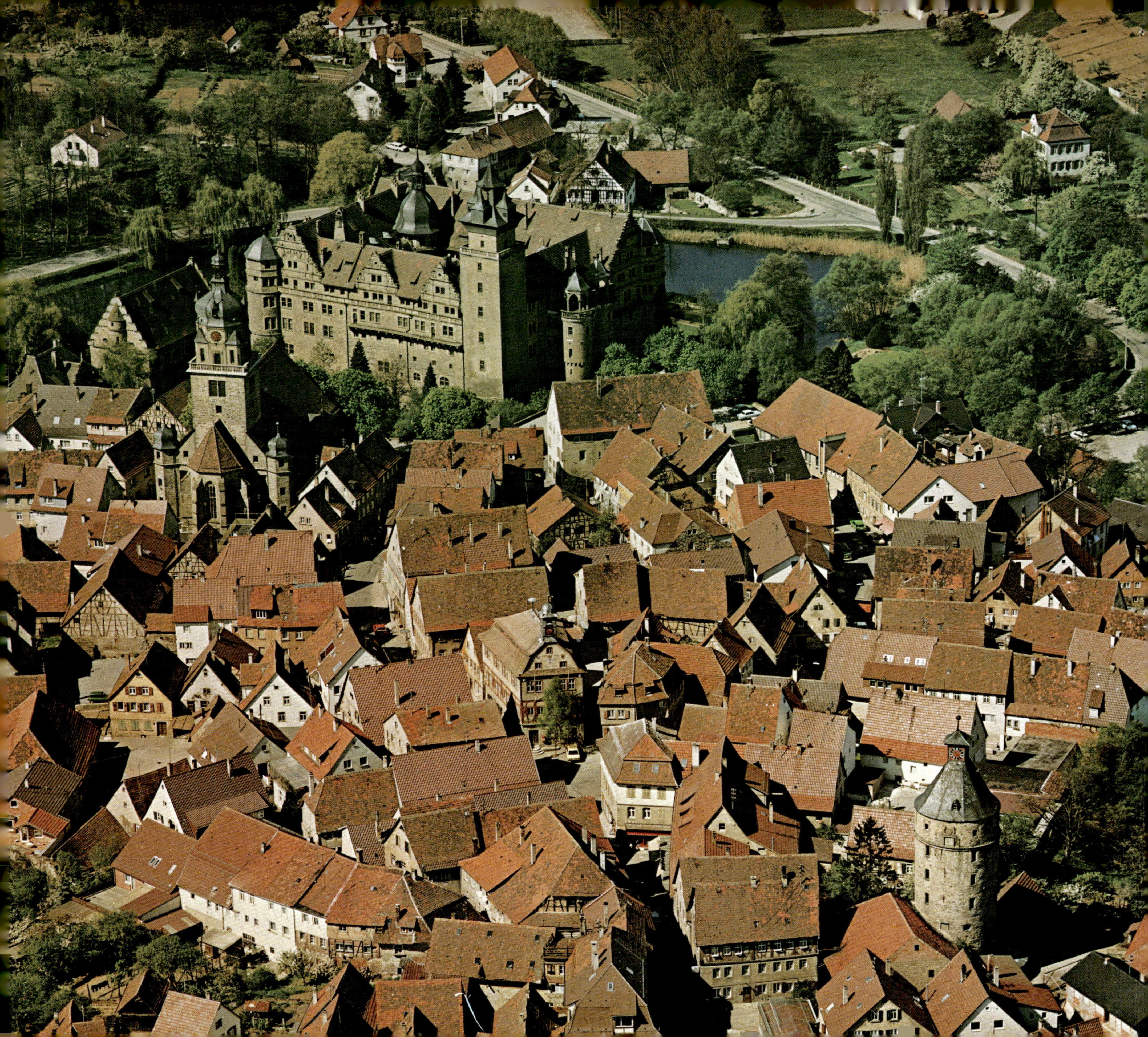

96. Fürstpröpstliche Residenz Ellwangen an der Jagst. Im Hintergrund der Stadtkern mit der romanischen Stiftskirche

97. Die helfensteinische Burg Hellenstein über der Stadt Heidenheim, Jagdsitz und Nebenresidenz der Herzöge von Württemberg

98. *Der Friedrichsplatz in Mannheim mit dem 1885 erbauten Wasserturm*

Land der Burgen

Burgen besitzen eine eigentümliche Anziehungskraft. Keine gleicht der anderen, jede hat ihren besonderen Ausdruckswert, und jede Generation erlebt sie auf eigene Weise. Dem romantischen Dichter bedeutete die Burgruine das sinnfälligste Gleichnis für das unaufhörliche Werden und Vergehen von Größe, Kraft und Geltung. Die Topographien des 17. Jahrhunderts bewunderten die wehrhaften Aspekte der Bergfeste, die Veduten des Biedermeier schätzten die anmutige Silhouette der Höhenburg, das Historienbild des späten 19. Jahrhunderts feierte die Eignung der Ritterburg für heroisch stimmende Staffagen. Heute bilden die Burgen an den Wegenetzen der Wandervereine bevorzugte Rast- und Aussichtspunkte. Für die Fremdenverkehrswerbung haben sie als pittoresker Rahmen von Freilichtspielen, Schloßmuseen und Burgschenken hohen Stellenwert. Und heute wie gestern reizen sie Heimatfreunde und Schulausflügler zur Frage nach der Realität des Lebens, das einst in dieser »merkwürdigsten Siedlungsart der Geschichte« zu Hause war und in ihr sein Selbstverständnis verwirklichte.

Baden-Württemberg gilt als das burgenreichste deutsche Land. In gedrängten Scharen begleiten die Burgen den Neckar, den Kocher und die Jagst, durchsetzen Schwarzwald und Schwäbische Alb und säumen die großen Siedlungsbekken. Die Vielzahl spiegelt eine Grundtendenz wider, dem die bergige, kleingekammerte Landesnatur besonders entgegenkam: das Streben nach herrschaftlicher Sonderung.

Ob es sich um die älteren Hochadelsburgen handelt oder um jüngere Burgsitze des aus Dorfherrschaft und Ministerialdienst hervorgegangenen niederen Adels: Mit jeder Burg des 11. bis 13. Jahrhunderts entstand neben den ältesten Burgen von Herzögen und Bischöfen ein wehrhaftes Eigengebilde, das zur Durchsetzung individueller Ansprüche auf Macht und Widerstandskraft bedacht war. Dieses Anspruchs wegen postierte sich die Burg nach Möglichkeit auf weithin sichtbarer Höhe, ihrer inneren Sicherheit sollte die erkennbare Präsenz ihrer Macht entsprechen.

Anspruch und Raum

Es ist das Luftbild, das mit der geographischen Position einer Höhenburg sowohl deren anfängliche Bestimmung wie ihren mutmaßlichen Einflußbereich anschaulich machen kann. So kontrollierte, um den Bildbeispielen des Bandes zu folgen, der im 11. Jahrhundert angelegte Felsenhorst der Burg Werenwag das Durchbruchstal der oberen Donau; die 1077 erstmals erwähnte Burg Wildenstein, eine der kühnsten Felsfesten im Land, und der gleichaltrige Burgsitz Sigmaringen, dessen Fels den Donaudurchbruchsbogen abriegelt, hatten Gleiches im Sinn.

Bei Sinsheim im flachhügeligen Kraichgau, der »Pforte aus Schwaben zum Rheintal«, sitzt auf einem Basaltkegel der »Kompaß im Kraichgau«, die Burg Steinsberg. Weithin blickend beobachtete sie seit dem frühen 12. Jahrhundert die an ihr vorüberführende Heer- und Geleitstraße Heidelberg – Wimpfen – Heilbronn. Und weithin sichtbar signalisierte sie zugleich den Anspruch ihrer Herren ins Bauernland, den zentralörtlichen Bezugspunkt darzustellen: als Besitz der Grafen von Oettingen zuerst, dann der Pfalzgrafen bei Rhein, der Herren von Hohenlohe und – bis 1518 – als Verwaltungsmittelpunkt der kurpfälzischen Besitzungen im Kraichgau. Nicht minder eindrucksvoll zeigen sich Anspruch und Machtbereich auch in der Position der Schwarzwaldrandburgen Hohengeroldseck bei Lahr und Rötteln bei Lörrach. Vom frühen 12. bis zum 14. Jahrhundert war die Geroldseck Sitz des mächtigen gleichnamigen Geschlechts der Ortenau. Die einem freistehenden Kegel aufsitzende Burg erlaubte es, alle umliegenden Täler zu kontrollieren und den Daumen auf den Blei- und Silbergruben zu halten, die es den Geroldseckern erlaubten, territorialem Ehrgeiz nachzuhängen. Auf begrenztere Wünsche beschränkten sich die Herren der 1103 beurkundeten Burg Rötteln. In der früh erschlossenen Kulturlandschaft des Baseler Rheinknies die Pforte zum Südschwarzwald kontrollierend, taten sie – wie die Burgen Staufen bei Müllheim oder Badenweiler – örtlichen Dienst für die Herzöge von Zähringen, bevor es durch deren Nachfolger zum markgräflichen Herrensitz und für eine kurze Weile sogar zum aufwendig befestigten Mittelpunkt einer weitreichenden Herrschaft wurde.

Als das bekannteste Symbol hochadligen Anspruchs zeigt der Hohenzollern bei Hechingen seine hochgezackte Burgkrone dem Durchgangsland zwischen der Schwäbischen Alb und dem Neckar; seit 1061 trägt das Zollerngeschlecht seinen Namen. Und nicht minder herrscherlich vertritt im Raum Reutlingen – Nürtingen – Kirchheim die Ruine Hohenneuffen, die umfänglichste Burgruine in Baden-Württemberg, den Mitbestimmungsanspruch, mit dem sich um 1040 die Herrschaft Neuffen im Kreis der untereinander verwandten Hochadelsherren auf den Nachbarburgen Achalm, Hohenurach und Teck anmeldete.

Genug der Beispiele. Sie stehen für unzählige andere, die in den Schwächeperioden des hochmittelalterlichen Königtums Südwestdeutschland mit Haftpunkten des adligen Anspruchs auf einen Platz an der Sonne bestückt haben. Burgenbau war ursprünglich Vorrecht des Königs und Herzogs gewesen. Von etwa 1050 an, vornehmlich begünstigt durch die Parteiungen des Investiturstreits, nahmen auch Fürsten und Grafen, Bischöfe und Äbte das Befestigungsrecht für sich in Anspruch. Mit und ohne königliche oder landrichterliche Lizenz überzog der erste »Burgenboom« des Hochadels das Herzogtum Schwaben, den im 10. Jahrhundert geistig führenden deutschen Raum mit dem »Herzogsvorort« auf dem Hohentwiel, mit festen Plätzen: Vorgang einer noch weithin urkundenlosen Zeit, in der die Burgfamilien den Namen ihres neuen Sitzes zu tragen begannen und die Zentralgewalten zusehends mehr gezwungen wurden, Sympathie und Widerstand dieses neuen adligen Selbstbewußtseins in Rechnung zu setzen.

Da sind die Burgen der Herzöge von Zähringen, die im 11. und 12. Jahrhundert von ihren festen Sitzen aus alle wichtigen Schwarzwalddurchlässe unter Kontrolle hielten. Die namengebende Burg Zähringen bei Freiburg und die verschwundene Burghalde ob Freiburg gehörten dazu, ebenso die Schauenburg, die mit Hohengeroldseck und Hohen-Baden zu den größten Schwarzwaldburgen zählte. Da ist die Burg auf dem Hohenstaufen, namengebende Burg für das 1079 mit dem Herzogtum Schwaben belehnte Geschlecht der Staufer. Auf der Ravensburg richtete sich um 1080 das ebenfalls herzogsfähige Geschlecht der Welfen ein, um sie zum Verwaltungsmittelpunkt ihrer Besitzungen in Oberschwaben zu machen. Auf einem Ausläufer des Ammerbergs entstand über dem Neckar die Burg der Grafen von Tübingen, die ein Jahrhundert später als Pfalzgrafen über eines der größten Territorien im Südwesten gebieten sollten. Von der Burg Calw der Grafen von Sindelfingen kamen die Stifter des Klosters Hirsau, die gräflichen Gründer des Klosters Zwiefalten trugen den Namen der Burg Achalm. Auf dem Wirtemberg schließlich erbauten die Erben der Herren von Beutelsbach im Remstal um 1083 ihre Burg, erster Schritt der späteren Grafen von Württemberg in eine bedeutende dynastische Zukunft.

Ritterburgen der Stauferzeit

Für den Burgenbau des 12. und 13. Jahrhunderts wurden die Staufer zur prägenden Kraft, ihre Zeit führte die Blüte des deutschen Rittertums herauf. Noch besaß das Reich keine feste Residenz, Pfalzen und Burgen waren die bevorzugten Schauplätze politischer Entscheidungen. So bewahrt die Volkserinnerung manches Burgengeschehnis aus staufischer Zeit auf: liebenswerte wie die Geschichte von den treuen Weibern von Weinsberg, die ihre Männer rücklings aus der belagerten Welfenfeste trugen; schmerzliche wie die Demütigung König Heinrichs VII. durch seinen kaiserlichen Vater Friedrich II. in der Wimpfener Pfalz; und auch wehmütige wie den letzten Aufenthalt des Jünglings Konradin auf der Meersburg, der von der Bodenseefeste aus seinem Untergang in Italien entgegenritt. Auch des schwäbischen Anteils an der Minnedichtung jener Zeit gedenkt der heimatliche Stolz nicht ungern, denn die ritterlichen Poeten überlieferten mit ihrem Namen Burg und Ort ihrer Herkunft mit offenbarem Selbstbewußtsein: Burkhart von Hohenfels, Gottfried von Neuffen, Friedrich von Hausen, Bruno von Hornberg und viele andere mehr. Doch hier ist von nüchternen Aspekten staufischer Burgenpolitik zu reden.

Was diese kennzeichnet, ist eine neuartige Planmäßigkeit mit zwei Stoßrichtungen. Die eine galt der Sicherung des Familien- und Krongutes durch den Bau oder Erwerb von Burgen. Die andere benützte, wie es bereits die Zähringer im Schwarzwaldbereich getan hatten, die Burg als ein Mittel der Territorialstrategie, um durch weiträumige Burgennetze hochadlige Widersacher auszumanövrieren. Hand in Hand damit förderten die Staufer durch die Belehnung mit Burgen und Gütern den Aufstieg einer ihnen ergebenen Adelsschicht: der Ministerialen, die nun zu den hauptsächlichsten Trägern reichischer Aufgaben wurden.

Das augenfälligste Beispiel eines solchen strategischen Burgenkonzepts ist der Schutzring um die Herzogsburg auf dem Staufen und die staufische Hausklosterburg Lorch. In diesem in rund 100 Jahren gebildeten Ring konnten die befestigten Plätze zwischen Rems und Fils, Schurwald und Albtrauf einander ergänzen und zugleich wichtige Überlandverbindungen sichern: die Remstalstraße nach Waiblingen und zum Herrschaftszentrum Elsaß; den Weg über das Reichskloster Ellwangen zu den fränkischen Besitzungen zwischen Hall und Rothenburg; den Weg zum Ries und damit die bequemen Wege über die Ostalb zur Donau zwischen Ulm und Donauwörth. Alle diese Wege wurden, vornehmlich zur Regierungszeit Barbarossas, durch weitere Burgen- und Städtegründungen abgesichert. Vergleichbare Konzepte strategischer Burgenpolitik lassen sich auch an der Burgenhäufung am unteren Neckar zwischen der Wimpfener Pfalz und Heidelberg ablesen. Ihre verkehrsbeherrschende Lage und ihre wechselnden Beziehungen zu den Burgen des benachbarten hohen Adels und der Bischöfe von Würzburg, Speyer und Worms machten in diesem Kernraum staufischer Interessen eine aufmerksame Burgenpolitik geradezu zur Pflicht des Reichsfriedens. Ihre Kernstücke bildeten die Reichsdienstmannenburg Weinsberg, die Weinsberg zugeordnete Vasallenburg Guttenberg, das gut postierte Castrum Neckarelz mit der reichsfreien Stadt Mosbach, die hohenlohische Dienstmannenburg Zwingenberg, die stark befestigte Reichsstadt Eberbach, der befestigte Burgdorfblock der Elsenzgaugrafen von Dilsberg über Neckarsteinach und schließlich die Reichsburg Reichenstein über der Stauferstadt Neckargemünd, auf deren Hauptstraße die Fernverkehrsstraßen Worms – Mosbach – Würzburg und Worms – Wimpfen – Nürnberg verliefen.

Im Oberland zwischen Donau, Bodensee und Iller, einer für die Staufer nicht weniger wichtigen Landbrücke, erübrigte sich ein solcher Aufwand, nachdem zu Beginn des 13. Jahrhunderts die Herzogsfamilien der Welfen und Zähringer aus der Politik der Region ausgeschieden und auch die Besitzungen der Pfullendorfer und Lenzburger Grafen an Barbarossa gekommen waren. So lag auf dem höchsten Gipfel Oberschwabens die Reichstruchsessenburg Waldburg, die von 1221 bis 1245 die Reichsinsignien verwahrte, in befriedetem Land.

Gestalt und Statussymbol

Die Burgenbaukunst der Stauferzeit hinterließ Zeugnisse der Wehrarchitektur, die – voran die Wimpfener Pfalz – nicht nur zu den frühesten, sondern auch stets als die gemäßesten Schöpfungen ritterlicher Selbstdarstellung empfunden worden sind.

Seit der Mitte des 11. Jahrhunderts bevorzugte der Burgenbau die weiten Ausblick erlaubende Höhenburg. Felsiger Grund war willkommen. Die Gipfellage ermöglichte die Anlage einer nach allen Seiten hin gleichmäßig verteidigungsfähigen Ringmauerburg, die nur auf eine kleine Burgmannschaft angewiesen war. Der Maßstab dieser Zweckbauten war wohl allgemein klein, oft dürfte man sich auf den Typus einer Turmburg beschränkt haben; die Burg Neipperg im Zabergäu bewahrte als Ganerbenburg zwei solche Wohnkolosse. Im Jahrhundert der Staufer weitete sich jedoch die Ringmauerburg zur geräumigen und vielteiligen Anlage. Ausländische Vorbilder wurden wirksam, bald auch Kreuzzugserfahrungen. Der Bergfried als Wartturm, der Palas und zuweilen ein angebautes Kemenatengebäude als Repräsentations- und Wohnbau, eine Burgkapelle und wenige Nutzbauten an der grabengeschützten Umfassungsmauer machten den verbindlichen Bautenbestand aus, als gegen Ende des 12. Jahrhunderts die Blütezeit der staufischen Wehrarchitektur kam. Burgen, die nach hohem Verteidigungswert strebten, begannen nun, sich mit einem zweiten Mauergürtel zu umgeben: der Zwingermauer, die ein für den Angreifer besonders gefährliches Zwischen-

155

feld schuf. Als die Höhenburg im 13. Jahrhundert die bequemere Spornlage der alten Gipfellage vorzog, kam mit dem Halsgraben, der die Burg vom ansteigenden Berg trennt, die Schildmauer auf, um mit ihrem geschuppten Panzer den Palas zu decken. Wo die Geländebedingungen eine gleichmäßige Befestigung nicht zuließen, richtete sich der Typus der »Abschnittsburg« ein: ein meist an Berghängen haftendes mehrschichtiges Gebilde auf terrassierten Stufen. Der Typus der Talburg blieb sich im wesentlichen gleich. Sie schützte sich mit Mauer und breitem Wassergraben.

Die Gestalt der stauferzeitlichen Ritterburg wurde bestimmt von ihrer doppelten Funktion, sowohl Wehrbau wie Siedlungseinheit zu sein. Ihr Besitzer stand im System des Lehenswesens der hochmittelalterlichen Welt sowohl als Dienender wie als Befehlender. Dem Recht des Lehensherrn, gefragt zu werden, stand der Anspruch des Burgherrn gegenüber, vom »gemeinen Mann« mit Fronen und Zinsen bedient und als Inhaber von Gerichts- und Polizeirechten respektiert zu werden. So war die Burg auch Herrensitz: Ort der Repräsentation von Macht. »Eine herausgehobene Gesellschaftsschicht, eine politische Elite mit Geblütsrechten entwickelte im Burgenbau die ihr gemäße Architektur« schreibt Hans-Martin Maurer. Als einer der besten Burgenkenner unseres Landes verweist er damit auf die soziologischen Aspekte des Burgenbaus.

Der ritterlichen Repräsentation dienten die Zierformen, die sich naturgemäß auf die geschützten Bauteile wie Ritterhaus und Burgkapelle beschränkten. Edle Beispiele zeigt in Palas und Kapelle die Burg Krautheim auf einem Bergsporn über der Jagst. Die Ruine der Reichsburg Leofels im Landkreis Schwäbisch Hall und die Landeck als die schönste der breisgauischen Burgen zeichnen sich durch schöne Fensterformen aus. Die Burgruine Wertheim, eine der mächtigsten im Südwesten, besitzt in ihrer Oberburg eine frühgotische Kapelle. Auf dem Härtsfeld konnte die Ruine Katzenstein ihre romanische Burgkapelle bewahren und in frühgotischer Zeit mit einem meisterlichen Gerichtsfresko schmücken lassen. In Wimpfen am Berg spricht aus den Arkaden des Palas die Sicherheit eines Stilempfindens, das die Kraft und Eleganz auf gelassene Weise miteinander zu verbinden gelernt hat.

Repräsentationswillen bekundet auch die Bautechnik: die Verwendung von behauenen Buckelquadern, die den Baukörper schuppenhaft beleben und zum Kennzeichen staufischen Stilwillens geworden sind. Als kraftvolles Buckelquaderbauwerk repräsentiert der Palas der Ministerialenburg Hohenrechberg bei Schwäbisch Gmünd die Würde des Marschallamts. In den Falten des Schurwalds zeigt sich das Wäscherschlößle von Wäschenbeuren als das Musterstück einer kleinen Dienstmannenburg in Buckelquadermauern. Und wie sich Materialschönheit, Mauertechnik und Zweckmäßigkeit zu einem Bauteil von repräsentativer Eindrücklichkeit verbinden lassen, dafür mag die Schildmauer von Berneck im Nagoldtal als Beispiel dienen. Am demonstrativsten freilich spricht die ritterliche Selbstbekundung durch die Bergfriede ins Land. Von der Kastellburg im Breisgau und der Götzenburg Hornberg über dem Neckar bis Wertheim am Main, von Staufeneck im Filstal bis Katzenstein auf dem Härtsfeld, von der Burg Lichtenberg im Bottwartal bis Dilsberg und Zwingenberg am unteren Neckar verkünden die runden, vier- oder vieleckigen Wächter den Anspruch des Burgsitzes ins Land. Maurer nennt sie mit Recht »Statussymbole adligen Rangs«.

Herren, Bauern und ein langes Sterben

Es liegt auf der Hand, daß bei der Erkundung eines so wandlungsreichen Phänomens der frühen Steinbaukunst gerade die Luftaufnahme gute Dienste leisten kann. Sie enthüllt, was Verfallszeiten verunklart haben, hilft unterscheiden, was sich im Gang der Zeiten veränderten Bedingungen angepaßt hat. So verhilft sie zu Einsichten und Korrekturen und ermöglicht wohl auch Rückschlüsse auf soziale Zusammenhänge, die einst das Leben im Zuständigkeitsbereich einer Burg bestimmt haben. Gewiß haben die Jahrhunderte das Landschaftsbild gründlich verändert. Aber aus der Zusammenschau von Lage und Strukturbild, geschichtlicher Nachricht und Namengebung in Flur und Wald ließe sich wohl noch manche Erkenntnis gewinnen über Intensität und Grenzen der erschließenden, gestaltenden oder hemmenden Energien, die von der Burg als dem örtlichen Zentrum einer mit gewissen Gewalten ausgestatteten Herrschaft und der Burg als einer mit dem Umland zusammenlebenden Wirtschaftseinheit ausgegangen sind.

Viele Burgen spielten bei Waldrodungen und Landausbau eine führende Rolle, häufig in Verbindung mit Klöstern. So erschlossen die Grafen des Neckargaus von der Burg Weinsberg aus die östlich sich anschließenden Waldgebiete. Die Burgen Zavelstein und Liebenzell schützten im Auftrag der Grafen von Calw die Waldhufendörfer bzw. Weiler im neubesiedelten östlichen Schwarzwaldbereich. Andere Burgherren wie die Geroldsecker oder die auf Burg Staufen bei Müllheim sitzenden zähringischen Ministerialen beuteten Bodenschätze aus. Viele förderten die Entwicklung von Burgweilern zu Handwerker- und Marktorten. Oder sie gründeten Städte – wie vor allem die Zähringer und Staufer, die Markgrafen von Baden oder die Pfalzgrafen von Tübingen. In den Kernräumen alter Ackerbaukultur wurden die Burgherren auch als Mühlenbesitzer und »Domänengründer« aktiv. Ebenso haben sie in Wein- und Obstbau Ehrgeiz und wirtschaftlichen Sinn investiert, oft im Zusammenwirken mit Klöstern und Städten, oft aber auch gegen diese. Mancher Strauß zwischen den Reichsstädtern von Esslingen und den Grafen von Württemberg wurde der Weinberge wegen ausgetragen.

Die Antriebe, solche gesichtsverändernden Ausgriffe auf das Umland zu intensivieren, mehrten sich, je mehr in nachstaufischer Zeit die gesellschaftlichen und wirtschaftlichen Entwicklungen auch das Rittertum in Mitleidenschaft zogen. In den Auseinandersetzungen der »kaiserlosen, der schrecklichen Zeit« verlor der ideale Selbstentwurf des Standes rasch an solidarisierender Kraft. Er wich fortschreitend mehr einer partikularistischen Zeittendenz, mit deren Egoismus sich jedermann auf eigene Weise auseinanderzusetzen hatte. Rudolf von Habsburg war es nicht gelungen, gegen den Widerstand der Grafen von Württemberg das Herzogtum Schwaben neu zu begründen. So gaben sich die Großen dem Streben nach Territorien, die Kleinen dem Wettbewerb um möglichst frei verfügbare Parzellen hin, sei es als Eigengut oder Lehensbesitz, sei es in zusammenhängenden Flächen oder als Streubesitz. Der Prozeß, in dessen Verlauf sich im Südwesten die Territorialherrschaften Württemberg, Vorderösterreich, die Markgrafschaft Baden und die Pfalzgrafschaft bei Rhein herausbildeten, ein Prozeß, der in unablässigem Mit- und Gegeneinander vor sich ging und auch ein langes Ringen zwischen Städte- und Ritterbünden zur Folge hatte, kostete nicht nur vielen Burgen wie der Zollerburg oder der dem Haus Österreich gehörenden Burg Oberhohenberg bei Rottweil das Leben. Er kostete auch unzähligen kleineren Burgherren die Existenz und verwandelte die Geschichte der süddeutschen Burgen in eine zuweilen kaum entwirrbare Folge von Besitzwechseln, Teilungen und Verpfändungen. Vor allem aber veränderte er, je länger je mehr, das Denken der Burgherren, für die die Burg nach wie vor das Statussymbol adligen Ranges bedeutete.

Schon im Auszug aus dem Dorf und in der Entwicklung der Burg zum weithin unabhängigen Herrensitz hatte sich eine Standesgesinnung vorbereitet, die ihre Forderungen nach Zins und Fron aus Geblütsrechten und Privilegien herleitete und die alte genossenschaftliche Begründung des Ritterstandes – Schutzpflicht für Gegenleistung – drangab. Auf Zins und Fron aber konnte der nachstaufische Burgherr immer weniger verzichten. Im 14. Jahrhundert zwang ihn die Entwicklung des Geschützwesens zu ständig höheren baulichen Aufwendungen, und als im 15. Jahrhundert die Anpassungsfähigkeit der Burg erschöpft war, entzogen neue Formen der Kriegführung dem ganzen Ritterstand die militärische Legitimation. Weite Teile des Adels verarmten und verschuldeten an die Städte. So verführten Zwangslagen häufig zu Machtmißbrauch bei Eintreibung von Steuern und Abgaben, bei der Anforderung von Gespanndiensten und Gratisleistungen für die Erhaltung der Burg, ganz zu schweigen von den gnadenlosen Formen des »Bauernlegens« und dem absurden Anspruch auf das Recht zur Fehde. »darumbe hat man bürge/ daz man die armen würge«, klagt schon die Spruchsammlung des Freidank. Es verwundert daher wohl niemanden, wenn der »gemeine Mann« der Bauernkriegszeit die Burg nicht mehr als Unterpfand des Landfriedens empfand, sondern als Symbol unbilliger ausbeuterischer Privilegien. Das war an der fränkischen »Burgenstraße« nicht anders als im Fall der mächtigen Küssaburg bei Waldshut, die um 1525 gegen den bewaffneten Widerstand fronpflichtiger Bauern zur Landesfestung ausgebaut wurde. Damit war, als am 29. April 1525 die Burg auf dem Hohenstaufen von einem Bauernhaufen eingeäschert und viele andere Herrensitze gebrochen wurden, mit der wehrpolitischen Aufgabe der Burg auch die gesellschaftliche Funktion des mittelalterlichen Wehrstandes an ihr Ende gekommen. Gewiß erfüllte manche alte Feste noch lange Zeit örtliche Schutzaufgaben. So wurde der württembergisch gewordene Hohentwiel im Dreißigjährigen Krieg zum Sinnbild heldenhafter Widerstandskraft und protestantischer Zuflucht, und im Breisgau galt die Markgrafenburg Hochburg als Muster einer bastionären Festung des 17. Jahrhunderts. Wo immer die Raubkriege der französischen Krone auf eine Burg trafen, wurde sie daher zertrümmert, selbst noch für Napoleon bedeutete eine Burg einen potentiellen militärischen Faktor. Mit der hohen landerschließenden Burgenzeit Schwabens hatten diese Festungen, Verwaltungssitze, Gefängnisse oder Jagdsitze der Territorialherren freilich kaum noch etwas gemein, es seien denn Namen und äußere Merkmale.

Bilderläuterungen 99–110

99 Burg Werenwag. Die heute dem Haus Fürstenberg gehörende Burg im Durchbruchstal der oberen Donau zeigt im wesentlichen Bauten des 17. und 18. Jahrhunderts. Ihre kühne, eine Felsbastion nützende Lage ist charakteristisch für den ritterlichen Burgenbau des 11. und 12. Jahrhunderts. Die älteste Burg Werenwag entstand gegen 1100.

100 Burg Steinsberg. Obstbäume umkreisen den Fuß des Basaltkegels mit dem Dorf Weiler, Weinberge drängen Sonne suchend der Kuppe zu, deren Spitze der »Kompaß des Kraichgaus«, der achteckige Bergfried der Burg Steinsberg, besetzt hält: fruchtbares Bauernland ringsum, ein offenes Land zudem mit uralten Fernwegen. Grund genug, den Basaltkegel schon im 11. Jahrhundert zu befestigen und im Laufe der Jahrhunderte den Bergfried der Stauferzeit mit drei Mauergürteln zu umringen.

101 Waldenburg. Nordwestlich von Schwäbisch Hall kam es wohl schon in staufischer Zeit auf einem Ausläufer der Waldenburger Berge zur Einrichtung eines Burgsitzes. Als Reichsburg, der die Vogtei über das Stift Öhringen zugehörte, schützte er die vom Neckar zur Donau führende alte Straße. 1253 kam die Burg an die Hohenlohe. Im Spätmittelalter wurde sie Verwaltungssitz für die dort gelegenen hohenlohischen Besitzungen und ließ den Burgweiler zum Städtchen und schließlich zur Residenz einer eigenen Linie werden. Das Schloß entstammt dem 18. Jahrhundert. Der Zweite Weltkrieg schlug der ehemaligen Bergfeste über der fruchtbaren Hohenloher Ebene schwere Wunden.

102 Burg Rötteln. Bei Lörrach über dem Wiesental gelegen, krönt die Burg einen bereits 751 beurkundeten Platz, der im 12. Jahrhundert vornehmlich für das Bistum Basel bedeutsam wurde. Die Burg wuchs und litt mit den Jahrhunderten, 1678 wurde sie von den Franzosen eingeäschert. Der mächtigen Hochburg mit romanischen Teilen und einem Palas des 14. Jahrhunderts ist eine 140 m lange Vorburg des 16. Jahrhunderts vorgelagert. Die »verfalleni Mure« des Röttler Schlosses, Gegenstand eines düsteren Gedichtes von J. P. Hebel, sind ein bedeutendes Wanderziel des Markgräfler Landes, der Pforte zum südlichen Hochschwarzwald.

103 Ruine Hohengeroldseck. Die Schwarzwald-Höhenburg bei Lahr, hinter der das Kinzigtal und der Brandenkopf sich zeigen, ist auf dem Schönberg zwischen Kinzig und Schutter postiert. Die Lage verrät den Kontrollcharakter des Fernblicks, auf den die ehrgeizigen Geroldsecker, Herren der Ortenau vom 13. bis zum 17. Jahrhundert, angewiesen waren. 1689 wurde die offenkundig sehr schöne Burg von den Franzosen zerstört.

104 Burg Hohenzollern. Obwohl die von 1847 bis 1867 neu aufgeführte Stammburg des Zollerngeschlechts in ihren Mauern die angestrengte Sachtreue historistischer Baukunst nicht verbergen kann, bedeutet sie für viele Burgenfreunde das Juwel im Burgenkranz der Schwäbischen Alb. Hauptursache dieser Wertschätzung ist ihre wahrhaft herrscherliche Lage auf einem 851 m hohen Bergkegel. Unser Bild zeigt die Burg beim Anflug von Nordosten her, so daß hinter ihr der südliche, dem Plettenberg sich zubewegende Albtrauf sichtbar wird.

105 Rechberg. Flug über die drei »Kaiserberge« zwischen Fils und Rems. Hat man den Hohenstaufen hinter sich, zeigt sich am Fuß des Rechbergs die Burgruine Hohenrechberg: imponierendes Relikt einer um 1200 gegründeten staufischen Ministerialenburg, die im 15. Jahrhundert erweitert und 1865 Opfer eines winterlichen Gewitters wurde. Der von einer barocken Wallfahrtskirche gekrönte Kegel des Rechbergs ist der mittlere der drei Zeugenberge im »Stauferland«. Östlich von ihm erhebt sich als dritter der Stuifen (Bildmitte), hinter dem sich die Wolkendecke schließt und die Ostalblandschaft des Albuchs verhüllt.

106 Burgruine Hohenneuffen. Die Hochadelsburg auf dem Albtraufberg über Neuffen wurde im 11. Jahrhundert erbaut und war bis 1301 Dynastensitz der Herrschaft

158

Neuffen. Danach württembergisch, wurde sie zur Festung ausgebaut; das Schaubild aus der Luft zeigt die Mächtigkeit des Bollwerks, das in napoleonischer Zeit geschleift wurde und seitdem die größte Ruine der Schwäbischen Alb darstellt.

107 Schloß Lichtenstein. Auf einen senkrecht über dem Echaztal sich erhebenden Felsblock erbaut, umgeben von den Laubwäldern der Reutlinger Alb, in denen sich die meistbesuchten Schauhöhlen des Landes verbergen, ist das kleine Schloß zu einem Inbegriff der Burgenromantik geworden. Die älteste Burg wurde 1377 zerstört, der historisierende Neubau entstand von 1837 an. Das Schloß ist Besitz der herzoglichen Familie von Urach.

108 Festung Hohentwiel bei Singen. Der herrisch aufragende vulkanische Felsklotz wurde im 10. Jahrhundert zu einem der Hauptsitze der schwäbischen Herzöge, ihre Spuren sind ausgelöscht. 1538 wurde der Platz württembergisch und blieb bis 1968 Exklave im badischen Bodenseegebiet. Die umfangreichen Ruinen der oberen und der unteren Festung machen die Bedeutung deutlich, die das Herzogtum Württemberg der Sperrfeste beimaß. Die im Bild sichtbaren Mauern entstammen den Bauphasen von 1634 und 1735. Die Festung wurde zu gleicher Zeit wie die Festung Hohenneuffen geschleift, nachdem sie in den Revolutionskriegen an die Franzosen ausgeliefert worden war.

109 Festung Hohenasperg. Die Weinberge und Obstgärten verraten die Fruchtbarkeit des mittleren Neckarlandes, die Siedlungen die Nähe des Stuttgarter Ballungsraumes. Der Asperg, Wächter in einem offenen Land, spielte als befestigter Platz seit karolingischer Zeit eine beachtliche Rolle im Widerstreit politischer Ansprüche. 1308 kauften ihn die Württemberger und bauten ihn nach 1534 zur Festung aus. Als Garnison und Staatsgefängnis hat sich der Name der Festung, vornehmlich zur Zeit des Absolutismus, mit dem Schicksal vieler bedeutender Persönlichkeiten verbunden.

110 Dilsberg bei Neckarsteinach. Erst die Vogelschau erschließt den eigentümlichen Reiz von Burg und Burgflekken Dilsberg, die sich seit dem 13. Jahrhundert auf einer Höhe des unteren Neckarlaufs zunächst der Gunst der Grafen von Dilsberg, dann der kurpfälzischen Lehensträger erfreuten. Die alte Burg wurde 1827 abgebrochen, die Mantelmauer des 14. Jahrhunderts, die mehreren kriegerischen Unternehmen standhielt, blieb als Rahmen einer Idealeinheit von Burg und Stadt erhalten, wenngleich sie im Lauf der Jahre von »Wohnungssuchenden« besetzt wurde.

99. *Burg Werenwag über den steilen Jurafelsen des oberen Donautals*

100. Der »Kompaß des Kraichgaus«, Bergfried der staufischen Burg Steinsberg (Sinsheim-Weiler)
101. Schloß Waldenburg über der Hohenloher Ebene

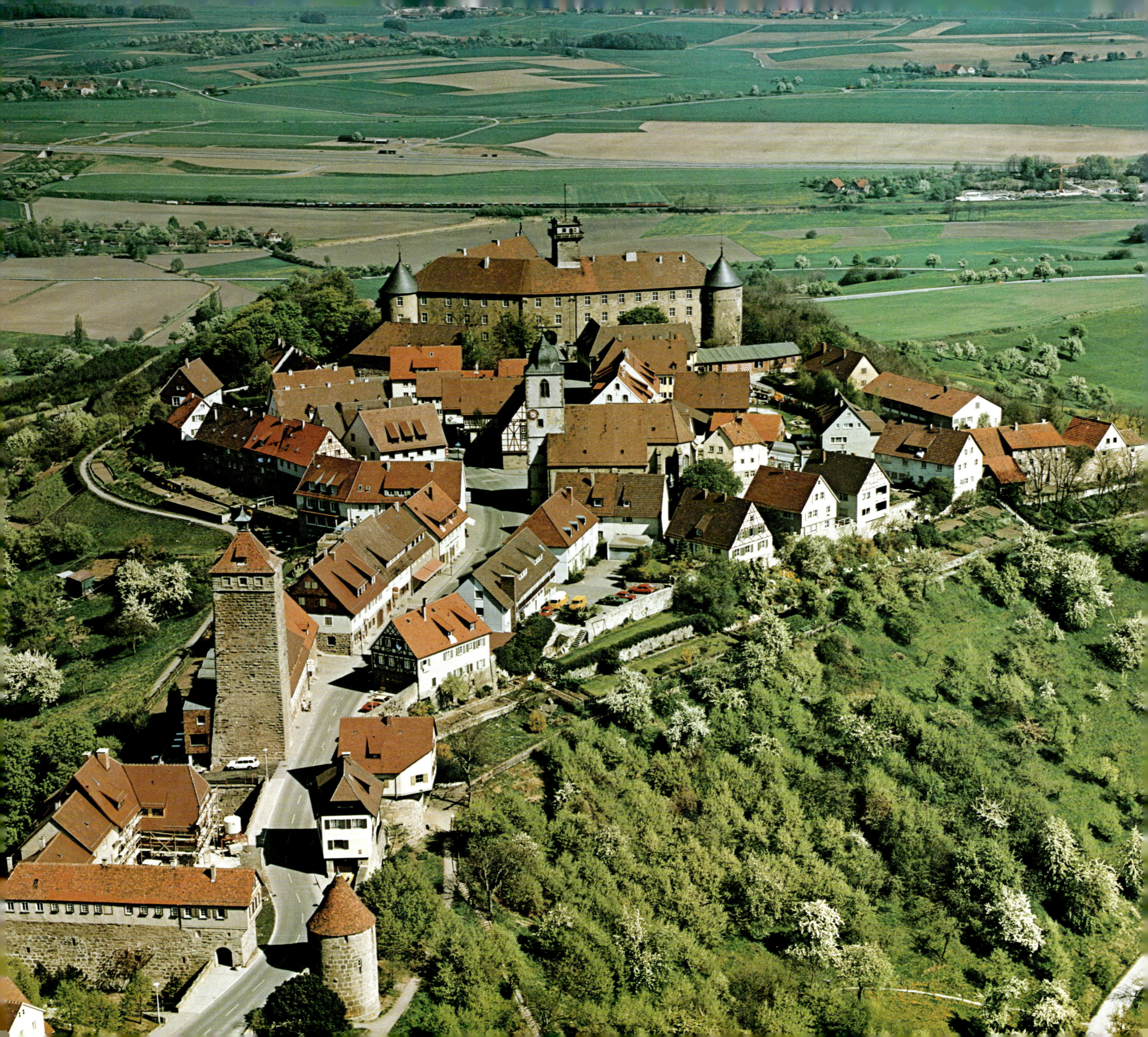

102. *Burg Rötteln bei Lörrach über dem Wiesental*
103. *Ruine Hohengeroldseck, einst Sitz der Herren der Ortenau*

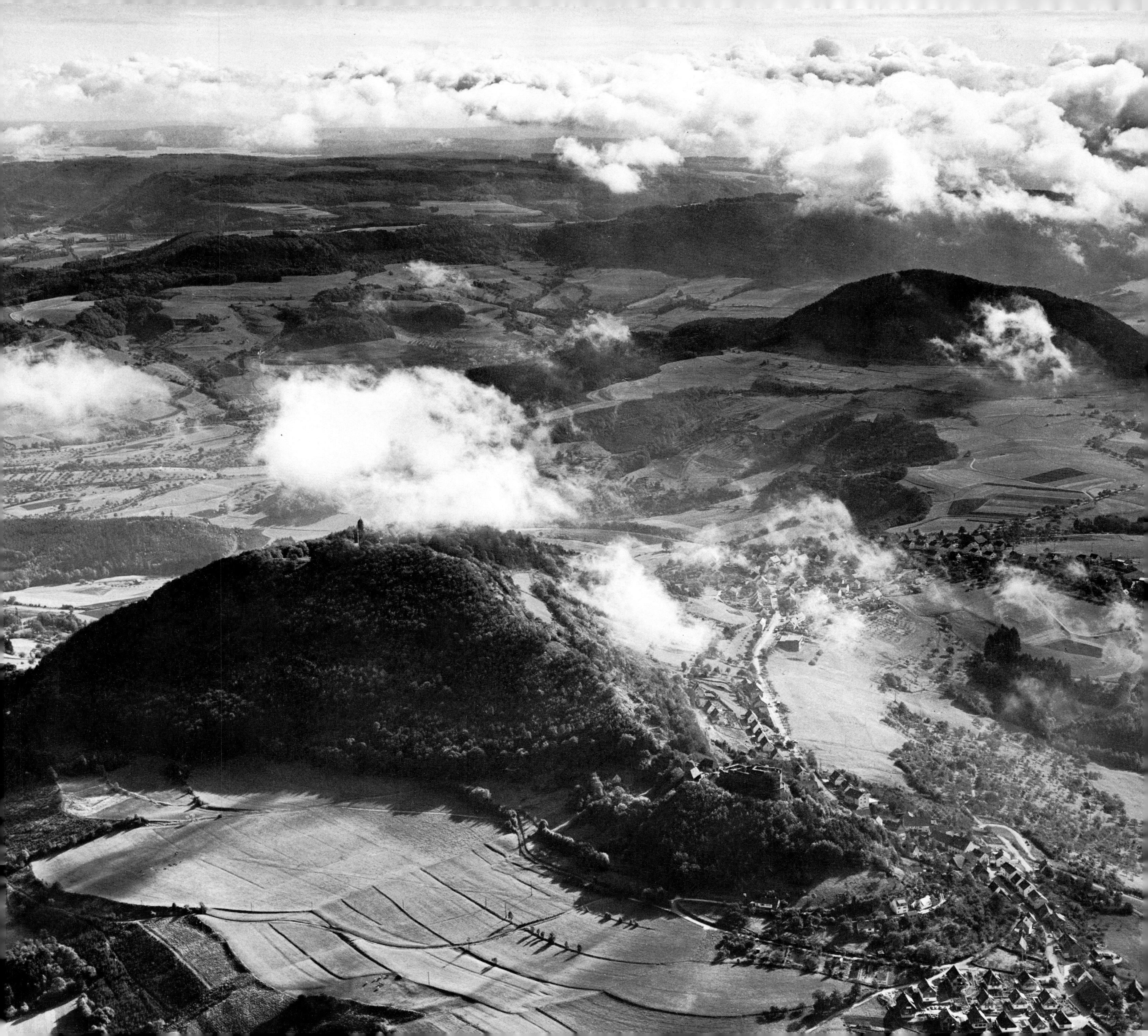

106. Der Hohenneuffen, größte Burgruine der Schwäbischen Alb. Gestaffelt dahinter Beurener Fels, Teck, Aichelberg, Kaiserberge

107. Das romantische Schloß Lichtenstein hoch über dem Echaztal

108. Festung Hohentwiel auf vulkanischem Felsklotz über Singen im Hegau

109. Festung Hohenasperg bei Ludwigsburg, Staatsgefängnis aus der Zeit des Absolutismus, bekannt als »höchster Berg Württembergs«

110. Burg und Burgflecken Dilsberg hoch über dem Neckar (Neckargemünd-Dilsberg) bei Heidelberg

Klosterlandschaft

Aus großer Höhe nimmt sich die Insel Reichenau aus wie ein im Untersee schwimmendes Herz, das die Wellen etwas zu schlank geschliffen und die Stürme zerschlissen haben. Fliegt man niedriger über sie hin, bietet sich »Deutschlands größter Gemüsegarten« dar wie ein mit allen Grün- und Brauntönen gesättigtes Eiland, das mit jedem Winkel seiner viereinviertel Quadratkilometer die Rühmung begründen möchte, die ihm vor mehr als 1100 Jahren der Mönch Ermenrich von Ellwangen gewidmet hat: „Reichenau, grünende Insel, wie bist du vor andern gesegnet: Reich an Schätzen des Wissens und heiligem Sinn der Bewohner, reich an des Obstbaumes Frucht und schwellender Traube des Weinbergs, immerdar blüht es auf dir...«

Im Zeichen der Reichsabtei Reichenau

Ermenrichs Gedicht galt dem Benediktinerkloster Reichenau, einer Ursprungszelle abendländischer Kultur. 724 hatte der irofränkische Wanderbischof Pirmin das Inselkloster gegründet, wahrscheinlich auf Wunsch des fränkischen Hausmeiers Karl Martell. Ausgestattet mit reichlichem Königsgut, war der bald zum Reichskloster gewordenen Gründung die Aufgabe zugedacht, in einer Zeit ständiger Spannungen zwischen alamannischer Stammesgewalt und fränkisch-karolingischer Staatsgewalt als monastisches Zentrum und als Ausbildungsstätte des alamannischen Adels kirchlich und kulturell für die fränkische Reichsidee tätig zu werden. Das Reichskloster blühte rasch auf. Mit einer frühlingshaften Entdeckerfreude wurde die Klosterschule, der bald eine der größten Bibliotheken des Abendlandes zur Verfügung stand, zu einem Zentrum der »karolingischen Renaissance«, die durch den zwischenklösterlichen Austausch von Mönchen und Kontakte u. a. mit der Gelehrtenschule in Tours sich zu einer Pflegestätte der »sieben freien Künste« entwickelte. Vorab der Dichtung, die im 9. Jahrhundert mit Walahfried Strabo, im 11. Jahrhundert mit Hermann dem Lahmen ihre wichtigsten Blütezeiten erlebte. Der Künste sodann, die in der Reichenauer Buchmalerei Höchstleistungen der ottonischen Zeit hervorbrachte und in den einzigartigen Monumentalfresken der Kirche St. Georg in Reichenau-Oberzell den ältesten deutschen Wandmalereizyklus hinterließen. Und schließlich der Kirchenbaukunst, von der die drei romanischen Inselkirchen noch immer eindrucksvoll Zeugnis geben, auch wenn neun Jahrhunderte immer wieder in ihre ursprüngliche Substanz eingegriffen haben. Es sind St. Georg in Oberzell und St. Peter und Paul in Unterzell, vor allem aber das Maria und Markus geweihte Münster in der Inselmitte, eine Pfeilerbasilika mit zwei Querschiffen, festungshaftem Westturm und spätgotischem Chor. Von 724 bis zur Aufhebung des Klosters im Jahre 1757 waren das Münster und seine Vorgängerkirchen die geistliche Mitte der »Augia felix«.

Das goldene Zeitalter der Reichenau, der neben Fulda

mächtigsten Reichsabtei der karolingischen und ottonischen Zeit, war bald nach 1050 zu Ende. Die Ursache lag weniger in den weltlichen Verpflichtungen eines Reichsklosters für Reichsverwaltung und Reichsfrieden als in der Austrocknung seiner monastischen Substanz, ein Schicksal, das die Reichenau mit vielen andern jüngeren Klostergründungen teilte. Schon bald nach der Jahrtausendwende nahmen die Streitigkeiten des Klosters als Grundherrschaft mit den nach Eigenbesitz, Arrondierungen und Mitbestimmung trachtenden adligen Vögten zu. Sie ließen irdische Interessen wichtiger werden als benediktinische Regeln. Mehr und mehr wurden aus Mönchen Klosterherren, deren Pfründnermentalität im klösterlichen Besitzstand ihre Lebens- und Altersversicherung verteidigte und daher auch an einem Wachstum des Konvents wenig interessiert war. Die Konventualen gehörten ausnahmslos der edelfreien Schicht an. Da diese seit dem hohen Mittelalter zusammenschmolz, ritterlichen Ministerialen aber der Eintritt ins Kloster verwehrt wurde, mangelte es auf der Reichenau zusehends mehr an frischem Blut. Weder wiederholte Reformbemühungen, die cluniazensisches Gedankengut aufnahmen, noch ein von Barbarossa begünstigter Neubelebungsversuch vermochten den zu einem Hort konservativen Beharrens verfestigten Klosterplatz wiederzuerwecken.

Doch auch dieses langsame Sterben kann die erweckende Bedeutung der Reichenau nicht mindern. Durch sie und ihr Zusammenwirken mit den Bischöfen von Konstanz, dem Adel des Umlands und den Königshöfen wurde das Land um den Bodensee zu dem am frühesten erschlossenen Kulturraum im deutschen Südwesten. 40 000 Namen im reichenauischen Verbrüderungsbuch, unzählige Stiftungen, Kultpflege und Kirchengründungen im weiten Bereich der Grundherrschaft, reichenauische Marktgründungen und die Beziehungen des Klosters zum Kloster St. Gallen widerspiegeln seine kontaktschaffende, zusammenfassende Kraft. Da das Königsgut zwischen Hegau und Linzgau, Bodman und Konstanz den wichtigsten Grundstock der klösterlichen Besitzmasse bildete, wurde auch der von der alten Herzogsburg auf dem Twiel beherrschte west-östliche Hochrhein-Durchlaß stärker in das Reichsgefüge eingebunden; die Gründung der Zelle Radolfzell und des Klosters Schienen um 830, die Verlegung des altherzoglichen Georgenklosters vom Hohentwiel nach Stein am Rhein durch Kaiser Heinrich II. sowie die unter Assistenz Heinrichs III. erfolgte Gründung des zu großer Bedeutung aufwachsenden Klosters Allerheiligen in Schaffhausen begleiteten diesen Vorgang zwischen Bodensee und Aare. Auf vielfältige Weise trug damit das goldene Zeitalter der Reichenau dazu bei, daß sich im 11. Jahrhundert das dem burgundisch-französischen und dem lombardisch-italienischen Kulturgebiet benachbarte Schwaben zum geistig führenden deutschen Raum entwickeln konnte.

Gewiß traten während der hohen Zeit der »Augia felix« auch andere klösterliche Zellen ins Licht der Geschichte und übernahmen mit ihrer missionarischen Aufgabe reichsklösterliche Funktionen. St. Trudpert bei Müllheim, das älteste Kloster rechts des Rheins, gehört dazu. Ebenso Ettenheim und Schuttern bei Lahr, die zugleich mit Gengenbach bei Offenburg vom Abtbischof Pirmin in benediktinischem Sinn geordnet wurden. Bei Bühl entstand Kloster Schwarzach. Mit aufzuführen sind auch die Frauenstifte Buchau am Federsee und Waldkirch bei Emmendingen. Im östlichen Frankenland setzte sich schließlich als wichtigste Gründung 764 das Kloster Ellwangen am alten Überlandweg vom Rhein zur Donau fest. Doch so wichtig Plätze wie Schuttern für die Ortenau oder Ellwangen für das östliche Württemberg wurden, verglichen mit der Reichenau hielt sich ihre Bedeutung in regionalen Grenzen.

Adelsklöster – Ruf nach Reform

»Die Klostergründungen der Karolingerzeit entsprachen den Zielsetzungen des fränkischen Königs und seiner Reichsaristokratie. Die von ihnen in Schwaben errichteten klösterlichen Gemeinschaften sollten nicht nur beten, Gottesdienst feiern und einer blinden Heidenschaft das Evangelium verkünden. Ihnen oblag gleichfalls die Aufgabe, in einem unterworfenen Distrikt zur Stabilisierung der fränkischen Herrschaft beizutragen, weshalb sie vornehmlich an strategisch wichtigen Plätzen angelegt wurden . . . Ihre Äbte waren zur Heer- und Hoffahrt verpflichtet. In Reichskriegen mußten sie aus dem Kreis ihrer adligen Vasallen Panzerreiter aufbieten und in den Krieg führen; in Friedenszeiten waren sie gehalten, an der Königspfalz Dienste zu verrichten oder als Königsboten diplomatische Missionen zu übernehmen.«

Klaus Schreiner, besonderer Kenner der benediktinischen Klostergeschichte in Baden-Württemberg, verweist mit diesen Sätzen auf die unvergoldeten Fesseln, die der grundherrschaftlich organisierte Klosterbesitz mit sich brachte. Gleichwie das königliche Recht auf Bischofsinvestitur die Verweltlichung des kirchlichen Amtes förderte und dem Verfall des religiösen Lebens Vorschub leistete, so beengten die weltlichen Verpflichtungen ein den Klosterregeln gemäßes monastisches Leben. In fehdereichen Zeiten und Regionen verkehrten sich dadurch die geistlichen Aufgaben der Reichs- und adligen Eigenklöster zuweilen in rein weltliche Dienstleistungen, die zwangsläufig das Bedürfnis nach Unabhängigkeit provozierten, und diese um so drängender nach Reformen Ausschau halten ließ, je mehr sie das klösterliche Leben korrumpierten. Die wegweisenden Antriebe zu solchen Reformen kamen seit der Mitte des 10. Jahrhunderts aus dem Kloster Cluny in Burgund.

Den Reformgedanken Clunys, die auf eine Erneuerung der Kirche gerichtet waren und in den Kaisern Heinrich II. und Heinrich III. aufgeschlossene Förderer fanden, öffneten sich im 11. Jahrhundert auch im deutschen Südwesten viele Hochadelsfamilien. Ideen der mönchischen »militia spiritualis« und des ritterlichen »miles christianus« verbanden sich zu einem dynamischen Aufbruchswillen, der, von der gleichen edelfreien Schicht getragen, sich im Bau von Höhenburgen und in Klosterstiftungen manifestierte. Die Burg als Zeichen adligen Anspruchs auf politische Mitsprache im Reich und an das adlige Reformkloster als Ausdruck geistlicher und kultureller Mitgestaltung der Welt – beide haben vor allem in der Zeit des Investiturstreits in rascher Folge das Bild unserer Kulturlandschaft verändert.

Um 1056 stifteten die Welfen das Kloster Weingarten. Von 1059 an bauten die Grafen von Calw auf Drängen des Papstes in Hirsau das Aureliuskloster wieder auf. Gegen 1079 wandelten die Grafen von Komburg ihre Burg bei Schwäbisch Hall in ein Benediktinerkloster um. 1085 stifteten die Pfalzgrafen von Tübingen das Kloster Blaubeuren, einige Jahre später die Grafen von Achalm das Kloster Zwiefalten. 1093 verlegten die Zähringer ihr Hauskloster in Weilheim an der Teck nach St. Peter im Schwarzwald. Im gleichen Jahr riefen die Grafen von Kirchberg das Kloster Wiblingen ins Leben. 1095 machte der Graf von Dillingen-Kyburg seine Burg Neresheim auf dem Härtsfeld zu einem Chorherrenstift, in das elf Jahre später Reformmönche aus der Hirsauer Gründung Petershausen bei Konstanz einzogen. Um 1102 stiftete in Lorch der erste Stauferherzog, wohl an der Stelle einer Burg, das Benediktinerkloster St. Petrus, für das er Mönche aus Hirsau gewann. Die Beispiele sind alles andere als vollständig. Sie verweisen allesamt auf Namen, die für die Kulturgeschichte unseres Landes und seinen Denkmalbestand unverzichtbar geworden sind – Hinweis auf eine nicht nur machtpolitisch erklärbare Saatzeit, in der sich der südwestdeutsche Adel auf seine Weise in den Spannungen von Imperium und Sacerdotium engagiert hat, hier widerstrebend auf überlieferte dynastische Rechte verzichtend, dort opferbereit bis zur Erschöpfung.

Die stärksten Reformimpulse auf Mönchtum, Kirche und Gesellschaft gingen im Südwesten von den Klöstern St. Blasien im Südschwarzwald und St. Aurelius in Hirsau aus. St. Blasien orientierte sich am Reformkloster Fruttuaria im Piemont. Seine Mönche wirkten von 1099 an im sanktblasianischen Prioratskloster Ochsenhausen in Oberschwaben, sie waren kurz zuvor auch in Wiblingen bei Ulm tätig geworden. Als 1095 das Schwarzwaldkloster Alpirsbach von drei Adelsfamilien gegründet wurde, stellte St. Blasien den ersten Abt. Zu den Propsteien St. Blasiens gehörte das Kloster Weitenau bei Lörrach, dessen Kommunität sich Verdienste um den Landesausbau im südlichen Schwarzwald erwerben sollte.

Hirsau und seine »Bärtlinge«

Ungleich breitere Wirkungen gingen jedoch von Hirsau aus, dessen umfangreiches Ruinengelände unser Luftbild zeigt. In Abt Wilhelm aus Regensburg stand ihm von 1069 bis 1091 eine der größten Gestalten der schwäbischen Klostergeschichte vor, die cluniazensisches Gedankengut gleichsam ins Deutsche übersetzte und durch ihre Überzeugungskraft das Kloster im Nagoldtal zum Mittelpunkt jener Adelsgruppe machte, die während des Investiturstreits auf päpstlicher Seite stand. Das dem Eigenklosterherrn, dem Grafen von Calw, abgetrotzte »Recht der vollen Freiheit«, vornehmlich bei der Abtswahl, und eine permanent kontrollierte monastische Strenge wurden zu Grundlagen der »Constitutiones Hirsaugienses« von 1079, in denen Abt Wilhelms Regeln für die cluniazensischen Reformklöster zusammengefaßt waren.

Da Hirsau fast vom ganzen schwäbischen Adel beschenkt und vornehmlich von den damals im Schwarzwald bestimmenden Zähringern gefördert wurde, stellte es den »Typus des stark den Interessen des Hochadels verpflichteten Dynastenklosters dar, der für die Hirsauer Reform charakteristisch ist« (Klaus Schreiner). Trotzdem duldete es keine waffentragenden Ministerialen im Klosterbereich. Es durchbrach auch die traditionelle ständische Exklusivität und nahm sogar, einen Schritt über sein Orientierungskloster Cluny hinausgehend, auch Laienbrüder oder Konversen auf. Als sogenannte »Bärtlinge« wurden sie ausschließlich mit körperlichen Aufgaben beauftragt. Die Missionsidee Hirsaus, Volk und Klerus papsttreu zu ma-

175

chen, erhielt durch diese Einrichtung, die vornehmlich Söhne aus freibäuerlichen Schichten ins Kloster holte, eine soziale Komponente, die seitdem aus dem klösterlichen Leben nicht mehr wegzudenken ist. Sie bewährte sich in Hirsau selbst bei der umfangreichen Erneuerung des Klosters, als im Nagoldtal zwischen 1082 und 1091 die größte Klosterkirche Deutschlands, das Münster St. Peter und Paul, emporwuchs. Dank der hirsauischen Bauhandwerker kam sie auch den rund 50 hirsauischen Eigenkirchen zugute, die bis zum Ende des 12. Jahrhunderts von Erfahrungen und Geist der »Hirsauer Baugewohnheiten« profitieren konnten. Und durch den Anteil hirsauischer Klöster am Landesausbau wirkte sie sich auch siedlungsgeographisch aus.

Hirsaus erste Klostergründung war Klosterreichenbach; 1082 entstand sie auf einem von Mönchen und Laienbrüdern gerodeten Waldgelände an der Mündung des Reichenbachs in die Murg. 1084 folgte ihm im Quellgebiet der Brigach bei Villingen das Kloster St. Georgen. Hervorgegangen aus dem Zusammenwirken von Abt Wilhelm, dem aus zähringischer Familie stammenden Bischof Gebhard von Konstanz und dem Kloster Reichenau, lag es in der ausbaufähigen Schwarzwaldlandschaft zwischen Brigach- und Kinzigtal, der Baar und der Ortenau. Es entwickelte sich dort zu einer zähringischen Pionier- und Sicherungsstation, die vom Scheitel des Schwarzwalds aus weit in die Baar und zum Neckarland hin wirksam wurde und für alle auf der östlichen Abdachung des Schwarzwalds gelegenen hirsauischen Männer- und Frauenkonvente als Orientierungskloster galt. Zwiefalten, die Komburg, Blaubeuren und St. Peter, die letzteren beiden zeigen wir im Bild, und vor allem das abgegangene Kloster Petershausen als Konstanzer Bischofskloster sind weitere der Hirsauer Reform verpflichtete Namen, die in den folgenden Jahrhunderten zu Mittelpunkten kulturellen Lebens heranwuchsen.

Maulbronn und die Bauernmönche

Eindrucksvoller als Worte spricht das Luftbild des mauerumgürteten, straff durchgliederten Klosters Maulbronn vom Geist der jüngeren, von Burgund ausgegangenen Reformbewegung, die von der Mitte des 12. Jahrhunderts an stärksten Einfluß auf das Klosterwesen und das Siedlungsbild des Landes ausübte: des Ordens der Zisterzienser, der »weißen Mönche«. 1147 wurde das Kloster im Salzachtal gegründet. Schon während der Bauzeit gab es Mönche an zisterziensische Töchter ab: 1151 an Bronnbach am Unterlauf der Tauber, 1157 an Schöntal an der mittleren Jagst. Als es 1178 seine Basilika weihen konnte, blühten im Südwesten Zisterzienserklöster auch in Salem (1134) und Herrenalb (1149). 1190 kam Bebenhausen im Schönbuch hinzu. Das Kloster Königsbronn, das für die industrielle Früherschließung des Brenztals wichtig werden sollte, wurde erst 1303 als Tochter Salems gegründet. Unter den durch ihre Kunstdenkmäler bekanntgewordenen zisterziensischen Frauenklöstern sind Kloster Wald bei Sigmaringen (1212), Heiligkreuztal bei Saulgau (um 1225), das seit 1245 bestehende, als einzige badische Abtei nie säkularisierte Kloster Lichtental in Baden-Baden mit der Grablege der Markgrafen und Kirchheim/Ries (1267) zu nennen.

Die solidarisierenden Energien Hirsaus erlahmten, als der Investiturstreit zu Ende ging. Und die Anziehungskraft der zisterziensischen Ideale wuchs mit der missionarischen Entflammtheit der Kreuzzugsbewegung, die vom erschließerischen Elan der staufischen Periode begleitet wurde.

Der Wunsch nach einem Leben von äußerster mönchischer Strenge in einem politisch und ökonomisch unabhängigen klösterlichen Gemeinwesen führte die Zisterzienser vorzugsweise in noch unerschlossene einsame Täler. Als erster Orden machten sie – halb Bauer, halb Asket – die Handarbeit zur allgemeinen Konventspflicht. Sie hoben die sozialen Schranken auf und öffneten wie Hirsau den Laienbrüdern oder Konversen die Klostertore. Dieses große Potential an Arbeitskraft ermöglichte es ihnen, landwirtschaftliche Großbetriebe zu entwickeln, von denen auf Vieh- und Fischzucht, Ackerbau und Gemüsekultur, Obst- und Weinbau wegweisende Anregungen ausgingen. Da die Vorsteher der Zisterzienserklöster alljährlich zum Generalkonvent im burgundischen Citeaux zusammenkamen, konnten Produktions- und Absatzformen auch durch überregionalen Erfahrungsaustausch lernen. Verdienste um die Urbarmachung von Sumpf- und Waldland erwarb sich im 12. und 13. Jahrhundert auch der Orden der Prämonstratenser, ein Reformorden innerhalb der regulierten Chorherren. Begünstigt von den Welfen und ihren Ministerialen setzten sich die »Chorherrenbauern« vornehmlich im schwäbischen Oberland fest: 1126 in Rot bei Leutkirch, 1145 in Weißenau bei Ravensburg, 1171 in Obermarchtal bei Ehingen, 1183 in Schussenried südlich von Biberach und 1192 in der herzoglich welfischen Propstei Allerheiligen im Lierbachtal bei Offenburg. Jeder dieser Plätze ist auch für die Kunstgeschichte der folgenden Jahrhunderte ertragreich geworden.

Die Periode der Reformorden wurde zur großen Zeit der

Überwindung der Schwarzwaldbarriere durch Rodung, Siedlung und Anlage von Straßenverbindungen. St. Peter, das unser Bild zeigt, weil es als einzige der alten Abteien des Breisgaus eine Vorstellung von einer alten, wenngleich barock veränderten Klosteranlage geben kann, mag als Hauskloster und Grablege der Zähringer Herzöge sowohl die Zähringer als Hauptantriebskräfte wie den ersten hirsauisch-sanktblasianisch geprägten Erschließungsvorstoß repräsentieren. Dieser Vorstoß erfaßte vornehmlich die Peripherie. Die Benediktinerklöster Hirsau, Alpirsbach und St. Blasien, vor allem aber St. Georgen auf dem Schwarzwaldscheitel und St. Peter auf der Hochfläche zwischen den Tälern von Dreisam, Glotter und Elz hatten daran bedeutenden Anteil. Der zweite Vorstoß stand im Zeichen der Zisterziensergründungen. Hier ist zuerst Kloster Tennenbach bei Emmendingen zu nennen, das weite Waldflächen der Baar gerodet und besiedelt hat. Die dritte, das eigentliche Schwarzwaldmassiv zwischen Breisgau und Baar systematisch erfassende Erschließungsperiode nach 1250 trug territorialstaatliche Züge. Sie machte den Einzelhof zur herrschenden Siedlungsform und prägte damit den bis in die jüngste Zeit kennzeichnend gebliebenen scharfen Gegensatz im Siedlungsbild von Gebirge und Ebene aus.

Im Wandel der Jahrhunderte

Reformorden waren auch die »Bettelorden« der Franziskaner und Dominikaner: Predigerbrüder, die von 1220 an auch im Südwesten tätig wurden. Ihr seelsorgliches Wirkungsfeld waren die Städte, die in der Stauferzeit aufblühten und bald von Spannungen zwischen arm und reich, führenden »Geschlechtern« und Handwerkerzünften heimgesucht wurden. So verdient diese »minderen Brüder« um die Bewußtseinsbildung des Stadtbürgertums, um Predigt, Armen- und Krankenfürsorge auch geworden sind, im Siedlungs- und Kulturbild des Landes hinterließen sie, sieht man vom Typus der gotischen Bettelordenskirchen ab, keine gesichtsprägenden Wirkungen.

Je mehr die Bürgerkultur der Städte in ihre spätmittelalterliche Führungsrolle hineinwuchs und je erkennbarer sich die territorialstaatlichen Bemühungen auf »Höfe« und »Hauptstädte« konzentrierten, desto mehr verlor das Klosterwesen die kulturelle Führungsrolle, die es seit der karolingischen Zeit innegehabt hatte. Die Klöster wurden zu Inseln von sehr unterschiedlicher Verfassung und Wirksamkeit, Vorbilder hier, Ärgernisse dort. Reformgedanken auswärtiger Klöster und Reformgruppenbildungen kennzeichneten darum das 14. und 15. Jahrhundert. Sie haben manchem Kloster eine Blütezeit beschieden, die den trüben Bildern des Sittenverfalls oder des Versorgungsdenkens in den »Spitälern des Adels« Kulturleistungen ansehnlicher Art entgegensetzten. Das spätgotische Gesamtbild des Benediktinerklosters Blaubeuren und seine Ausstattung mit Kunstwerken ulmischer Provenienz ist ein Geschenk solcher Erneuerung.

Im 16. Jahrhundert erlitten die Klöster schwere Einbußen durch die Klosterfeindlichkeit von Reformation und Humanismus, viele wurden auch von den Bauernunruhen betroffen. Einen besonderen Weg gingen die 13 Männerklöster im Herzogtum Württemberg. Durch die Klosterordnung von 1535 wurden sie zunächst in evangelische Klöster umgewandelt, ihre Vermögen jedoch der herzoglichen Schulden wegen säkularisiert. Nachdem die Reformation endgültig durchgeführt war, machte die Klosterordnung von 1556 Klosterschulen daraus. Sie schrumpften schon bald auf wenige theologische Seminare zusammen, spielten jedoch eine beachtenswerte Rolle im Geistesleben des Landes. Vor allem mit den Klosterschulen Maulbronn und Denkendorf bei Esslingen verbinden sich viele große Namen schwäbischer Geistesgeschichte.

Im Kulturbild des Landes

Das Luftbild von St. Peter zeigt eine Barockanlage. Barocken Ursprungs sind auch die Klosterbauten von Obermarchtal, Schussenried und Birnau, die unsere klösterliche Bilderfolge runden. Die wenigen Beispiele stehen für ein Meer von Kunstdenkmälern, die heute als Vermächtnis der Klostergeschichte das Land auszeichnen und als Hauptanziehungspunkte des Fremdenverkehrs oder auch des Wallfahrtswesens von wirtschaftlicher Bedeutung sind. In den Luftaufnahmen von Hirsau und Maulbronn widerspiegelt sich die zur Baugestalt gewordene Ordnungsidee einer mittelalterlichen Klosteranlage: die Kirche als geistliche Mitte, an sie angelehnt die Flügel der Konventsgebäude, die das Kreuzganggeviert umschließen, östlich der Klausur die Klostersiedlung mit Novizen- und Krankenhaus und westlich, in möglichst weiter Entfernung vom Chor der Kirche, die Wirtschaftsgebäude in bunter Gemengelage. Selbstverständlich nötigten die Geländebedingungen dem Idealplan fast immer Zugeständnisse ab. Auch stand einem der Burgenzeit zugehörigen adligen Benediktinerkloster wie Großkomburg gewiß eine andere Gesamterscheinung vor Augen, als einer auf große Flächen angewiesenen zisterziensischen oder prämonstratensischen Wirtschaftseinheit wie Maulbronn, Bebenhausen, Bronnbach oder Schussenried. Doch so groß die Unterschiede auch sind, den Geist einer exemten, auf ein geistliches Leben konzentrierten Kommunität bewahrten diese mauerumgürteten kleinstadtartigen Organismen bis in die Zeit der barocken Großanlagen hinein. Es fällt auch auf, daß die meisten von ihnen eine gewisse Abseitslage bewahren konnten und – trotz veränderter Aufgaben – nicht von Großsiedlungen aufgesogen wurden. Von den klösterlichen Bauleistungen, die seit der ottonischen Blütezeit der Reichenau als gesichtsprägende Elemente zu unverzichtbaren Zeugnissen der Landeskultur geworden sind, seien hier nur die wesentlichsten genannt. Da sind die Zeugen der Romanik des 11., 12. und beginnenden 13. Jahrhunderts: der »Eulenturm« der Peter- und Pauls-Kirche in Hirsau, der die Zerstörung des Klosters durch die Franzosen im Jahre 1692 und die Freigabe zur Abtragung überlebt hat; die Klosterkirche von Alpirsbach mit ihrem wahrhaft herrscherlichen, hirsauischen Geist atmenden Raum; der kraftvolle, mit drei Apsiden ausgezeichnete Ostaspekt der Pfeilerbasilika von Schwarzach, der zu seinem Vorbild, dem Fünfapsidenbau der hirsauisch-cluniazensischen Reformzeit in Gengenbach weiterweist; die Kirche der Kanoniker vom Hl. Grab in Denkendorf, ein Baukörper von hoher Geschlossenheit, der sich »mit den landschaftlichen Reizen zu vollendetem Einklang verbindet«; die Klosterkirche von Maulbronn mit ihrem großartigen Paradies und ihre zisterziensische Schwester in Bronnbach; und schließlich die Basilika St. Veit in Ellwangen, das »hervorragendste Baudenkmal der schwäbischen Kaiserzeit im Stammlande«, dessen konzentrierende Kraft bestimmend wurde für die Gestalt der Stadt.

Der Romanik folgten Meisterwerke zisterziensischer Gotik: das frühgotische Herrenrefektorium von Maulbronn, das hochgotische Sommerrefektorium von Bebenhausen und als eine der bedeutendsten gotischen Bauleistungen des Landes die Abteikirche von Salem. In Esslingen errichteten die Dominikaner St. Paul, die erste deutsche Bettelordenskirche, ein Bauwerk von würdiger Einfachheit. In Blaubeuren verwandelten die Benediktiner ihre spätgotische Klosterkirche in eine Schatztruhe ulmischer Kunst, um dieselbe Zeit, als die Prämonstratenser aus dem abgebrannten Allerheiligen ihrem Zufluchtsort Lautenbach das spätgotische Kleinod der Ortenau schenkten. Ein solitäres Stück der späten Renaissance schufen die Franziskaner in der Kirche St. Lutzen in Hechingen. Und bald nach dem Dreißigjährigen Krieg erfaßte die Baubegeisterung der Barockzeit die Klöster; eine, wie es scheint durchaus unmonastische Begeisterung, deren Wurzeln jedoch in der inneren Erneuerung der Orden nach dem Tridentinischen Konzil und der reformerischen Wirkung der Jesuiten gründeten.

Die Bauwelle des Barock erfüllte die aus einem Jahrhundert der Kriege befreiten katholischen Gebiete wie die Glückssymphonie einer Welt, die sich mit allen ihren Sinnen und allen Widersprüchen der menschlichen Natur angenommen fühlte von der Gnade Gottes. Vor allem die Prälaten der zu Reichsfreiheit gekommenen Reichsstifte und Abteien, unternehmerische, haushälterische Männer aus Bürger-, Bauern- und Handwerkerhäusern zumeist, öffneten »der newen manier« ihre ländlichen Imperien. Planmäßig geordnete Stiftsarchitekturen mit glanzvollen Bibliotheken, Kloster- und Wallfahrtskirchen wurden zu ihren intensivsten Anliegen: für die Benediktiner in Weingarten, Zwiefalten und Ochsenhausen, in St. Peter im Schwarzwald, in Neresheim auf dem Härtsfeld und in Wiblingen bei Ulm; für die Prämonstratenser in Obermarchtal und Schussenried, in Steinhausen, Weißenau und Rot an der Rot; für die Zisterzienser in Birnau am Bodensee und in Schöntal an der Jagst. In Mannheim errichtete der Jesuitenorden eine der hervorragendsten Kirchenbauten der Zeit, und die gefürstete benediktinische Gelehrtenrepublik St. Blasien krönte ihre 700jährige Geschichte mit der kühnen Rotunde des ersten frühklassizistischen Doms Süddeutschlands. Was Wunder, wenn sich die allesverwandelnde Kraft des Barock im Bewußtsein der Nachwelt festschrieb als die letzte große Blütezeit des historischen Mönchtums in Schwaben. Denn eben diese »neue Manier«, die alle Künste und Handwerke, Materialien und Techniken miteinander zu verschwistern wußte, sie hat auch durch Steinbrüche und Holzeinschläge, Erzgewinnung und Eisenverarbeitung, Viehwirtschaft und Schafhaltung, Brauereiwesen und Mühlenbau, gärtnerische Anlagen und Baumalleen und nicht zuletzt durch eine Unzahl kleiner Kapellen und Bildstöcke auf das Kulturgesicht des Landes eingewirkt. Die Säkularisation der napoleonischen Zeit hat diese letzte große Klosterperiode jäh beendet. Was diese Katastrophe überlebte, oder, wie die Erzabtei Beuron (1862) sein Leben neu begründen konnte, ist heute vorwiegend seelsorgerlichen, sozialen und wissenschaftlichen Aufgaben verpflichtet. Die Orden, Kongregationen und Schwesterngemeinschaften der Frauen, die in karitativen, sozialen und erzieherischen Bereichen tätig sind, haben daran den zahlenmäßig stärksten Anteil.

Bilderläuterungen 111–118

111 Birnau. Die Bautätigkeit der Klöster und Stifte hat vornehmlich im 18. Jahrhundert das Erscheinungsbild vieler Gebiete Ostschwabens, Oberschwabens, des Bodenseeraums und auch des Schwarzwalds verändert. Neben den Kloster- und Klosterkirchenbauten waren es vor allem die Wallfahrtskirchen, die umfangreiche landschaftsgestalterische Aufgaben mit sich brachten. Unter den Bauleistungen des Zisterzienserklosters Salem besitzt die Marienwallfahrtskirche von Birnau am Überlinger See, die 1747 bis 1757 errichtet wurde, besonderen Rang. Die Übereinstimmung von Landschaft und Baugestalt, Bodenseelicht und Innenraumzier ist das bewundernswerte Ergebnis eines schöpferischen Zusammenwirkens des vorarlbergischen Baumeisters Peter Thumb mit schwäbischen und bayerischen Meistern der Ausstattung. Die zum See hinabführende große Treppenanlage ist nur im Ansatz vorhanden.

112 Kloster Hirsau. Die Aufnahme ist ein Dokument versunkener Größe, willkürlicher Zerstörung, des Kunstsinns alter Stilperioden und der ernüchternden Zwecklichkeit der Gegenwartsarchitektur. Der romanische Eulenturm (1110) vertritt als einer der beiden Westvorhallentürme des Peter-und-Pauls-Münsters die geistliche Mitte des Schwarzwaldklosters und dessen hochmittelalterliche Bedeutung als weit ausstrahlendes Reformkloster. Kreuzgang (1485–1494) und Marienkapelle (1508–1516) bezeugen eine zweite Blüte in spätgotischer Zeit. Und die Neuordnung aller Dinge nach der Einführung der Reformation und der Umwandlung in eine protestantische Klosterschule (1556) repräsentiert das herzoglich-württembergische Schloß (rechts, 1586–1592). Die mächtige Anlage wurde 1692 durch Mélac zerstört, dessen Truppen den letzten evangelischen Abt nach Metz verschleppten.

113 Reichenau-Mittelzell. Das Münster von Mittelzell, Mittelpunkt des 724 gegründeten Benediktinerklosters im Bodensee, verkörpert in seiner Baugestalt die Blütezeiten der berühmten Abtei. Der aus dem westlichen Querschiff vorspringende massige Turm wurde 1048 geweiht, Langhaus und östliches Querschiff entstanden um 990, der gotische Ostchor wurde 1427 angefügt. Die alten Klostergebäude, eine Ursprungszelle deutscher Kultur, befanden sich auf der seeseitigen Nordflanke der dreischiffigen Basilika. Die Insel, auf der vor 1200 Jahren der Dichterabt Walahfried Strabo den klösterlichen Gartenbau besang, ist heute eine Insel der Gemüsekulturen.

114 Blaubeuren, Kloster mit Blautopf. Die Karstquelle des Blautopfs, dem die Blau als Donaunebenfluß entspringt, veranlaßte die gräflichen Klosterstifter dazu, ihre in Egelsee an Wassermangel leidende Gründung 1085 hierher zu verlegen. Neben dem Kloster der Benediktiner wuchs der Marktort Blaubeuren auf, der 1267 Stadtrecht erhielt. Die beiden nebeneinanderliegenden ummauerten Gemeinwesen gerieten Ende des 14. Jahrhunderts unter den Einfluß der großen Reichsstadt Ulm. Ulmischen Geschlechtern und der vom Kloster Wiblingen getragenen Melker Reform verdankt das Kloster seine großzügige Neugestaltung in den Jahren 1466 bis 1510. Nach der Einführung der Reformation durch die seit 1397 als Vogteiinhaber die Klostergeschicke mit beeinflussenden Grafen von Württemberg wurde das Kloster 1536 in eine evangelische Klosterschule (ev. theologisches Seminar) umgewandelt.

115 Kloster Maulbronn. Von 1147 bis zur Einführung der Reformation im Jahre 1530 gingen in der am vollständigsten erhaltenen mittelalterlichen Klosteranlage Europas die Zisterzienser ihren Gebets- und Arbeitspflichten nach. Maulbronn liegt zwischen dem Stromberg und der Enz, einer Landschaft, die in Weinbau, Wald- und Feldwirtschaft wesentlich von dem in über 100 Orten begüterten Kloster mitgeprägt wurde. Bildbeherrschend ist der Komplex der Konventgebäude mit dem Kreuzhof (1210) und der von einem Dachreiter bekrönten Klosterkirche (1178); die strenge Geschlossenheit manifestiert den

179

asketischen Geist des Reformordens. Links die Gruppe der Wirtschaftsgebäude, deren größtes, der siebenstöckige Fruchtkasten, der Kirche am nächsten steht. Östlich der Kirche vorne rechts der Faustturm, links, nahe der südlichen Klosterbegrenzung das herzogliche Jagdschloß (1588).

116 Kloster Obermarchtal. Nahe der Einmündung der Lauter in die Donau, wo einst drei schwäbische Gaugrafschaften am rechten Donauufer zusammenstießen, richtete sich vor 776 ein nach St. Gallen orientiertes Klösterchen ein. 1171 folgte ihm das Prämonstratenser-Chorherrnstift, das 1500 zur Reichsabtei wurde; zehn Pfarrdörfer der Umgebung bildeten ihr Territorium. Die imposante, auf unserem Bild in vollem Umfang sich zeigende Klosteranlage entstand von 1674 an in mehreren Abschnitten. Die wichtigste Phase von 1686 bis 1701 schenkte Oberschwaben die Kirche St. Petrus und St. Paulus, ein von Michael Thumb und Franz Beer geschaffenes Hauptwerk der Vorarlberger Schule, Gegenstück zur Schönenbergkirche bei Ellwangen. Bei der Säkularisierung fiel die Abtei an die Fürsten von Thurn und Taxis.

117 Bad Schussenried-Otterswang, Dorfkirche und Pfarrhaus. Der uralte, in einer seenreichen Jungmoränenlandschaft liegende Pfarrort kam 1420 an das Reichsstift der Prämonstratenser in Schussenried. 1777 trug Klosterbaumeister Jakob Emele als Erbauer der Kirche St. Oswald den barocken Kunstsinn Schussenrieds aufs Land. Das einem Gutshaus gleichende Pfarrhaus war vom Kloster, dessen Territorium damals acht Dörfer und viele inkorporierte Pfarreien umfaßte, schon 1719 erbaut worden. Als Schussenrieder »Klosterlandschaft« hat Otterswang sein berühmteres Gegenstück in Steinhausen.

118 St. Peter im Schwarzwald. Auf der Höhe zwischen den Tälern von Dreisam, Glotter und Elz den Winden ausgesetzt, übernahm das 1093 gegründete Benediktinerkloster die Aufgabe, im Geiste der Hirsauer und als Hauskloster der Zähringer ein ebenso abgeschiedenes wie Rodungs- und Besiedlungsaufgaben gewidmetes Leben zu führen. Brände nahmen den alten Baubestand dahin, die Neubauten, die heute das Priesterseminar der Erzdiözese Freiburg beherbergen, entstanden im 18. Jahrhundert. Ihren Mittelpunkt bildet die von dem Vorarlberger Peter Thumb erbaute Kirche. Die Bergwiesen und Äcker sind mühsam gewonnenes Erschließungsland. Nur 8 km entfernt liegt, ebenfalls auf einem Hochplateau, das ehemalige Konkurrenzkloster der Augustiner, St. Märgen, heute ein berühmter, Volksbräuche bewahrender Wallfahrtsort.

111. Die barocke Marienwallfahrtskirche Birnau am Überlinger See

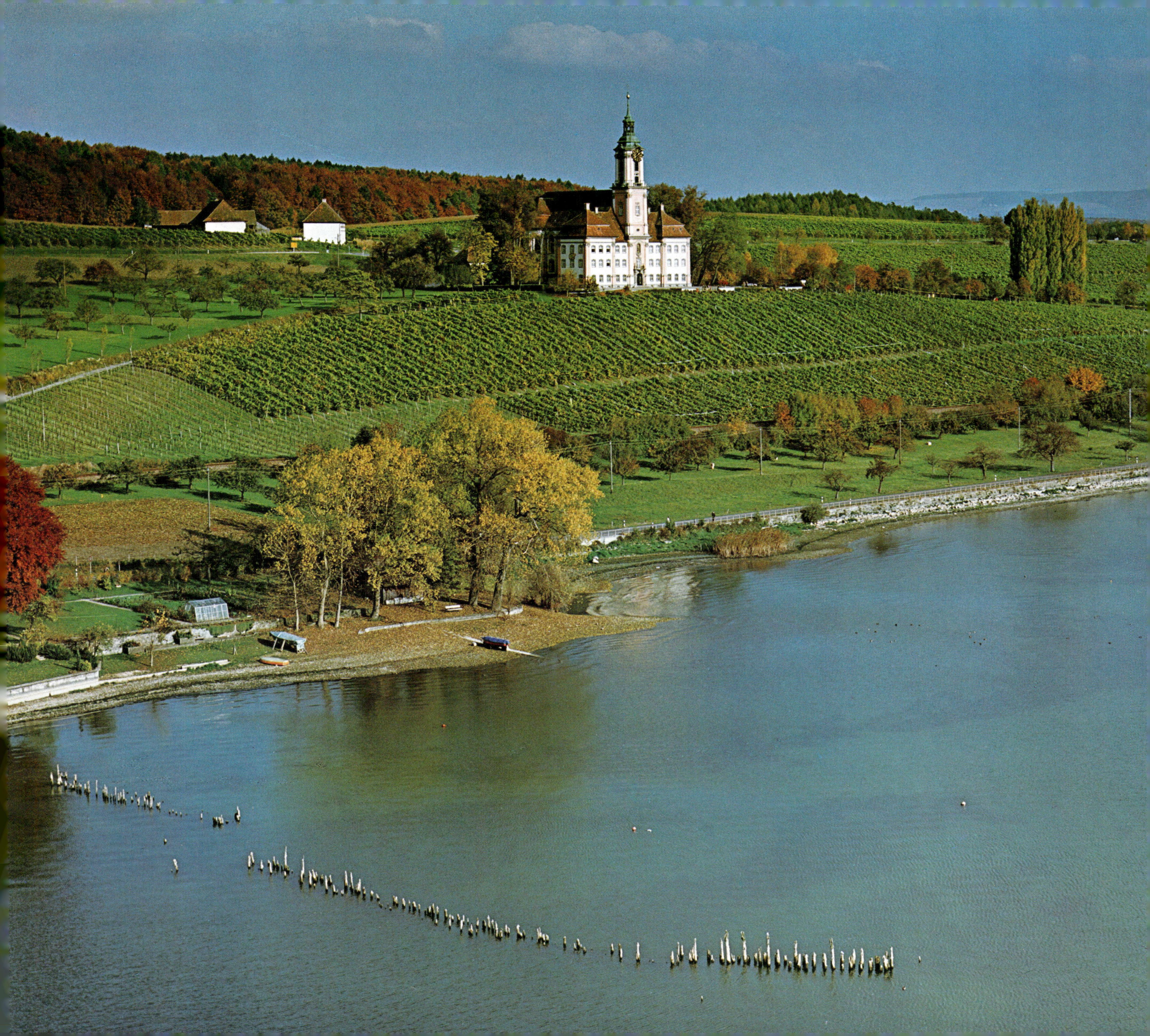

112. Kloster Hirsau im Nordschwarzwald. Dokument versunkener Größe (Calw-Hirsau)
113. Benediktinerkloster Reichenau-Mittelzell, Ursprungszelle christlicher Kultur für den deutschen Südwesten

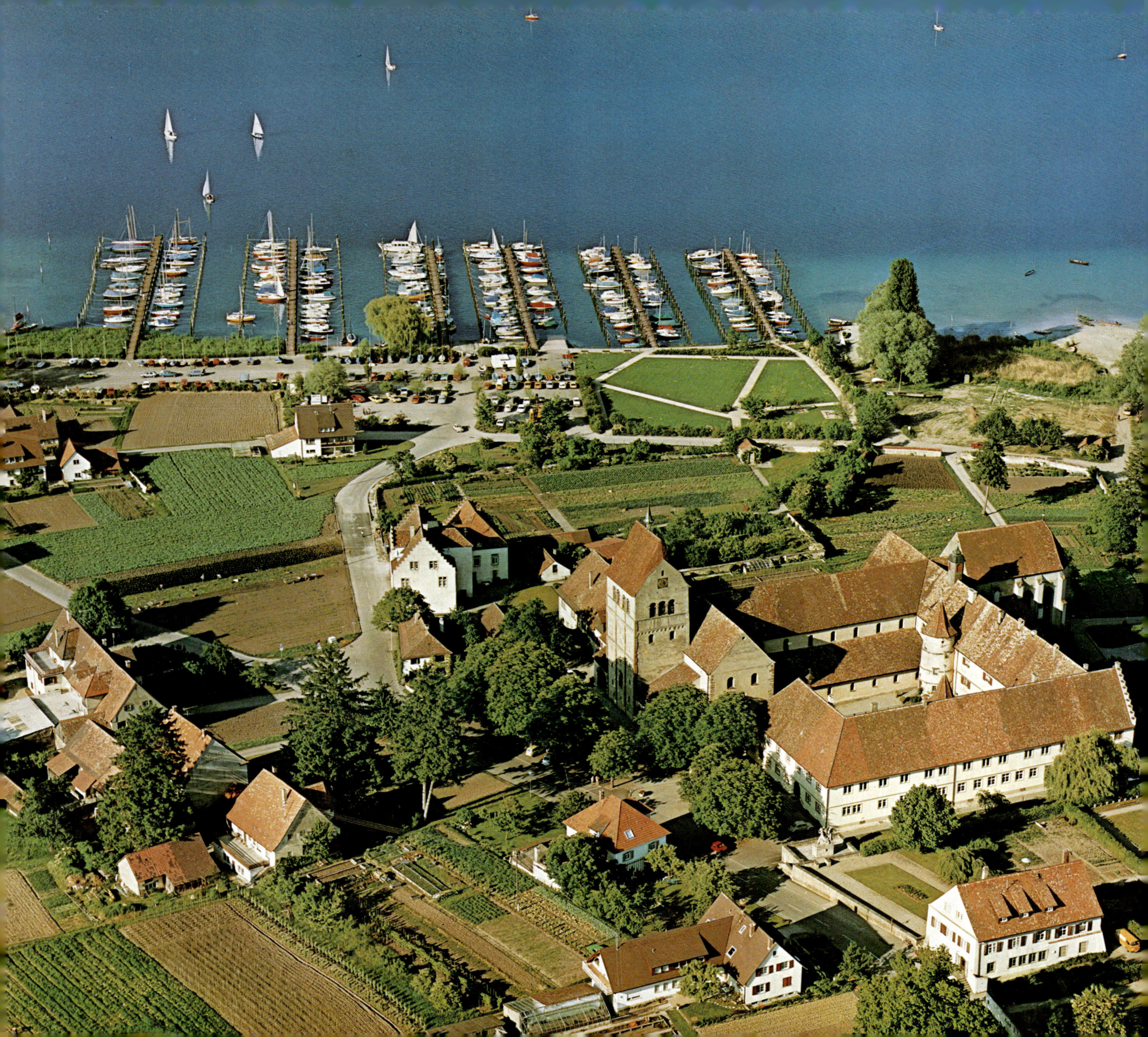

114. Kloster Blaubeuren
mit dem Blautopf
115. Maulbronn, die
am vollständigsten
erhaltene mittelalterliche
Klosteranlage Europas

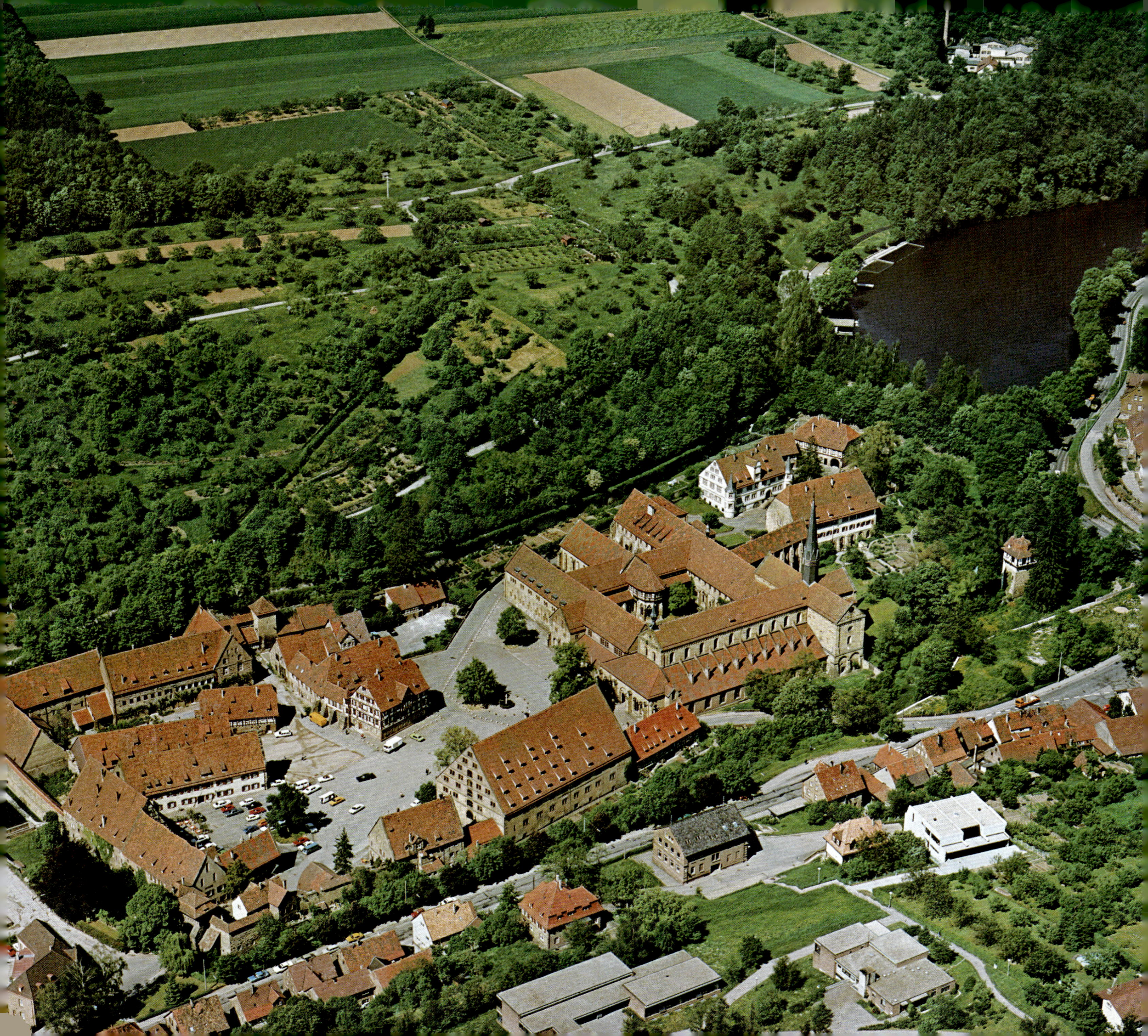

116. Die barocke Klosteranlage Obermarchtal über der Donau

117. Oberschwäbische Dorfkirche mit barockem Pfarrhaus in Bad Schussenried-Otterswang

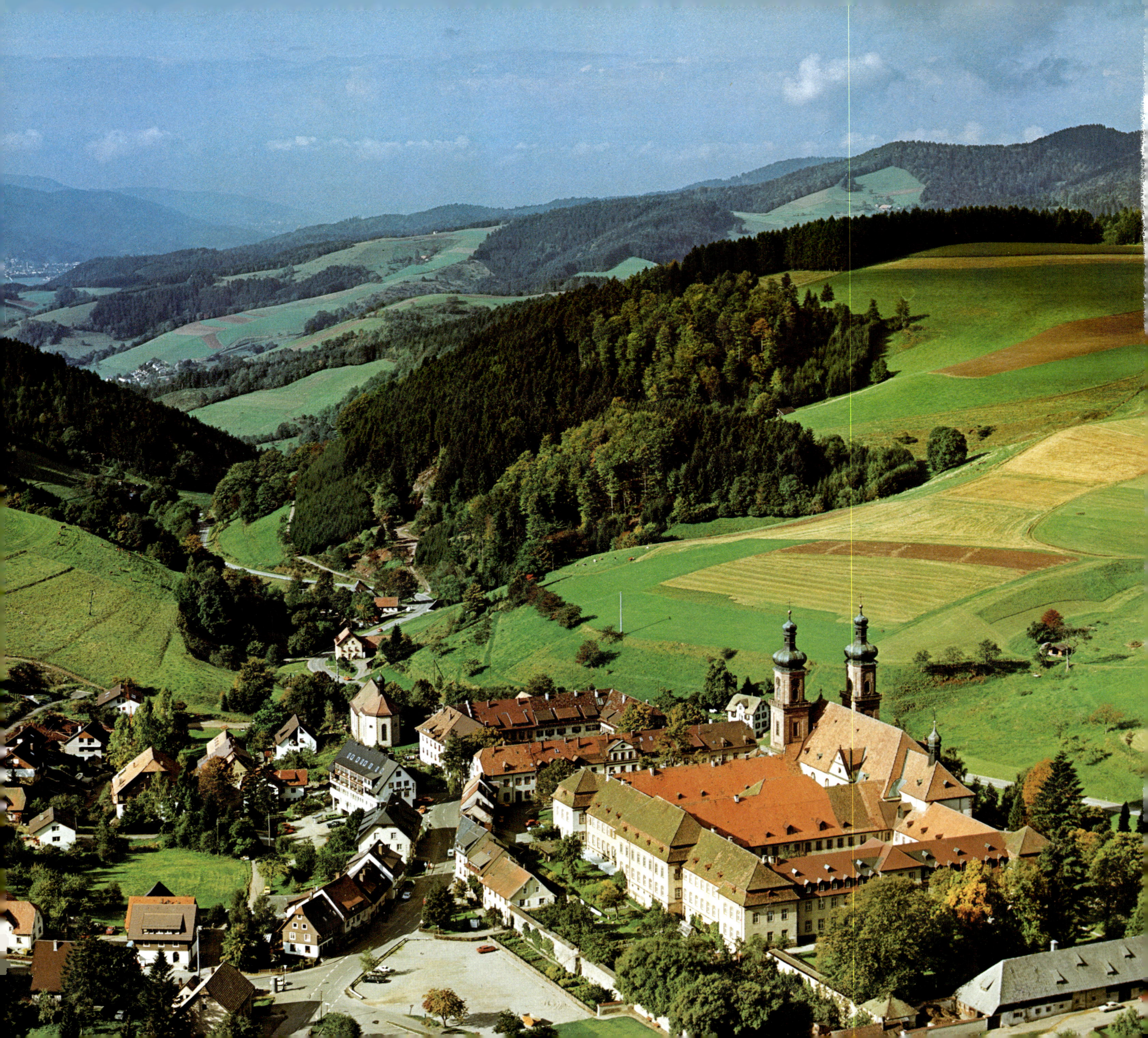

Hochschullandschaft

Baden-Württemberg ist nicht nur das Land der Burgen und Schlösser. Im Laufe von zwei Jahrzehnten wurde es auch zur reichsten und mannigfaltigsten Hochschullandschaft der Bundesrepublik. In der Schloß-Universität Hohenheim ist die absolutistische Machtfülle württembergischer Herzöge schon im letzten Jahrhundert durch den wissenschaftlichen Geist der in der ganzen Welt bekannten landwirtschaftlichen Forschung verdrängt worden. Auch die ehemalige kurpfälzische Residenz in Mannheim ist zur Heimstatt von Lehre und Forschung geworden. Von Hohen-Tübingen aus tragen junge Wissenschaftler ebenso wie aus dem alten Klostertrakt von Weingarten ihre neuen Erkenntnisse in unsere Gesellschaft hinein. In unmittelbarer Nachbarschaft des deutschen Versailles in Ludwigsburg und des markgräflichen Repräsentationsschlosses in Karlsruhe wird die junge Generation auf ihre Lebensaufgaben vorbereitet. Die überkommene Familientradition, daß der Erstgeborene den Bauernhof übernimmt und der zweite Theologie oder Schulmeisterei studiert, hat sich längst überlebt. Zwar ist der Anteil der Studenten aus Akademiker- und Beamtenfamilien immer noch verhältnismäßig groß, das großzügig ausgebaute Schulsystem des Landes eröffnet aber auch immer mehr Jugendlichen aus anderen Bevölkerungsgruppen den Zugang zu unseren Hohen Schulen. Auf drei Studenten kommt bereits mindestens eine Studentin.

Von den rund 140 000 Studierenden am Ende der siebziger Jahre an den neun Landesuniversitäten, den zehn Pädagogischen Hochschulen, den sieben staatlichen Kunsthochschulen, den 24 staatlichen sowie den vielen privaten Fachhochschulen kommt etwa jeder siebte aus einem anderen Land. Um allen diesen Studierwilligen eine möglichst gute Ausbildung zu ermöglichen, haben die Steuerzahler Baden-Württembergs in den Nachkriegsjahren mehr als sechs Milliarden Mark in die immer weiter wachsende Zahl ihrer Hohen Schulen investiert. Und allein für den Ausbau der Universitätskliniken in Tübingen, Heidelberg, Mannheim, Freiburg und Ulm muß noch eine weitere Milliarde Mark aufgebracht werden. Die Landesregierung hat sich viel vorgenommen. Bis zur Mitte der achtziger Jahre sollen den geburtenstarken Jahrgängen mindestens 160 000 Studienplätze im Land offenstehen. So sieht es der Strukturplan vor, nach dem allein die Anzahl der Plätze für Studienanfänger pro Studienjahr an allen Arten von Hochschulen auf mehr als 35 000 verdoppelt werden soll.

Angefangen hatte es im Mittelalter mit den Universitätsgründungen in Prag, Krakau, Fünfkirchen und Wien. Als

118. Benediktinerkloster St. Peter im Schwarzwald (bei Freiburg)

eine der nächsten folgte die heute älteste Universität in der Bundesrepublik in Heidelberg, die im Jahre 1386 von dem Wittelsbacher Ruprecht I. mit drei Magistern und einigen Scholaren eröffnet wurde. Angespornt durch die resolute Mechthild, eine Enkelin Ruprechts, stiftete 1457 der Habsburger Erzherzog Albrecht in der vorderösterreichischen Residenz Freiburg ebenfalls eine Hohe Schule, die sich allerdings wegen Geldmangels noch lange Zeit mit städtischen Gebäuden begnügen mußte. Und schon 20 Jahre später wagte Mechthilds Sohn aus deren erster Ehe mit dem allzufrüh verstorbenen Ludwig I. von Württemberg, der kunstsinnige Eberhard V., als erster deutscher Graf in Tübingen ebenfalls eine Universitätsgründung. Sein Wahlspruch »Attempto« ziert heute das Portal der Neuen Aula. Zunächst weitgehend auf die Einkünfte aus dem Chorherrenstift St. Martin in Sindelfingen angewiesen, wurde die Tübinger Schule in enger Nachbarschaft zu der katholischen Grafschaft Hohenberg um Rottenburg eine Hochburg der Reformation. Der Neffe des Humanisten Reuchlin, Philipp Melanchthon, und Johannes Brenz aus Schwäbisch Hall bereiteten den Boden, auf dem 1547 das Stift für den protestantischen Theologennachwuchs und 1559 im ehemaligen Franziskanerkloster das Collegium illustre für den Nachwuchs der weltlichen Verwaltung entstanden.

Vertrieben Krieg und Pest die Tübinger im 17. Jahrhundert vorübergehend nach Blaubeuren, so mußten die Heidelberger Scholaren, unter dem Patronat des Kurfürsten Otto Heinrich im Jahre 1556 zu den Reformierten übergetreten, im Dreißigjährigen Krieg vorübergehend vor den Franzosen Zuflucht in Frankfurt und später in Weinheim suchen. Nur vier Scholaren sollen im Jahre 1700 wieder in die zerstörte Stadt zurückgekehrt sein. Dann aber übernahmen auch hier – wie in Freiburg – die Jesuiten das Regiment und versuchten, aus der Universität eine Hochburg der Gegenreformation zu bilden. Dies mißlang, die Universität geriet in wirtschaftliche Drangsal. So mußte Karl Friedrich, nachdem er 1802 die rechtsrheinische Pfalz von den Bayern übernommen hatte, praktisch die Ruperto Carola neu aufbauen. Deutsch wurde Unterrichtssprache. Und der Stuttgarter Hegel wurde von Tübingen nach Heidelberg geholt. Thibaut, Gervinus sowie der Literaturkreis der Romantiker um Brentano, Görres und Eichendorff beflügelten den geistigen Höhenflug, der von den Naturwissenschaftlern Bunsen, Kirchhoff und Helmholtz mit ihren Entdeckungen gefördert wurde. Die Freiburger hatten sich der Reformation widersetzt und mit Henricus Glareanus, Johann Eck und Ulrich Zasius einige bekannte Gelehrte gewonnen. Sogar Erasmus von Rotterdam fand sich damals einige Male in der Münsterstadt ein. Als dann aber die Franzosen die Stadt eroberten und zu einer Feste ausbauten, mußten viele Scholaren 1686 für drei Jahre nach Konstanz ausweichen. Was damals in Freiburg verblieb, wurde im Vorderösterreichischen als »studium gallicum« abgetan. Später wurde dann durch Weisung aus Wien den Jesuiten in Freiburg die Ausbildung der Studiosi an der Philosophischen und an der Theologischen Fakultät übertragen. Aber erst von 1805 an, als nach dem Preßburger Frieden Stadt und Universität Freiburg von Napoleon dem Großherzogtum Baden zugeschlagen wurde, ging es mit der Alberta Ludoviciana aufwärts. Auf die bange Frage seiner Berater, ob er denn außer der Heidelberger auch noch eine zweite Universität finanziell verkraften könne, soll Ludwig geantwortet haben: »Sie gehören nicht unserem Land allein, sie gehören der Menschheit an.« Und innerhalb von zehn Jahren verdreifachte sich die Studentenzahl in Freiburg.

In Tübingen wurden die vier klassischen Fakultäten im Jahr 1817 durch die für katholische Theologie und für Staatswissenschaften ergänzt. Schelling und Hegel zogen die akademische Jugend an. Vergeblich bemühte sich Friedrich Theodor Vischer mehrere Male, die Universität nach Stuttgart zu verlegen. Aber auch der Gedanke, in Ellwangen eine »Gegenuniversität« zu errichten, fruchtete nicht. Im Gegenteil, im Jahre 1863 wurden in Tübingen die ersten naturwissenschaftlichen Fakultäten eingerichtet, und 1888 wurde die erste Frau zum Studium zugelassen. 1918, am Ende des Ersten Weltkriegs, zählte man unter den Studenten sogar 40 Prozent Frauen.

Inzwischen hatte auch die Technik die Phantasie der Jugend erfaßt. Deshalb wurde nach dem Muster der Ecole Politechnique im Jahre 1825 in Karlsruhe die heute älteste Technische Hochschule (heute Technische Universität) in der Bundesrepublik eröffnet. Sie war eng mit dem Geometer Gottfried Tulla verbunden, der den Rhein schiffbar gemacht hat, sowie mit dem Altmeister der Klassizistik, dem Architekten Friedrich Weinbrenner. Am berühmtesten aber wurde in Karlsruhe, wo auch Bergwerkskunde gelehrt wurde, Heinrich Hertz, der dort die Ultrakurzwelle entdeckte. Nur vier Jahre jünger ist die Universität Stuttgart. Sie ist aus der im Jahre 1829 von König Wilhelm genehmigten »Vereinigten Kunst-, Real- und Gewerbeschule« hervorgegangen. 1876 nennt sie sich auch Polytechnikum. Und um die Jahrhundertwende verzeichnet sie bereits 700 Hörer. Zählen die Universitäten Karlsruhe und Stuttgart heute je etwa 12 000 Studierende, so ist die Universität Hohenheim, von König

Wilhelm I. als landwirtschaftliche Lehranstalt im Jahre 1818 gegründet, mit ihren bald 4000 Studenten relativ klein geblieben. Sie hat sich aus der Landwirtschaftlichen Hochschule zu einer naturwissenschaftlichen Universität mit einem immer stärker werdenden volkswirtschaftlichen Bereich ausgeweitet. Die ihr angegliederte Tierärztliche Hochschule war leider schon 1910 vom Landtag aus Ersparnisgründen mit nur vier Stimmen Mehrheit aufgelöst worden. Im letzten Krieg wurde die Universität Stuttgart am stärksten von allen im Land in Mitleidenschaft gezogen. Aber auch Karlsruhe und Tübingen blieben nicht verschont. In Freiburg sanken 1944 in einer Nacht sogar vier Kliniken mit mehr als 1000 Betten in Asche. Der erst 1931 durch eine amerikanische Stiftung ermöglichte Bau der neuen Universität in Heidelberg überstand zwar den Krieg, war aber bis 1952 von den amerikanischen Streitkräften beschlagnahmt. Die 1933 auf Drängen der Nationalsozialisten der Universität Heidelberg angegliederte Handelshochschule in Mannheim wurde 1946 als eigene Wirtschaftshochschule wieder neu eröffnet, konnte sich aber erst nach und nach in dem fast völlig ausgebrannten Mannheimer Schloß zu einer Universität entfalten.

Erst die sechziger Jahre leiteten die große Bauepoche in der baden-württembergischen Hochschullandschaft ein. Am 6. September 1959 hatte der damalige Ministerpräsident Kurt Georg Kiesinger bei einem Empfang in Singen an die geistige Tradition der Reichenauer Klosterschule erinnert und damit den Anstoß zu der Universitätsgründung im Jahre 1964 in Konstanz gegeben. Was den Badenern recht war, sollte für die Württemberger nicht zu teuer sein. Also erhielt auch Ulm eine Universität. Für Mannheim reichte es sogar noch zu einem Klinikum, das allerdings der Universität Heidelberg zugeordnet wurde. Alles in allem ging man damals von 1,6 Milliarden Mark Baukosten aus; inzwischen weiß man, daß diese Summe nicht ausreichen wird.

Sehr viel aufwendiger als ursprünglich geplant, ist auch der Ausbau der Pädagogischen Hochschulen und der Fachhochschulen geworden. So wurden in Ludwigsburg, Freiburg, Heidelberg, Schwäbisch Gmünd, Reutlingen und Esslingen neue Lehrerhochschulen erstellt. Nachdem ermittelt worden war, daß eine Hochschule geradezu wie ein Magnet auf die Jugend der Region wirkt und erst viele begabte junge Leute zum Studium anregt, wurde auch in Lörrach in einem alten Gebäude eine neue Hochschule eröffnet. Anfang der siebziger Jahre genehmigte der Landtag sogar noch ein Sonderprogramm, um den Lehrermangel möglichst schnell beseitigen zu können. So studierten einige Jahre lang jeweils mehr als 20000 junge Leute, mehr Frauen als Männer, an diesen aus den ehemaligen Lehrerseminaren in Blaubeuren, Urach, Esslingen und Karlsruhe hervorgegangenen Hochschulen. Dementsprechend konnte dann auch schon nach wenigen Jahren der Lehrerschlüssel erheblich verbessert werden. Der Geburtenrückgang seit 1966 erlaubte 1973, zunächst für die Grundschulen, von 1977 an für die Haupt- und Realschulen, eine erhebliche Senkung der Klassenstärken. Dies wurde auch noch dadurch begünstigt, daß immer mehr Eltern ihre Kinder ins Gymnasium schickten. Während sich die Lehrerversorgung allgemein verbesserte, verschlechterte sie sich aber vorübergehend an den Gymnasien, zumal dort wegen der Reform der Oberstufe noch zusätzliche Lehrkräfte gebraucht wurden. Von spürbar kleineren Klassen wird also erst von etwa 1984 an in den Gymnasien, aber auch in den Berufsschulen gesprochen werden können. In diesen melden sich nämlich immer mehr Schüler für den Vollzeitunterricht der ein- oder zweijährigen Fachschulen sowie für die neueingerichteten Berufskollegs, die allerdings nur Schülern mit der Mittleren Reife offenstehen. Über das Berufskolleg und die Technikerschule öffnet sich übrigens auch der Weg in die Fachhochschulen.

Viele dieser Fachhochschulen gehen wie etwa die Ingenieurschule in Esslingen oder die ehemalige großherzogliche badische Baugewerkschule in Karlsruhe auf Gründungen im letzten Jahrhundert zurück. Weil sich diese Fachhochschulen speziell mit der angewandten Wissenschaft beschäftigen, erhielten sie in den letzten Jahren, nicht zuletzt auf Wunsch der Wirtschaft, eine besonders intensive Förderung. In Offenburg, Heilbronn, in Aalen und Biberach, in Ravensburg und Sigmaringen sind ganz neue Fachhochschulen entstanden. Dazu kommen jene, die speziell für den Nachwuchs des öffentlichen Dienstes eingerichtet wurden, für die Verwaltung in Stuttgart und in Kehl, für die Finanzen in Ludwigsburg, für die Justiz in Schwetzingen, für die Forstwirtschaft in Rottenburg und zuletzt für die Polizei in Villingen-Schwenningen. Da die Ausbildung an den Fachhochschulen viel stärker praxisbezogen gilt, hat die Landesregierung noch unter der Federführung von Kultusminister Hahn die Ausbildungsgänge an den Pädagogischen Hochschulen zugunsten der Fachhochschulen stark verringert. An ihnen sollen bald jährlich 12000 junge Leute mit dem Studium beginnen können. Das soll wiederum die Universitäten entlasten, für die sich übrigens heute erheblich weniger Abiturienten als früher interessieren. Hat nach dem letzten Krieg nur etwa jeder zwanzigste eines Jahrgangs studiert, so wird es künftig immerhin bald jeder vierte sein. Unter ihnen befinden sich neuerdings auch immer mehr Besucher der sogenannten Berufsakademien in Stuttgart, Mannheim, Heidenheim, Villingen-Schwenningen und Ravensburg sowie anderer Akademien, etwa der Akademie des Handwerks in Stuttgart oder der landwirtschaftlichen Akademie in Nürtingen. Hier werden vornehmlich jene praktisch erfahrenen mittleren Führungskräfte ausgebildet, die man heute aus den Hochschulen nur noch selten erhält.

Bilderläuterungen 119–126

119 Freiburg im Breisgau zählt mit seiner klassischen Universität, seiner Pädagogischen Hochschule, seiner Musikhochschule und seinen beiden sozialen Fachhochschulen, einer katholischen und einer evangelischen, zu den bedeutendsten Hochschulorten der Bundesrepublik. Mehr als 24000 Studierende beherbergt die 175000 Einwohner zählende Breisgaumetropole. Zwar ist die Stadt mit ihrem Münster und dem historischen Rathaus, den noch gut erhaltenen Stadttürmen und den engen Gäßchen mit den Wassergräben seit vielen Jahrzehnten ein Anziehungspunkt für Touristen. Dennoch prägt das studentische Leben die alte Zähringerstadt, und zwar noch stärker als der weitgespannte Behördenapparat des Regierungspräsidiums. Hinter dem See links im Vordergrund ist das Zentrum der Universitätskliniken. Rechts im Vordergrund, in Betzenhausen, haben nicht nur viele Wissenschaftler, sondern auch viele andere aus der Altstadt vertriebene Freiburger ein neues Zuhause gefunden. Von den Hängen des von links in das Bild hineinragenden Schloßbergs sieht man auf die vielen neuen Universitätsinstitute und das neue Kollegiengebäude unweit vom Münster hinunter. Und von diesem aus öffnet sich der Weg zwischen den Ausläufern des Schwarzwaldes hindurch an Littenweiler vorbei in das Dreisamtal im Hintergrund.

120 Universität Tübingen. Mehr als 140000 Studierende studieren an den neun Universitäten Baden-Württembergs. Die drittälteste und die zweitgrößte ist die Universität Tübingen, die längst über den alten Stadtkern der Nekkarstadt hinausgewachsen ist. Es gibt keinen Hügel ringsum, auf dem sich nicht irgendein Universitätsinstitut oder wenigstens Studentenhäuser befinden. Eines der neuesten Institutsviertel ist auf dem Schnarrenberg um viele hundert Millionen Mark erbaut und eingerichtet worden. Dort wurde auch, rechts im Bild, ein ganz neuer botanischer Garten angelegt. Schon die unterschiedlichen Baustile des eigens von der staatlichen Hochbauverwaltung entwickelten Baurasters und der alten Giebelhäuser um das malerische Rathaus in der Innenstadt machen deutlich, daß man sich in Tübingen immer noch zwischen zwei Welten bewegt. Doch seit Jahrhunderten schöpft die eine aus der anderen, eine Erfahrung, welche die Alma Mater von Hölderlin, Hegel und Schelling noch heute bei den jungen Schwaben so begehrt macht. Allerdings müssen die Studenten heute immer mehr in die Wohnplätze der Umgebung, wie etwa Hagelloch im Hintergrund, ausweichen.

121 Heidelberg besitzt die älteste und die größte Universität Baden-Württembergs mit heute mehr als 20000 Studenten. Zwar befinden sich noch viele alte Institute in der traditionsreichen Innenstadt unter dem Königstuhl. Auf dem Neuenheimer Feld in der Nähe des Neckars ist jedoch ein ganz neuer Universitätscampus entstanden, der städtebaulich wie ein Fremdkörper gegenüber der Hochburg der deutschen Romantik zu Füßen des weltberühmten Heidelberger Schlosses wirkt. Obwohl in der Stadt mit ihren rund 130000 Einwohnern auf den umgebenden Höhen, wie unser Bild zeigt, neue Stadtviertel erschlossen worden sind, hat sie doch viele Bewohner aus ihrem alten Stadtkern in die Nachbarschaft wegziehen lassen müssen, unter anderem auch nach Leimen, wo man rechts im Hintergrund die Kamine des Portland-Zementwerks rauchen sieht.

122 Schwäbisch Gmünd, schon vor mehr als 100 Jahren Sitz eines Lehrerseminars, hat in den letzten Jahren eine neue Pädagogische Hochschule neben dem neuen Gewerbeschulzentrum im Vordergrund erhalten. Zwar ist die Zahl der Studienplätze an den zehn Lehrerhochschulen des Landes in den letzten Jahren wegen der sinkenden Zahl an Schülern fast um die Hälfte vermindert worden. Dennoch hat dadurch die alte Stauferstadt als Schul- und Ausbildungszentrum nichts von ihrer kulturellen Bedeutung eingebüßt. Die weithin bekannten Kirchen zum Heiligen Kreuz und die Johanniskirche nahe dem Prediger sowie das barocke Rathaus haben der Schmuck- und Glasstadt ihren guten Namen als ehemalige Freie Reichsstadt erhalten. In der Fachhochschule wird die handwerkliche Tradition der Remstäler bewahrt. Der Fluß bahnt sich zwischen den immer stärker besiedelten Höhen der wachsenden Stadt seinen Weg hinunter zum Neckar und ist längst zur Hauptverkehrsader auch für die Nachbarorte, für Wetzgau (rechts im Bild) und für Großdeinbach (im Hintergrund) geworden.

123 Die Schloßuniversität Hohenheim in Stuttgart hat sich aus der landwirtschaftlichen Hochschule heraus erst nach dem letzten Krieg zu einer Mehr-Fakultäten-Universität entwickelt. Zwar sind die Pläne, sie mit der Berufspädagogischen Hochschule zu vereinigen, aufgegeben worden. Außer den naturwissenschaftlichen Fächern können die über 3000 Studenten jetzt auch wirtschaftswissenschaftliche Studiengänge in dem von Herzog Karl Eugen Ende des 18. Jahrhunderts erbauten Schloß auf den Fildern absolvieren. Trotzdem ist die Umgebung der Universität mit ihren vielen Versuchsfeldern und gepflegten Anlagen für viele Stuttgarter, insbesondere für die Einwohner der Stadtteile Birkach (rechts im Bild) und Steckfeld (links) ein beliebtes Erholungsgelände geblieben.

124 Die Universität Karlsruhe war früher ebenso wie die Universität Stuttgart eine Technische Hochschule. In den vielen Neubauten am Rande des Hardtwaldes, die in den sechziger und siebziger Jahren zur Ergänzung der alten Institute erbaut worden sind, studieren jetzt aber auch Naturwissenschaftler und Philologen. In dem nahen Parkgelände, in das auch das Wildparkstadion, rechts oben im Bild, eingebettet ist, finden die über 11000 Studenten zwischen Vorlesungen und Prüfungen Entspannung.

125 Universität Stuttgart. Für ihre vielen neuen naturwissenschaftlichen und technischen Institute ist im Pfaffenwald bei Vaihingen ein eigener Campus gerodet worden. Hier haben alle die Wissenschaftler, die in den nach den Kriegszerstörungen im Stadtzentrum neu gebauten wissenschaftlichen Einrichtungen keinen Platz mehr gefunden haben, eine neue Bleibe erhalten. Viele von ihnen müssen jedoch zwischen Vaihingen und der von dem Deutschamerikaner Max Kade gestifteten Universitätsbibliothek und den Kollegiengebäuden am Stadtgarten im Talkessel hin und her pendeln. Es ist deutlich sichtbar, wie der Wald sich links zwischen den Höhen rings um die Stadt ausbreitet. Rechts oben beim Fernsehturm liegt Degerloch, rechts in der Bildmitte ist Kaltental sichtbar.

126 Ludwigsburg zählt mit seiner Pädagogischen Hochschule zu den Städten, in denen nach dem Krieg auch der zweite Bildungsweg stark gefördert worden ist. Immer mehr jungen Menschen wird jetzt auch aus den Fachschulen heraus die Möglichkeit zum Studium eröffnet. Und damit in Zukunft mehr Praktiker wissenschaftlich ausgebildet werden können, sieht der Hochschul-Strukturplan Baden-Württemberg eine Ausweitung der Studienplätze bis in die achtziger Jahre hinein, vor allem der Fachhochschulen des Landes, vor.

119. Die Universitätsstadt Freiburg im Breisgau von Westen

120. Botanisches Institut der Universität Tübingen. Im Hintergrund rechts Tübingen-Hagelloch

121. Das neue Universitätsgelände Heidelberg-Neuenheim von Norden

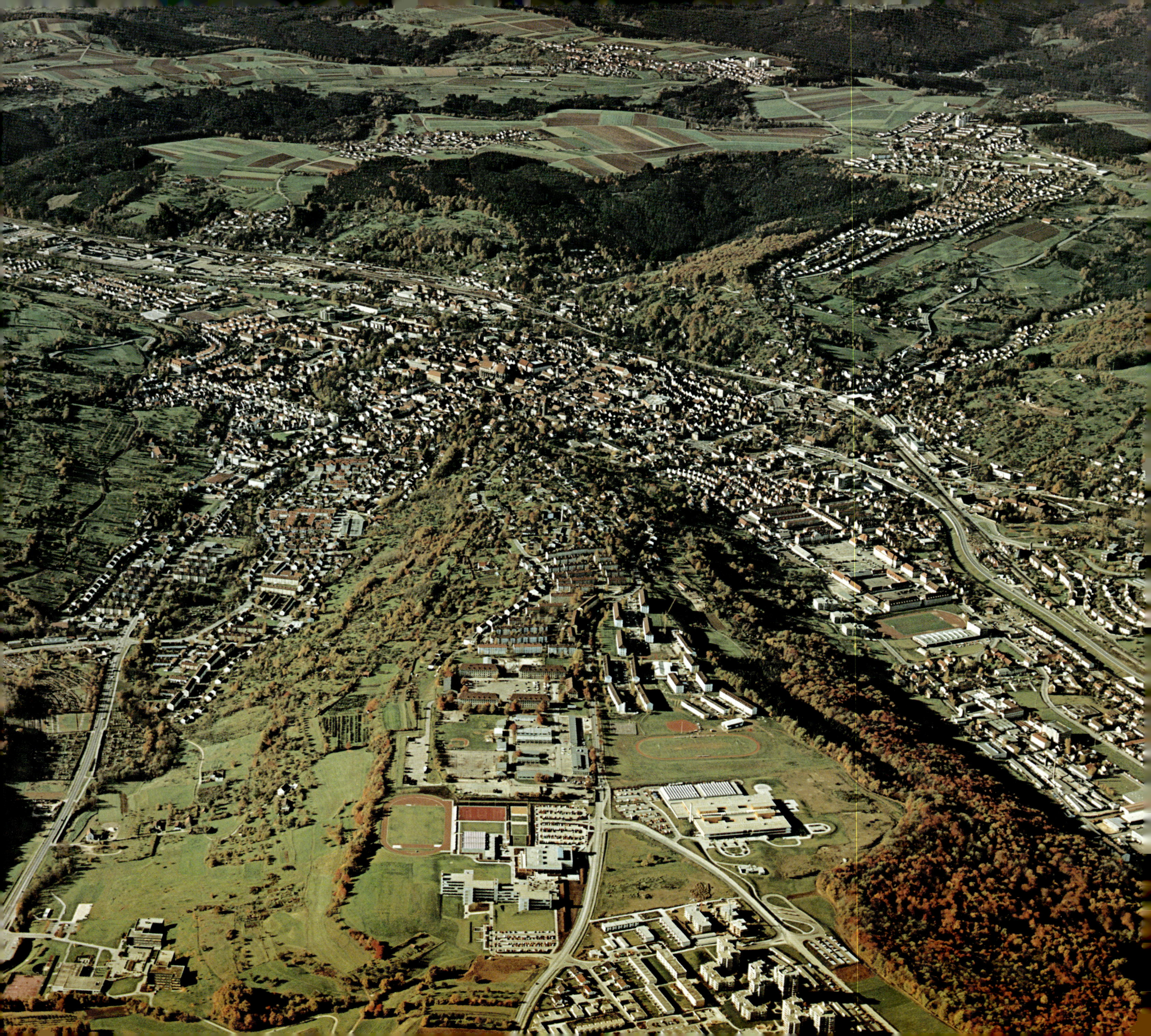

122. (linke Seite) Schwäbisch Gmünd: im Vordergrund Berufsschulzentrum (rechts der Straße) und Pädagogische Hochschule (links der Straße). Im Mittelgrund Kern der Stauferstadt
123. Schloß und Universität Stuttgart-Hohenheim mit neugestalteten Parkanlagen

124. Die Universität Karlsruhe am Fuße des Hardtwaldes *(links oben im Bild das Schloß)*

125. Universitätsgelände Stuttgart-Pfaffenwald. Im Hintergrund links Stuttgart Stadtmitte, rechts der Fernsehturm

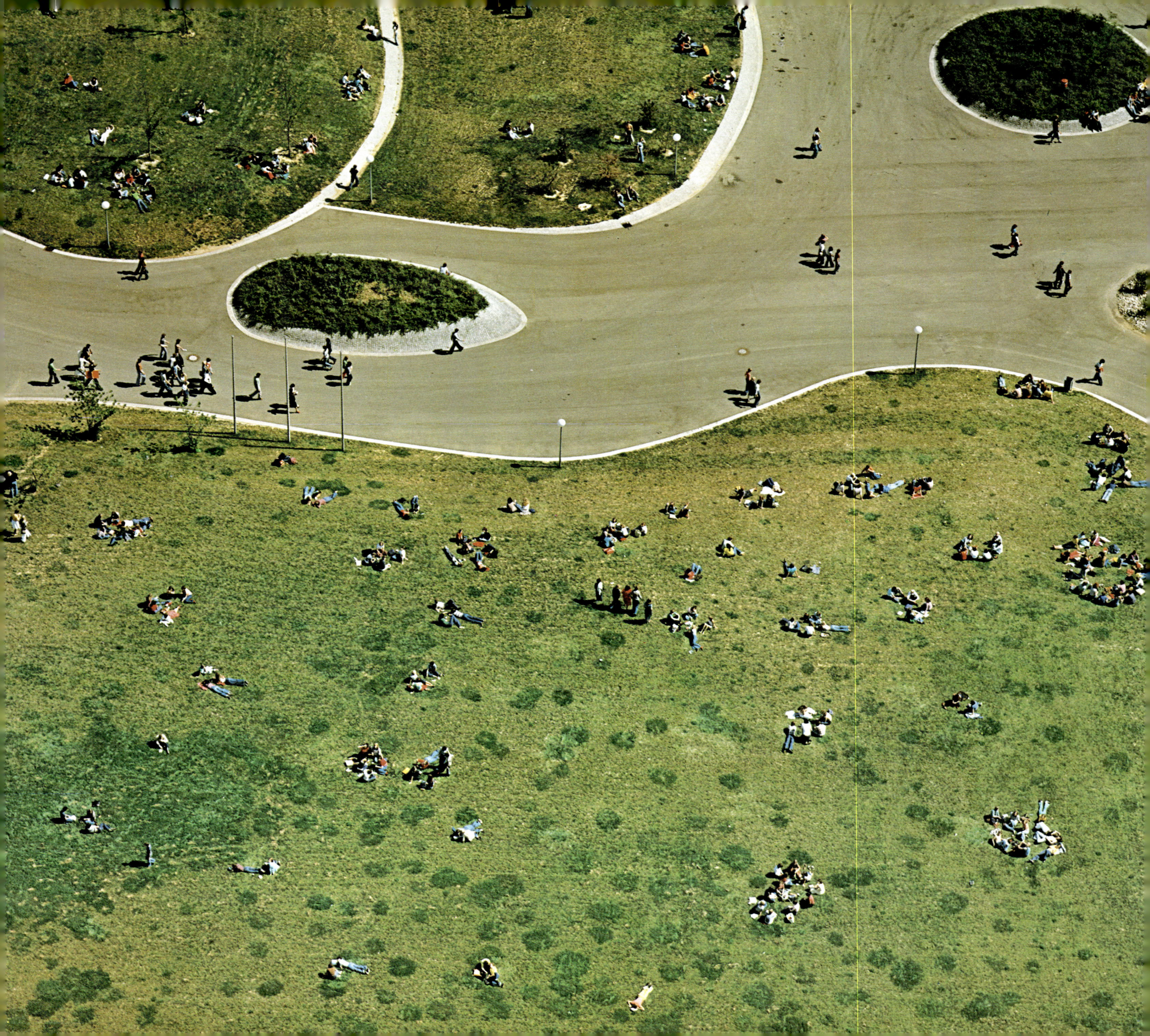

Zivilisationslandschaft

Mit dem Schwarzwald, dem Odenwald, dem Schwäbischen Wald, den Waldgebieten auf der Alb und in den anderen Regionen zählte der Südwesten im Mittelalter zu den waldreichsten Gebieten der heutigen Bundesrepublik. Mehr als die Hälfte unseres Landes war damals Wald. Und selbst jetzt noch ist Baden-Württemberg nach Hessen und Rheinland-Pfalz das Land mit den größten Waldbeständen. In Baden sind noch etwa 39 Prozent, in Württemberg 31 Prozent der Wirtschaftsfläche Wald. Während das Bundesgebiet nur eine durchschnittliche Walddichte von 29 Prozent aufweist, beträgt sie in Baden-Württemberg 36,7 Prozent. Das heißt, daß jedem Einwohner hierzulande eigentlich mehr Wald offensteht als den meisten anderen Bundesbürgern in ihrer Heimat. Zu einem guten Teil ist dies das Verdienst der Regierungen im 19. und 20. Jahrhundert. Das Großherzogtum Baden erließ als erstes Land ein Forstgesetz. Dadurch konnten schon im letzten Jahrhundert große Waldflächen im Schwarzwald mit Nadelhölzern aufgeforstet werden. Allerdings wurde nur noch zu einem geringen Teil die vor den Rodungen weit verbreitete Weißtanne gepflanzt, die wegen ihrer starken Verastung und des ursprünglich dichten Baumbestandes dem schwarzen Wald seinen Namen gegeben hatte. Vielmehr bevorzugte man wegen des schnelleren Wuchses die Fichte. Und da sich auch schon im letzten Jahrhundert mit Fichtenholz im Württembergischen ganz gute Erlöse erzielen ließen, herrscht die Fichte auch jetzt auf den Aufforstungsflächen vor, welche nach dem Rückzug der Landwirtschaft von den sogenannten Grenzertragsböden nach dem letzten Krieg mit Unterstützung des Staates ausgedehnt worden sind. Immerhin konnte so die Waldfläche in Baden-Württemberg seit der Jahrhundertwende um mehr als ein Zwanzigstel vermehrt werden. Begünstigt wurde dies auch dadurch, daß hierzulande erheblich mehr Wald dem Staat und den Gemeinden gehört als andernorts. Nur etwa ein Drittel der Wälder ist im Privatbesitz. Ganz anders verlief die Entwicklung am Rhein, wo schon im frühen 19. Jahrhundert die Vor- und Nachteile einer Zivilisationslandschaft sichtbar wurden. Zwar gelang es dem Karlsruher Oberst Johann Gottfried Tulla von 1815 an, den wegen seiner Überschwemmungen gefürchteten Fluß zu zähmen und auch den Oberrhein für die Schiffahrt zu korrigieren. Dadurch wurden aber die Auwälder und damit die Vogellandschaft am Fluß zerstört. Noch verhängnisvoller wirkte sich der Bau des Rheinseitenkanals nach dem letzten Krieg aus, weil diese Maßnahme das Grundwasser weiter sinken ließ. Und die alten Rheinarme trockneten zum Teil sogar aus.

126. Ludwigsburg: Entspannung auf dem Schulgelände

Anders rheinabwärts zwischen Karlsruhe und Mannheim. Dort konnte der Landschaft am Rhein durch die Anpflanzung der tiefer wurzelnden Pappel ein neues Gesicht gegeben werden.

Auch in anderen Regionen des Landes wurde das Landschaftsbild stark verändert. So fielen im Odenwald schon im 18. Jahrhundert viele Eichen-, Hainbuchen- und Birkenbestände dem Weidebetrieb und der Rodung zum Opfer. Weil die Bauern die Viehhaltung immer mehr domestizierten, waren Eicheln und Eichen gar nicht mehr so begehrt. Deshalb wurde hier im 19. Jahrhundert vornehmlich mit Kiefer, Lärche und auch mit Fichte aufgeforstet. Auch auf der Alb verdrängte die schneller wachsende Fichte wegen des großen Brennholzbedarfs die Laubwälder, Buchenbestände finden sich dort vornehmlich noch in den Hanglagen. Dasselbe gilt für die Waldregionen in Oberschwaben, wo ursprünglich auch Laubbäume vorgeherrscht hatten. Am besten erhalten haben sich die Laubwälder zwischen Kraichgau und Hohenlohe sowie im Bereich des Schwäbischen Waldes. Flankiert werden diese Gebiete jedoch von den Fichtenbeständen der Ellwanger Berge und des alten Reichsforstes Schönbuch.

Die Feudalherren des Mittelalters, die Grafen, die Ritter, vor allem aber die Klöster, hatten ihre Waldungen erst relativ spät dem Pflug geöffnet. Ortsnamen wie Kappelrodeck oder Holzgerlingen, Schönwald oder Simonswald erinnern daran, daß viele Siedlungen für die zunehmende Bevölkerung buchstäblich im Wald als Rodungshöfe entstanden sind. Zunächst wurde mit widerstandsfähigen Kornarten und Hackfrüchten begonnen. Später weitete sich auch die Viehhaltung aus. Zu den Kerngebieten der Viehzucht gehören aber schon seit dem Mittelalter vor allem Oberschwaben und Hohenlohe. Im Hinterland des Bodensees, in der Donauniederung, im Kraichgau und im Bauland wurden vornehmlich Obst und Rüben angepflanzt. In den über 500 Meter hohen Lagen Oberschwabens, der Ostalb, des Gäus und des Odenwaldes herrschte schon früher der Getreideanbau, vorwiegend der Anbau von Winterweizen und Roggen vor. Heute wird hier auch Mais angepflanzt. Auf den Ackerböden, die über 700 Meter über dem Meeresspiegel liegen, nach Friedrich Huttenlochers geographischer Landeskunde auf dem »hohen Land«, auf der Alb und auf der Baar, beschränkt man sich vornehmlich auf den Anbau von Kartoffeln und Sommergetreide. Am meisten ausgedehnt wurde im Hochmittelalter der Weinbau. Nicht nur am Oberrhein, am Neckar und um Ladenburg, wo der Weinbau schon von den Römern heimisch gemacht worden war, auch am Hochrhein und vor allem an Kocher und Jagst wurden viele neue Weinberge angelegt. Besonders die Klöster ließen sich den Weinbau und auch den Obstbau angelegen sein. Aus dem Remstal wurde sogar berichtet, daß der Weinanbau immer mehr Menschen angezogen habe. Dagegen ging der Getreideanbau zurück.

Hatte die Pest im 14. Jahrhundert viele Wüstungen, von den Bauern aufgegebene Dörfer und Brachland hinterlassen, so verzeichnete das 16. Jahrhundert einen starken Bevölkerungszuwachs. Plötzlich wurde auch das Bier begehrter, was den Anbau von Gerste und Hopfen besonders förderte. Im Hohenlohischen wurden außerhalb des geschlossenen Fluranbaus immer mehr »Länder« angelegt, auf denen vor allem Erbsen, Linsen, Bohnen, Kraut, Buchweizen, Hanf und Flachs angebaut wurden. Dennoch kam es Anfang des 19. Jahrhunderts infolge der Mißernten zu einer Hungersnot, vor allem im Württembergischen. Beinahe ein Fünftel des Landes lag brach; viele Menschen wanderten aus, andere suchten außerhalb der Landwirtschaft Arbeit und höheren Verdienst.

Eine besondere Schwierigkeit bereitete in manchen Gebieten die Wasserversorgung. Zwar gab es im Rheintal, im Illertal und in der Donauniederung genügend Grundwasser, aber im Schwarzwald und im Keupergebiet zwischen Neckar und Main flossen die Quellen nur spärlich. Am schwierigsten war die Wasserversorgung auf der Alb, weil in dem Karstgebiet das Wasser allzu schnell versickerte und dabei oft verunreinigt wurde. Wasserverschmutzung gab es also auch schon früher. Deshalb mußten die Bauern sogar jahrzehntelang ihr Wasser aus den Tälern in Fässern auf die Höhe karren. Für sie war es eine Wohltat, als nach der Erfindung der Dampfmaschine und der Pumpen nach 1870 die ersten Fernwasserversorgungseinrichtungen auf der Alb geschaffen werden konnten; dies gilt heute noch als ein epochemachender zivilisatorischer Erfolg der neuen Technik. In verschiedenen Städten, etwa in Stuttgart, Karlsruhe und Heidelberg, hatte man schon längst durch eigene Förderwerke die Wasserversorgung der wachsenden Bevölkerung sichergestellt. Aber auch für sie brachte das Maschinenzeitalter ganz neue Möglichkeiten. Alle die Zweckverbände, die vor der Jahrhundertwende entstanden, wurden dann zu den Vorläufern des großen Verbundnetzes zwischen der Landeswasserversorgung in Ostwürttemberg, der Wasserversorgung des Wirtschaftszentrums am mittleren Neckar aus dem Bodensee durch die über 300 Kilometer lange Fernleitung sowie der Fernwasserversorgung mit Grundwasser des Rheintals.

Mehr Wasser brachte aber auch mehr Abwasser. Und dies wurde bis in die sechziger Jahre unversehens in den Bodensee und in die Flüsse geleitet. Je mehr Straßen asphaltiert und an das Kanalsystem angeschlossen wurden, desto mehr Schmutz kam in die Flüsse. Je mehr Spülwaschmittel und chemische Stoffe die Fabriken verwendeten, desto reicher wurde der Gehalt an Phosphor und an den weiß schäumenden Detergenzien in den Flüssen. Glücklicherweise entschloß sich die Landesregierung in den sechziger Jahren relativ schnell, alarmiert durch das Fischsterben in Rhein und Neckar, aber auch in der Argen oder in der Enz und im Kocher zu aufwendigen Zuschüssen für den Bau von Kläranlagen. So können heute wenigstens fünf Sechstel der Abwassermenge im Land gereinigt werden. Von den über drei Milliarden Mark, die Bund, Land und Gemeinden aufwendeten, diente mehr als eine halbe Milliarde zur Rettung des Bodensees. Dadurch konnte dort der bereits gefährlich groß gewordene Phosphorgehalt inzwischen wieder abgebaut werden. Und durch die erheblich verschärfte Gesetzgebung und den Einbau eigener Reinigungsanlagen in den Produktionsstätten der Industrie wurde erreicht, daß auch in den meisten Flüssen der Fischbestand wieder stark zunimmt.
Allein in den Jahren 1975 und 1976 hat die Industrie in Baden-Württemberg mehr als eine halbe Milliarde Mark für den Umweltschutz investiert. Davon entfiel der größte Teil auf die Abwasserreinigung. Aber auch für die Sauberhaltung der Luft, für den sogenannten Immissionsschutz, haben die Produzenten, vor allem die Kohlenkraftwerke und die Zementfabriken, in diesen zwei Jahren mehr als 120 Millionen Mark investiert. Zwar werden nach wie vor durch den zunehmenden Verbrauch von Heizöl wachsende Mengen von Schwefelstoffen in die Luft geblasen. Die punktuellen Hauptverunreiniger der Industrie sind in den Wohnbereichen aber weitgehend, in einigen Fällen sogar durch Schließung, ausgeschaltet worden. Noch keine solchen Erfolge haben die Umweltschützer bei der Lärmbekämpfung erzielt. Die Gefahren der Lärmbelästigung wurden auch erst nach und nach erkannt. Deshalb werden seit neuestem wenigstens die Wohngebiete in unmittelbarer Nähe der Hauptverkehrsstraßen, wenn möglich, durch Erdaufschüttungen abgeschirmt.
Am weitesten ist man in der baden-württembergischen Zivilisationslandschaft mit der Müllbeseitigung gekommen. Von den rund 4000 wilden Müllkippen, die Anfang der siebziger Jahre das Landschaftsbild verunziert haben, sind keine hundert mehr übriggeblieben. Und diese werden ständig kontrolliert, so daß nicht mehr wie früher Giftstoffe einfach in die Landschaft gekippt werden können. Am wirksamsten ist selbstverständlich der Bau von Müllverbrennungsanlagen, wie er jetzt trotz der hohen Investitionen von immer mehr Städten bevorzugt wird. Und für die besonders resistenten Schadstoffe ist ja eigens eine Sondermüll-Gesellschaft im Land gegründet worden, die aber nur schwerlich die für ihre Belange erforderlichen Standorte findet.
Insgesamt hat sich die Siedlungsfläche für Wohnungen und andere Zwecke in Baden-Württemberg seit 1950 von etwa sechs Prozent auf mehr als neun Prozent der Landesfläche ausgedehnt. Dazu kommen noch die vielen Zivilisationsadern, die sich in der Form von Hochspannungstrassen, Pipelines, Eisenbahnstrecken und Straßen durch das Land ziehen. Auch die häßlichen Autofriedhöfe und die Kiesgruben sowie die Steinbrüche, welche aus der Landschaft herausgenagt worden sind, können nicht übersehen werden. So ist beinahe ein Neuntel Baden-Württembergs als Zivilisationslandschaft verbraucht worden. All dies ist fast allein auf Kosten der landwirtschaftlich genutzten Fläche geschehen, die denn auch in den letzten drei Jahrzehnten von 57 auf 48 Prozent der Landesfläche zurückgedrängt worden ist. Zwar sind die Rebfläche und die Obstanbaugebiete infolge der Spezialisierung in der Landwirtschaft noch einmal erweitert worden. Das Ackerland, das noch etwa ein Viertel des Landes ausmacht, und das Weideland, das etwa einem Fünftel des Landes entspricht, sind aber stark vermindert worden. Anders ausgedrückt, sind in den letzten 30 Jahren in Baden-Württemberg fast Tag für Tag 26 Hektar Land, zumeist landwirtschaftlich genutzte Böden, anderen Zwecken geopfert worden. Ob für das Dorado der Autofahrer am Hockenheimring, wo große Kahlschläge notwendig waren, ob für die Raffinerien bei Karlsruhe, ob für Kasernen, für die Autobahnen zum Bodensee oder für die neue Eisenbahntrasse von Mannheim nach Stuttgart, immer wieder kostete die Versorgung der an Zahl und Wohlstand wachsenden Bevölkerung wertvollstes Ackerland. So stieg die Landverschwendung seit 1970 auf täglich fast 36 Hektar.
Mit dem neuen Landesnaturschutzgesetz wollen die Politiker zwar dieser Entwicklung entgegensteuern; viele von ihnen haben aber schon klein beigegeben, wenn eine Industriefirma in ihrem Wahlkreis eine mit neuen Arbeitsplätzen verbundene Neugründung von der Überlassung eines Geländes im Landschaftsschutzgebiet abhängig gemacht hat. Selbst um eingetragene Naturschutzgebiete, deren Fläche vom Staat zum Schutz vor den sich ausbreitenden Zivilisationsbedürfnissen immer weiter ausgedehnt wird, mußte schon hart gekämpft werden.

Immerhin sind bereits 0,5 Prozent der gesamten Landesfläche, etwas mehr als 18 000 Hektar in rund 140 Naturschutzgebieten, dem Zugriff durch Menschenhand entzogen worden. 1200 Landschaftsschutzgebiete mit über 540 000 Hektar, etwa 15 Prozent der Landesfläche, sind vor der Bebauung gesichert worden. Vom Staat aus wird also in Baden-Württemberg die Verpflichtung, in einer sich immer mehr verdichtenden Zivilisationslandschaft das ökologische Gleichgewicht der Natur zu erhalten, sehr ernst genommen. So sind vor allem von der staatlichen Forstverwaltung in den letzten Jahren für die aus den Hochhausburgen hinausstrebende Freizeitgesellschaft Waldparkplätze, Naturpfade und Trimmanlagen eingerichtet worden. Durch ein eigenes Programm werden neuerdings in Baden-Württemberg auch neun Naturparks, wie sie zum Teil in anderen Ländern schon lange bestehen, für die Erholungssuchenden in besonders ausgewählten Landschaften angelegt. Nicht unerwähnt bleiben darf auch, daß manche in die Natur geschlagene Wunden, wie etwa Baggerseen, wieder besser in die Landschaft eingebettet worden sind. Dies gilt auch für viele Rückhaltebecken, wobei diese zum Teil erst durch die Flußmeliorationen und die dadurch verstärkte Hochwassergefahr erforderlich geworden sind. Der Mensch lernt allmählich, mit Hilfe der modernen Technik jene Narben zu heilen, die er in der Natur hinterläßt, um sein Leben dank der technischen Errungenschaften immer angenehmer und sicherer zu gestalten. Auch daß er dafür immer mehr Steuern abzweigen muß, sieht er endlich ein.

Die demokratisch abgesicherten Landschaftsrahmenpläne in den zwölf Regionen des Landes sollen vor allem das Nebeneinander von Siedlungs-, Verkehrs- und Versorgungseinrichtungen und von landwirtschaftlicher Nutzfläche abgrenzen. Damit wird auch der Rahmen für die immer dringlicher werdende Flurbereinigung abgesteckt. Nur durch sie wird es der Landwirtschaft überhaupt noch möglich sein, ihrer Aufgabe der Landeskultivierung gerecht zu werden. Bis jetzt ist erst knapp die Hälfte der landwirtschaftlichen Nutzfläche in Baden-Württemberg so bereinigt, daß den Bauern allzu große Entfernungen vom Hof zum Acker erspart bleiben und moderne Ackerbaumaschinen über ausgebaute Feldwege auf größeren Flächen zum Einsatz gebracht werden können. Für die einen ist dies eine kostspielige Aufgabe, weil sonst die Bauern als Landschaftspfleger in den Dörfern nicht mehr erhalten werden können. Für andere ist dieses Netzwerk betonierter Wege die hemmungslose Inbesitznahme der Landschaft.

Bilderläuterungen 127–140

127 Die kleinparzellierte Ackerlandschaft am Kornbühl rings um die Salmendinger Kapelle ist typisch für Württemberg und Teile Badens. Und weil jeder Bauer seinen eigenen Anbau- und Arbeitsrhythmus hat, entstehen solche bunten Landschaftsbilder wie in der Nähe von Hechingen, das im Hintergrund sichtbar ist.

128 In der Schwarzwaldlandschaft ist, wie hier in der Nähe von Schönau, der Grünfutterbetrieb und die Viehzucht vorherrschend. Die Bauern fahren in ihre bunt über die Landschaft verteilten Einzelhöfe mit den großen, für den Schwarzwald typischen Dächern, Heu und Futter von der Bergseite her ein. Vor dem Belchen im Hintergrund schlängelt sich das Wiesental zum Hochrhein hin.

129 Die fruchtbaren Böden auf der Baar. Dieses Bild in der Nähe von Bad Dürrheim-Öfingen ist mit dem Ineinander von Wald und Acker für die Übergangszone zwischen Schwarzwald und Schwäbischer Alb charakteristisch.

130 Die Insel Reichenau mit ihrem ausgeglichenen Klima stellt den Gemüsegarten Baden-Württembergs dar. Die 4,5 Quadratkilometer große Insel im Bodensee, genauer im Untersee, ist durch eine Dammstraße mit dem Festland verbunden. Auf ihr kommen jährlich Hunderttausende zur Besichtigung der drei romanischen Kirchen in Niederzell, Mittelzell und Oberzell.

131 Für den Gemüseanbau in der fruchtbaren Oberrheinebene sind, wie hier bei Hambrücken, unter hohem Kostenaufwand eigene Bewässerungsanlagen eingerichtet worden. Mit Hilfe der automatisch gesteuerten Wassersprenger konnte der Ernteertrag im gesamten Spargelgebiet um Bruchsal stark verbessert werden.

132 Rund um das Schloß Wildeck im Landkreis Heilbronn sind durch die Rebflurbereinigung viele Hektar Rebfläche in den vergangenen Jahren neu erschlossen worden. Man sieht auf dem Bild deutlich, wie dieses Gebiet vor Jahrhunderten durch Rodung aus der Waldlandschaft der Löwensteiner Berge herausgebrochen worden war. Dank der Flurbereinigung ist das Gelände viel leichter zu bewirtschaften und der Weinbau rentabler geworden. Wegen der industriellen Konkurrenz in der Weinsberger Bucht im Hintergrund (links oben), ist dies für die Bevölkerung von großer Bedeutung.

133 Die Landschaft im Kaiserstuhl bei Ihringen (im Vordergrund) ist durch die Reblandumlegung stark verändert worden. Auf den terrassenförmigen Anlagen kann der Winzer heute auch die modernen Maschinen und Geräte im Weinbau einsetzen. Allerdings zeigt der Vergleich zu den Weinbergen, rechts im Bild, wie sehr dadurch auch das Landschaftsbild verändert worden ist.

134 Wegebau. Erst etwa die Hälfte der landwirtschaftlichen Nutzfläche Baden-Württembergs ist in den letzten Jahrzehnten mit Hilfe hoher staatlicher Zuschüsse bereinigt worden. Dabei mußten auch mehr als 43 000 Kilometer Feld- und Waldwege zur Benützung mit den modernen Ackerbaumaschinen ausgebaut werden. Nur so ist es nämlich möglich, daß die Bauern ohne weitere Hilfskräfte auch in der Zukunft ihr Land bestellen können. Das Bild zeigt Felder bei Ewattingen in der Gemeinde Wutach.

135 Bahntrassen. Durch die Landschaft bei Korntal und Münchingen wird künftig die neue Eisenbahnstrecke zwischen Mannheim und Stuttgart verlaufen. Obwohl die Böden auf dem sogenannten »Langen Feld« zu den fruchtbarsten im Land gehören und trotz dem Protest der Naturschützer und Landschaftspfleger hat sich die Bundesbahn zu keiner anderen Lösung bereitgefunden.

136 Naturschutz. Eines der rund 250 Naturschutzgebiete Baden-Württembergs umfaßt den Federsee bei Bad Buchau, mitten im Bild. Umgeben von den Orten Kappel, Kanzach, Moosburg, Alleshausen, Seekirch, Tiefenbach und Oggelshausen konnte der 1,4 Quadratkilometer große Moränensee mit dem Federseemoor als Brutplatz für viele selten gewordene Vogelarten erhalten werden. Das Federseemuseum zeugt davon, daß in dieser Gegend auch schon in der Steinzeit Menschen in der freien Wildbahn ihre Nahrung gefunden haben.

137 Ein typischer Moorsee ist der Hornsee zwischen Gernsbach und Kaltenbronn im Schwarzwald. Tief eingebettet zwischen den bewaldeten Bergen wird diese Idylle von den Wanderern geschätzt.

138 Geradezu zu Mahnmalen unserer Zivilisation sind die Autofriedhöfe geworden. Leider konnte es nicht verhindert werden, daß diese sich auch wie in Heddesheim zwischen Mannheim und Weinheim in der offenen Landschaft ausbreiten und so allem Natur- und Umweltschutz hohnsprechen.

139 Auch manches versteckte Baggerloch im Land gilt als offene Abfallgrube unserer Zivilisation. Zwar haben auf Drängen der staatlichen Behörden im letzten Jahrzehnt Hunderte von wilden Müllkippen beseitigt oder eingeebnet werden können. Vandalen der Natur finden jedoch immer wieder Lagerstätten für ihren Unrat, über den sich wie in unserem Bild das Grün stinkender Wasserlinsen breitet.

140 Mitten im Schönbuch, dem Jagdrevier der ehemaligen württembergischen Herzöge ist um die herzogliche Domäne Einsiedel, in der unteren Bildhälfte, das Feld geebnet und kultiviert worden. Diese Landschaft wird immer mehr zum Naherholungsgebiet der Stuttgarter. Deshalb soll das gesamte Gebiet zwischen Rübgarten (unten im Bild), Pfrondorf (links) und Herrenberg (in der oberen Bildhälfte) mit den kontrollierbaren Freizeiteinrichtungen eines Naturparks angereichert werden. Im Hintergrund ist die Hornisgrinde sichtbar.

127. Der Kornbühl mit der Salmendinger Kapelle auf der Schwäbischen Alb

128. Schwarzwaldlandschaft bei Schönau. Im Hintergrund der Belchen

129. Baarlandschaft am Fuße der Alb (bei Bad Dürrheim-Öfingen)

130. Die Insel Reichenau im Bodensee, klimabegünstigtes Gemüseanbaugebiet

131. Intensiver Gemüseanbau in der Oberrheinebene bei Bruchsal (Hambrücken)

132. Rebausbau der Staatlichen Lehr- und Versuchsanstalt für Wein- und Obstbau Weinsberg bei Burg Wildeck

133. Reblandumlegung im Kaiserstuhl bei Ihringen

134./135. Strukturbilder landwirtschaftlicher Nutzung aus der Vogelschau bei Wutach-Ewattingen, Kreis Waldshut, und im Strohgäu bei Korntal-Münchingen

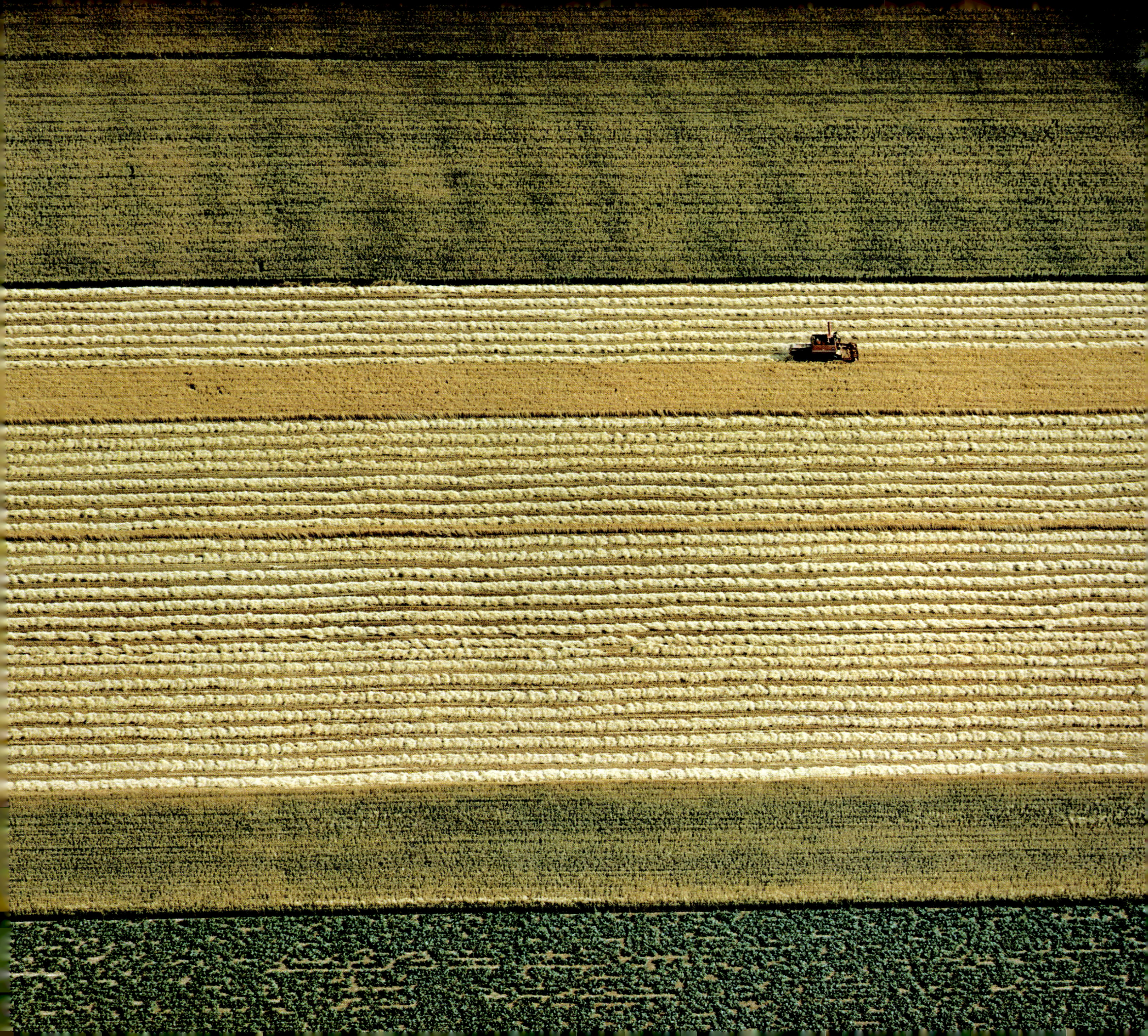

136. Naturschutzgebiet Federsee mit Bad Buchau im Mittelgrund und den Schweizer Alpen im Hintergrund
137. Naturschutzgebiet Hornsee bei Wildbad im Schwarzwald

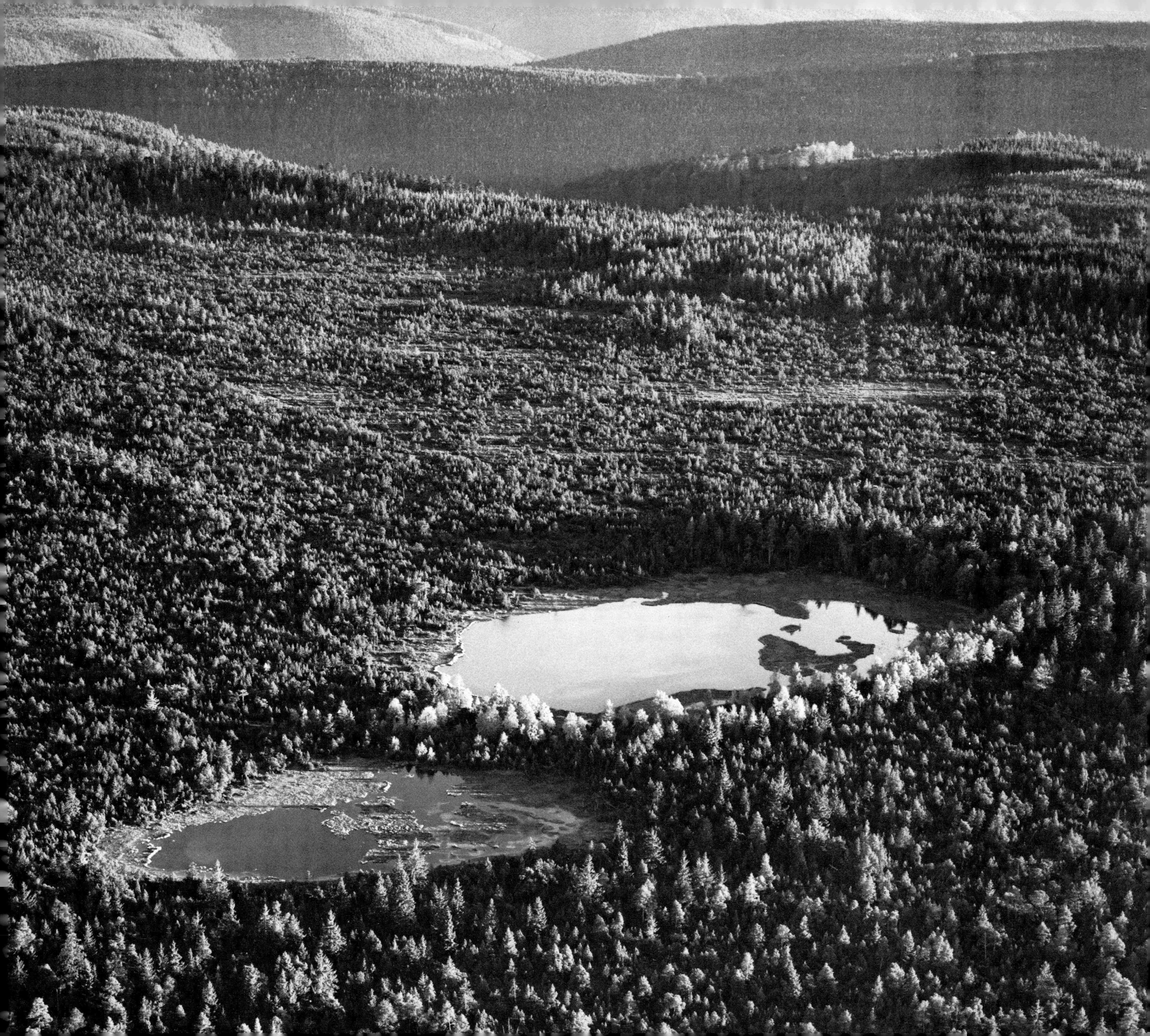

138./139. *Autofriedhof und Müllhalde, Signaturen der Konsumgesellschaft*

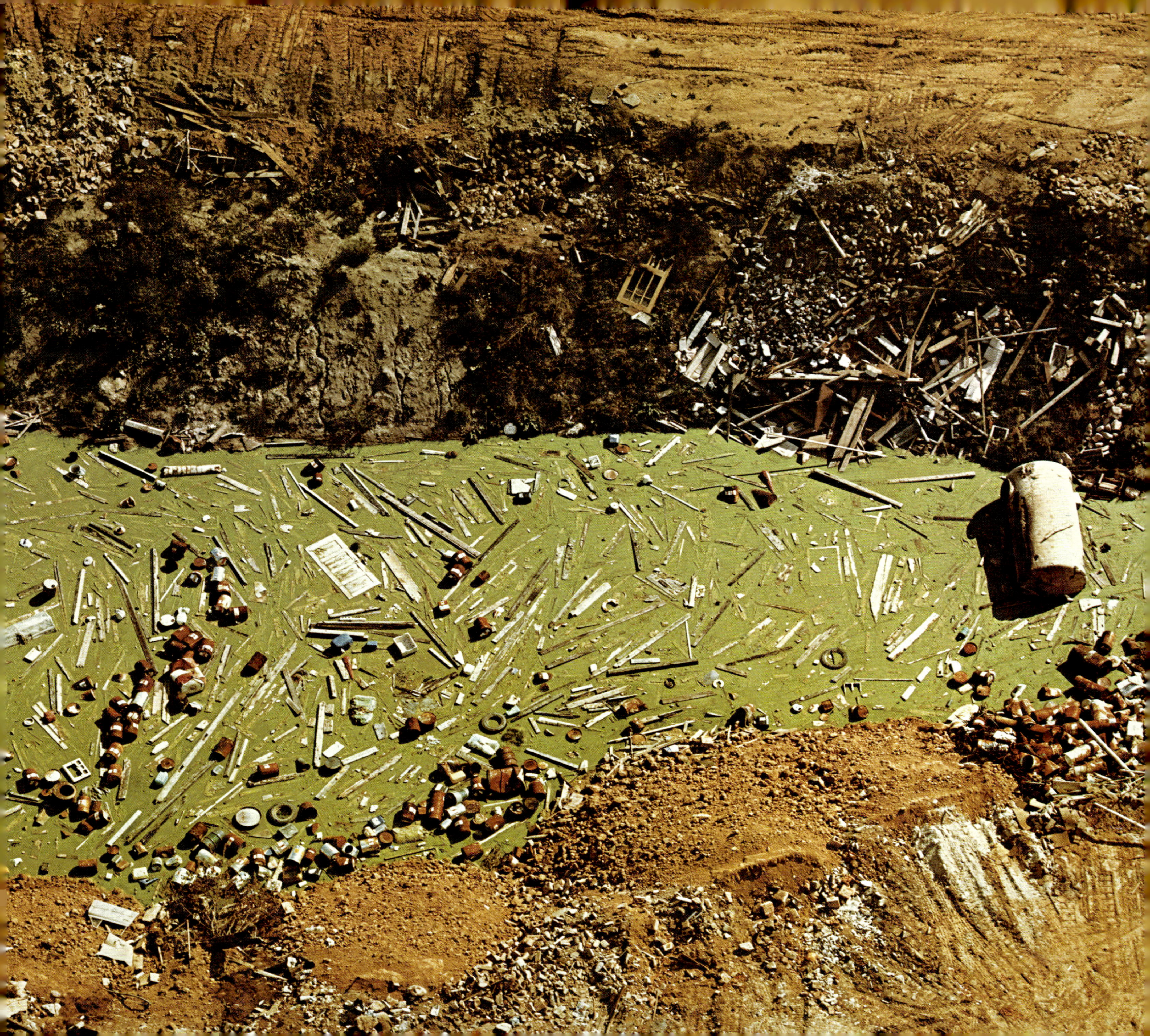

140. Naturpark Schönbuch von Südosten (vorn herzogliche Domäne Einsiedel). Im Hintergrund der Nordschwarzwald

Erholungslandschaft

Reiselust und Gastlichkeit verbürgen die Lebendigkeit des Fremdenverkehrs, aber begründet hat ihn die Hoffnung, von einem Stück bevorzugter Natur gesundheitliche Stärkung zu erfahren. Die Initiale des Fremdenverkehrs im heutigen Baden-Württemberg gebührt darum den Heilquellen des Schwarzwalds. 74 nach Christus kamen die Römer ins Land. In Badenweiler fanden sie ein schon von den Kelten benütztes Warmbad vor, bauten es aus und weihten es der Schwarzwaldgöttin Diana Abnoba. Badenweiler war das Naherholungsbad für die Truppen von Kaiseraugst. Gleichen Zuspruch erfuhr das römische Aquae, zu deutsch: Baden-Baden. Auch Marcus Aurelius Antonius, der spätere Kaiser Caracalla, suchte dort neue Kräfte. Was den Römern recht, war den Mönchen billig. Im 12. Jahrhundert faßten die Asketen des Klosters Hirsau den Urquell des Thermalbades von Wildbad im Schwarzwald, um ihn dann vom 14. Jahrhundert an den Herren von Württemberg zu überlassen: ein »Fürsten-, Herren-, Bürger-, Bauern- und Frauenbad«, das im 19. Jahrhundert mit Baden-Baden zum Weltbad wurde und heute nach Baden-Baden den zweiten Rang unter den Bädern des nördlichen Schwarzwaldes innehat. Auch das bescheidenere Bad Liebenzell hat eine rechtschaffene Tradition. Schon im frühen 15. Jahrhundert nützten die Markgrafen von Baden seine Thermalquelle. Ihnen folgte der württembergische Hof, wenn er im Jagdschloß Hirsau gastierte.

Baden-Württemberg ist ein an Bädern reiches Land. Seine Mineralquellen entspringen teils tiefen Spalten im Grundstock des Schwarzwalds, teils Verwerfungen, die sich längs der Täler hinziehen. Viele davon sind warm. Insgesamt aber sind sie so verschiedenartig aufgebaut, daß sie für vielerlei Zwecke der Vorbeugung, der Heilung und der Wiederherstellung nutzbar sind. Ihre Hauptgruppen sind die Thermalquellen des westlichen Schwarzwalds in den staatlichen Bädern Baden-Baden, Badenweiler, Wildbad und Bad Liebenzell, die kalten Mineralquellen und Schwefelquellen vornehmlich im Bereich der Schwäbischen Alb, die Moorvorkommen Oberschwabens in Bad Wurzach, Bad Waldsee, Bad Buchau und Bad Schussenried und die Solquellen aus den mittleren Schichten des Muschelkalks auf der Linie Schwäbisch Hall – Bad Wimpfen – Bad Rappenau sowie in Bad Dürrheim und Sulz an den Oberläufen von Donau und Neckar. Im 19. und 20. Jahrhundert haben die von der Natur solchermaßen gesegneten Orte eine Bäder- und Kurlandschaft entstehen lassen, in der Heilbäder und Heilquellen-Kurbetriebe, Kneippkurorte und heilklimatische Kurorte, Luftkurorte, Erholungsorte und auch Wintersportorte einander sinnvoll ergänzen und im Geist des baden-württembergischen Kurortegesetzes von 1972 – des ersten in Deutschland – ihre therapeutischen Möglichkeiten weiter ausbauen. Auch wenn Heilbäder nicht immer lukrative Betriebe sind, so stellt in der Fremdenverkehrsbilanz des Landes »Deutschlands profiliertestes Bäderland« doch einen bedeutenden Posten dar.

In der Erschließung der natürlichen Vorzüge des Landes für die Erholung können die drei großen Wandervereine auf die bemerkenswerteste Tradition verweisen. Der 1864 gegründete Schwarzwaldverein ist der älteste deutsche Gebirgs- und Wanderverein. Heute in rund 180 Ortsgruppen 40 000 Mitglieder erfassend, unterhält er 21 000 Kilometer Wanderwege. 1888 wurde der Schwäbische Albverein gegründet. Er entwickelte sich zum größten deutschen Wanderverein mit über 100 000 Mitgliedern in 550 Ortsgruppen und schuf 12 500 Kilometer Wanderwege, über 20 Wanderheime und ebenso viele Aussichtstürme. Neben ihnen stellt mit 38 000 Mitgliedern der Touristenverein »Die Naturfreunde« die dritte Organisation dar, die mit 57 Vereinsheimen in Baden und 64 in Württemberg Wesentliches für das Wanderland geleistet hat; übrigens auch das Jugendherbergswerk hat sich hier schon früh nach einladenden Bleiben umgesehen. Die von ehrenamtlichen Wegwarten behüteten Wegnetze erstrecken sich heute über Entfernungen, die drei Viertel des Erdumfangs ausmachen.

Als im 20. Jahrhundert die industrielle Verdichtung, die »Unwirtlichkeit der Städte« und der Streß den kurzfristigen Erholungsverkehr immer wichtiger werden ließen, ein erhöhter Lebensstandard und das eigene Auto dem Erholungsbedürfnis entgegenkamen, bildeten eben diese Wegnetze Ziel- und Ansatzpunkt für die vielfältigen Bemühungen der Gemeinden, der Landesfremdenverkehrsverbände und der Landesforstverwaltung, die »Naherholung« zu fördern. 2250 Wanderparkplätze, 2500 Schutzhütten und Schutzdächer, rund 450 Zelt- und Rastplätze sowie Badeseen und Schwimmbäder, Trimm- und Lehrpfade entstanden in allen von der Natur begünstigten Teilen des Landes. Die mit besonderen Namen und Symbolen ausgezeichneten 14 »Touristischen Straßen« wie die Bergstraße und Burgenstraße, die Badische Weinstraße und Oberschwäbische Barockstraße wurden rasch zu populären Führungslinien. Und schließlich erfuhr auch die wintersportliche Naherholung eine Belebung, wie man sie sich vor wenigen Jahrzehnten nur im Schwarzwald hätte vorstellen können. Pisten, Lifte und Loipen kennt heute die Schwäbische Alb so gut wie das Allgäu und der Odenwald.

Parallel zum Ausbau des »Bäderlandes« und der Naherholung gewann seit dem Zweiten Weltkrieg Baden-Württemberg auch als Ferienland erheblich an Anziehungskraft. Für manches industriefern gelegene einstige »Bürstenmacherdorf« im Schwarzwald ist der sommerliche oder winterliche Fremdenverkehr zum wichtigsten Faktor seiner Einkommensstruktur geworden. Lassen wir Zahlen sprechen: 1952, als das Land noch schwer unter den Kriegsfolgen litt, wurden 12 Millionen Übernachtungen gezählt. 1968 waren es 31,4 Millionen bei 6,5 Millionen Gästeanmeldungen und 1978 42,6 Millionen bei einer Gästezahl von 8,7 Millionen. Mit anderen Worten: Der große Nachholbedarf hat in 25 Jahren einer Ausstattung von internationalem Zuschnitt Platz gemacht, die neben den Inlandsgästen aus Nordrhein-Westfalen, Hessen und Baden-Württemberg (so die anteilmäßige Reihenfolge) in zunehmendem Maße auch Holländer, Nordamerikaner, Belgier und Franzosen angezogen hat. Heute ist Baden-Württemberg nach Bayern das zweitgrößte deutsche Reiseland. Zu einer Zeit, als die touristischen Entwicklungsländer mit gewaltigen Bettenburgen ins Fremdenverkehrsgeschäft einbrachen, hat es sich eine Urlaubslandschaft eigenen Stils geschaffen, die sich auch gegen die Konkurrenz der exotischen Billigländer behaupten kann.

Die Wege dazu markierte bereits die erste Nachkriegslosung: »Mach' Urlaub zu dir selbst.« Es war eine Kontrastlosung zu einer immer stürmischer sich entwickelnden Wettbewerbswirtschaft und hatte zum Ziel, der in die Ferne drängenden Reiselust die unmittelbare Nähe einer Landschaft von »hohem Freizeitwert« bewußt zu machen. Das bald von einer vorzüglichen Informationsliteratur der Verkehrsverbände begleitete Motto hat viel zur Entdeckung der Natur, der Kunst und der Baudenkmäler beigetragen. Es öffnete bedeutende Schloßbauten für Konzerte, so in Schwetzingen, Donaueschingen, Ettlingen, Bruchsal, Ludwigsburg und Weikersheim. Es regte durch hervorragende musikalische Darbietungen zum Besuch bemerkenswerter Kirchen und Klosterbauten an (Alpirsbach, Maulbronn, Birnau, Weingarten, Zwiefalten, Haigerloch, Schwäbisch Gmünd, Lorch). An vielen Orten taten sich Sommerfestspiele auf: Schwäbisch Hall, Jagsthausen und Ötigheim seien als Beispiele genannt. Die Insel Mainau, ein Luxusgeschöpf klimatischer Milde, faszinierte durch ihre Blütenwunder, das »Blühende Barock« in Ludwigsburg durch seine bezaubernde Szene, die Stuttgarter Wilhelma durch ihre Verbindung von Tierpark und Gartenkunst. In einer Reihe von alten Adelssitzen richteten sich Burgschenken und exquisite Küchen ein, und überall suchten die Speise- und Weinkarten des zweitgrößten deutschen Weinlandes von den Erfahrungen der Nachbarn zu profitieren. Gesundheitliche Stärkung, seelische Entspannung und innere Bereicherung – die Kontrastparole »Mach' Urlaub zu dir selbst« haben wesentlich dazu beigetragen, das Schlagwort vom »hohen Freizeitwert« unseres Landes im Sinne dieser drei Hauptanforderungen an eine Urlaubslandschaft zu präzisieren und das gleichsam vor der Haustür der Industrielandschaft liegende Geschenk bewußt zu machen.

Das Motto erweiterte sich im Laufe der Jahre zur Werbung für einen »aktiven Urlaub«. Dies hatte einen breiten Angebotsfächer zur Folge, der für das Land typisch geworden ist. Geologische, botanische und tierkundliche Lehrpfade wurden gebaut, je 60 in Baden und in Württemberg. Von badischen Weinseminaren bis zu »schöpferischen Ferien« auf Schloß Kißlegg, von Hobbyunterweisungen im Töpfern, Emaillieren und Hinterglasmalen bis zu Sport- und Kulturferien ist heute alles zu finden. Kräftige Anstöße erhielt die Idee des »Aktivurlaubs« durch das Programm, Baden-Württemberg zu einem kinderfreundlichen Urlaubsland zu machen. Rund 30 Feriendörfer und Chaletgruppen wurden gegründet, vor allem aber taten sich überall im Land die Hofsiedlungen auf, um »Ferien auf dem Bauernhof« zu einer erfolgreich gewordenen Form des Familienurlaubs werden zu lassen.

Erholungslandschaft ist erschlossene und bewahrte Naturlandschaft. Sie hat ihre besonders schützenswerten Punkte: ein Zehntel des Landes steht unter Natur- und Landschaftsschutz. Wacholderheiden und Naturparke, Schluchten und Wasserfälle, Quelltöpfe und 41 Naturwaldreservate, Moore, Riede und Auwälder, Felsen, Schauhöhlen und eiszeitliche Wohnhöhlen gehören dazu. Sie ergänzen die Schutzliste der unzähligen Kulturdenkmäler, deren künstlerischer Rang seit eh und je einen besonders werbekräftigen Faktor für das Land dargestellt hat.

Aber die Qualität einer Erholungslandschaft erschöpft sich nicht in herausragenden Besonderheiten und bevorzugten Inseln; in einem Land wie dem unsrigen, in dem die Unterschiede und Gegensätze nahe beisammen liegen, ist das Fluidum des Ganzen von gleicher Wichtigkeit. Denn so sehr dieses mannigfaltige Land auf einem Gebiet von 35 800 Quadratkilometern dem Vergnügen des Entdeckens täglich neue Felder anzubieten vermag, seine tiefere Schönheit liegt nicht in seinem Reichtum an Spannungen und Kontrastfarben. Sie liegt in der wohltemperierten Ausgeglichenheit seiner Formen, Farben und Valeurs, seiner Rhythmen und seiner mit den Jahreszeiten wechselnden Stimmungskraft. Anders gesagt: Die Vielfältigkeit der Landesnatur ist human und hält sich im Badischen wie im Schwäbischen und Fränkischen an den Grundsatz, daß eine Sehenswürdigkeit nach Möglichkeit auch eine Liebenswürdigkeit sein sollte. So hat das Kur-, Freizeit- und Urlaubsland Baden-Württemberg das Fluidum eines gerne sich öffnenden Heims, in dem man sich geborgen fühlen kann wie unterm Dach eines Schwarzwaldhauses und frei wie auf der Felsenterrasse über den Weinbergen des Neckars.

Bilderläuterungen 141–156

141 Freiballon über dem Land am Hochrhein. Wer träumte nicht davon, von Zeit zu Zeit die Fesseln zu lösen, die unser von Pflichten beschwertes Alltags-Ich an die Erde ketten? Die Zwänge der Industriegesellschaft haben eine sinnvolle Freizeitgestaltung und die erholsame Begegnung mit der Natur immer wichtiger werden lassen. Baden-Württemberg bietet eine Fülle von Möglichkeiten dazu.

142 Der Uracher Wasserfall, dessen Strahlen in regenarmen Monaten wie Silberfäden von der Kalktuffwand herab den Laubwald des Albrands suchen, ist eines jener anmutigen Idylle, an denen Baden-Württemberg besonders reich ist. Ihnen gilt die besondere Liebe der Wanderer und ebenso der klassischen Heimatliteratur Mörikes und Johann Peter Hebels.

143 Im Wiesental der Schmiech. Von der Münsinger Alb herab den Weg zur Donau suchend, kämpft die Schmiech, das Kind einer Karstquelle, gleichermaßen mit dem geringen Gefälle der Albtafel wie mit dem wasserverzehrenden Karstboden. Stille, ein Acker, ein Gemüsegärtle daneben – Poesie der Alb, wie ihre Freunde sie suchen.

144 Das südliche Tor zum Schwarzwald: das Wiesental. Es verbindet den Raum Basel – Lörrach mit dem Hochschwarzwald und erschließt eine Reihe sympathischer Sommer- und Winterfrischen wie Zell im Wiesental, zu dem auch dieser Ortsteil Pfaffenberg gehört. Das von unten nach oben an Sattheit verlierende Grün mit dem 1414 m hohen Belchen als Horizontlinie macht die Höhenlage dieses Rodungslandes deutlich.

145 Im Nordschwarzwald. Sonne, eine trockene, reine Luft und ultraviolette Strahlen, die der Schnee reflektiert, verbürgen ein von schneeverhangenen Tannenwäldern gemildertes Reizklima, dessen therapeutische Vorzüge die Winterkurgäste zu schätzen gelernt haben.

146 Talnebel auf der Südwestalb. Obgleich die Schwäbische Alb nicht die konstanten wintersportlichen Bedingungen des Schwarzwalds aufweist, entwickelte sich auch dort ein reger Wintersport. Das Stimmungsbild zeigt Seitingen, eine Alamannensiedlung der Baar südlich Spaichingen. Den Fernblick nach Süden begrenzen die Schweizer Alpen.

147 Das Sternberg-Schutzgebiet bei Gomadingen. Der 844 m hoch gelegene Sternbergturm bei Gomadingen im Großen Lautertal signalisiert fernhin ein typisches Landschaftsmerkmal der Schwäbischen Alb: eine Wacholderheide. Die Erhaltung der Wacholderheiden ist wesentlich von der Schafhaltung abhängig.

148 Eberbach am Neckar. Der Neckar, dessen unterer Lauf von zahlreichen mittelalterlichen Burgen geschützt wurde, und der Katzenbuckel als höchste Erhebung des Odenwalds haben die Romantik der Burgenstraße und die stillen Wälder eines angenehmen Wanderlandes zum Fremdenverkehrskapital der einst stark befestigten Stadt werden lassen. Eine Mineralquelle machte Eberbach zum Kurort.

149 Baden-Baden. In der »belle époque« des 19. Jahrhunderts die »Sommerhauptstadt Europas«, in der Kaiser und Könige, Geldmagnaten und Geistesgrößen zu Gast waren, genießt die Stadt an der Oos auch heute noch den Ruf eines Weltbades. Ihr Spielkasino wird als das schönste der Welt bezeichnet, die Pferderennen von Iffezheim haben internationalen Ruf. Unser Bild zeigt die städtebaulich problematisch gewordene dichte Bebauung der Innenstadt. Vorn links das Bertholdsbad mit Anlagen, weiter oben der Kubus des Kongreßhauses neben der ev. Stadtkirche. Den Altstadtkern bezeichnet das rote Dach der spätgotischen Stiftskirche, rechts davon die blaugrüne Kuppel des Friedrichsbades. Am Berg das moderne Augustabad. Rechts hinter der Stiftskirche das Neue Schloß, einst Residenz der Markgrafen, deren erster Burgsitz sich auf dem felsgesäumten Battert (rechts) befand. Im Hintergrund das Rheintal.

150 Bad Waldsee. Bekannt als Moorheilbad und Kneippkurort verdankt die reizvoll im oberschwäbischen Alpenvorland gelegene Stadt ihre Beliebtheit zwei Seen und bemerkenswerten Baudenkmälern. Die Bildmitte beherrscht die barocke Stiftskirche des ehemaligen Augustinerchorherrnstifts. Links das als Wasserschloß erbaute, barock umgestaltete waldburgische Schloß.

151 Bad Sebastiansweiler. Der Albtrauf mit dem Hohenzollern und das waldreiche, südlich Tübingen gelegene Albvorland, das von der verkehrsreichen B 27 durchschnitten wird, kennzeichnen Lage und Hemmnisse des Schwefelbad-Sanatoriums von Mössingen-Bad Sebastiansweiler. Die 1890 erschlossene Schwefelquelle gilt als die stärkste und an Wirkstoffen reichste der Alb.

152 Bad Rappenau. Im uralten Siedlungsland des östlichen Kraichgaus gelegen, nützt das Heilbad sowohl das milde, nebelfreie Klima wie die Sole der 1822 erschlossenen Ludwigssaline. Das Bild dokumentiert den kräftigen Ausbau der Gemeinde zu einem der bedeutendsten Kurorte des Landes.

153 Das Freibad von Beilstein. Die Einrichtung von Freibädern hat seit dem Krieg im ganzen Land den stärksten Auftrieb erfahren. Das großzügige Bildbeispiel ist in Beilstein am Rande der Löwensteiner Berge zu finden, einer fachwerkreichen, im Schatten der Burg Hohenbeilstein und im Einzugsraum der Städte Ludwigsburg und Heilbronn herangewachsenen Stadt. Sie liegt in einem Seitental des Bottwartals.

154 Die Unteren Anlagen in Stuttgart. Sie wurden in Zusammenhang mit der Bundesgartenschau 1977 neu gestaltet und bilden zusammen mit dem oben links sichtbaren Gelände der Wilhelma einen sowohl städtebaulich wie gesundheitlich bemerkenswerten Erholungsbereich in der Großstadt. Im Vordergrund rechts die Winkelhakenanlage des Mineralbads Berg, weiter oben jenseits des Anlagensees das Schloß Rosenstein mit naturkundlichen Sammlungen. Rechts der Neckar.

155 Sindelfingens Badezentrum. Die Stadt der »Industriegiganten« Daimler-Benz und IBM, die mehr als 48 000 Arbeitsplätze ausweisen kann, hat auch an Investitionen für Erholungszwecke nicht zu sparen brauchen. Beachtenswert ist die großzügige Gliederung des Badezentrums und seine Einbettung in die Waldlandschaft.

156 Neckarstadion in Stuttgart-Bad Cannstatt. Die 71 000 Zuschauer fassende städtische Anlage erhielt ihre heutige Gestalt in den siebziger Jahren aus Anlaß der Fußball-Weltmeisterschaftsspiele. Unsere Aufnahme zeigt das Stadion, das vor allem durch den VfB Stuttgart bekannt wurde, während eines Turnerfestes. Stuttgart und Karlsruhe verfügen über die schönsten Stadien des Landes.

141. Umweltfreundliches Freizeitvergnügen (bei Wutach)

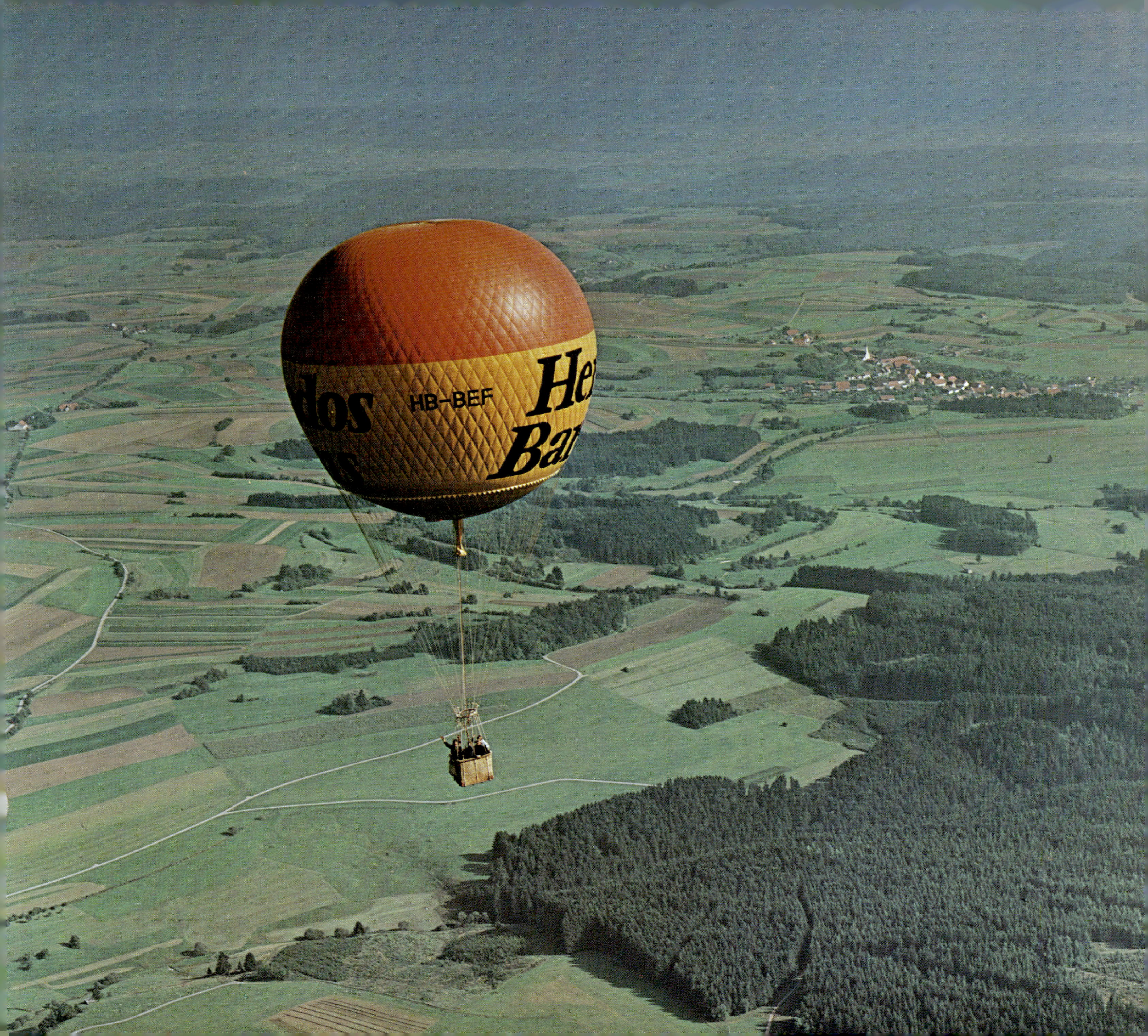
HB-BEF

142. Der Uracher Wasserfall, vielbesuchtes Ausflugsziel im Wandergebiet der Schwäbischen Alb

143. *Idyllisches Wiesental der Schmiech (bei Schelklingen/Alb-Donau-Kreis)*

144. Erholungslandschaft Südschwarzwald: Wiesental mit Zell-Pfaffenberg und dem Belchen (im Hintergrund)

145. Winter im Nord-
schwarzwald

146. Winterstimmung über der Südwestalb (Seitingen-Oberflacht, Kreis Tuttlingen). Im Hintergrund die Schweizer Alpen

147. *Wacholderheide am Sternberg bei Gomadingen (Kreis Reutlingen)*

148. Eberbach am Neckar am Fuße des Odenwaldes

149. Das Weltbad Baden-Baden am Fuße des Schwarzwalds. Blick zur Rheinebene

150. Moor- und Kneippbad Bad Waldsee in Oberschwaben

151. Bad Sebastiansweiler (Stadt Mössingen) mit Albtrauf und Hohenzollern

152. Kuranlagen des Solbads Bad Rappenau (Landkreis Heilbronn)
153. Erholung im Freibad (Beilstein, Landkreis Heilbronn)

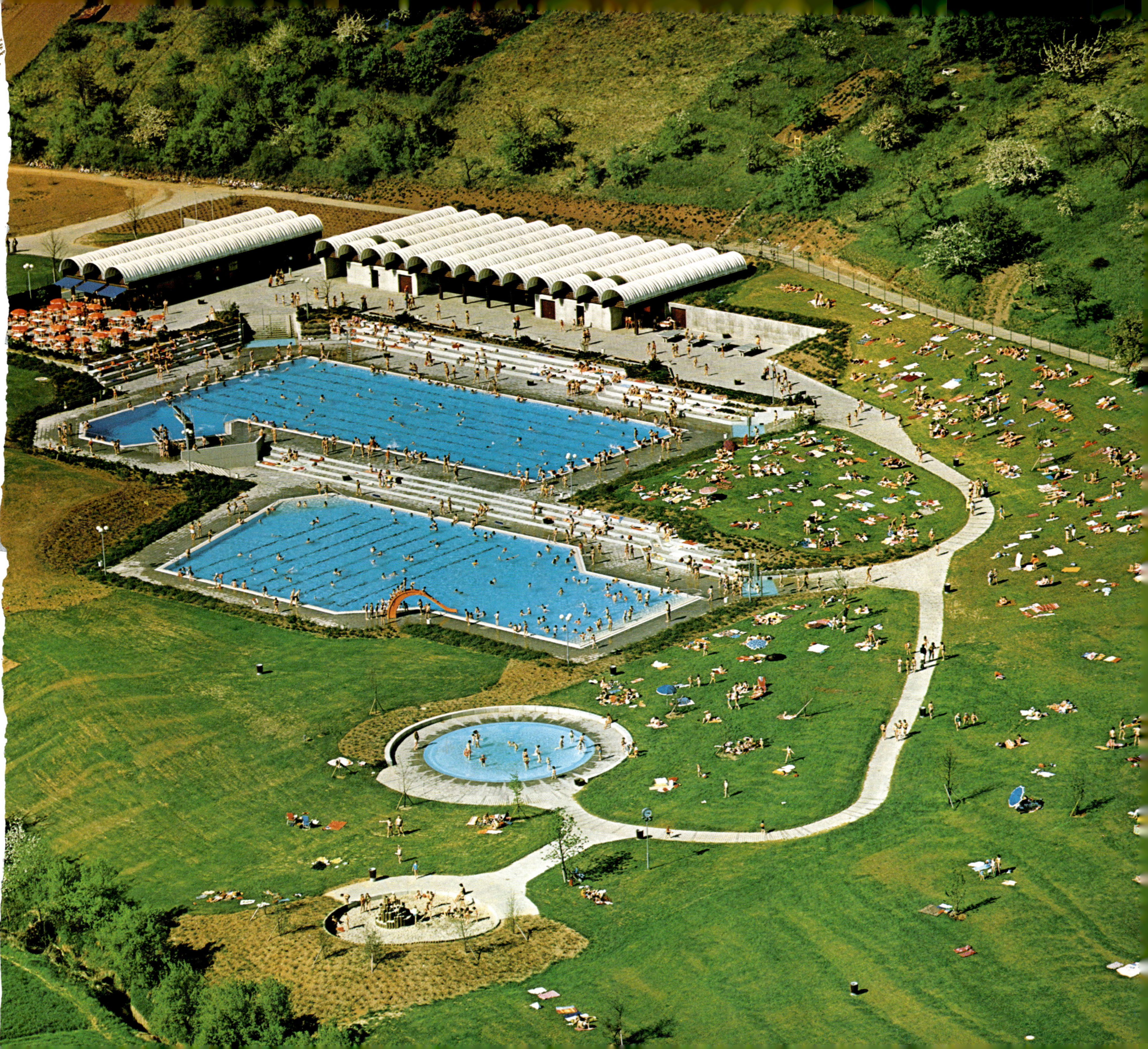

154. Stuttgart. Die Unteren Anlagen mit Schloß Rosenstein und Mineralbad Berg. Im Hintergrund Neckar und Wilhelma
155. Badezentrum Sindelfingen, Arena internationaler Schwimmwettbewerbe

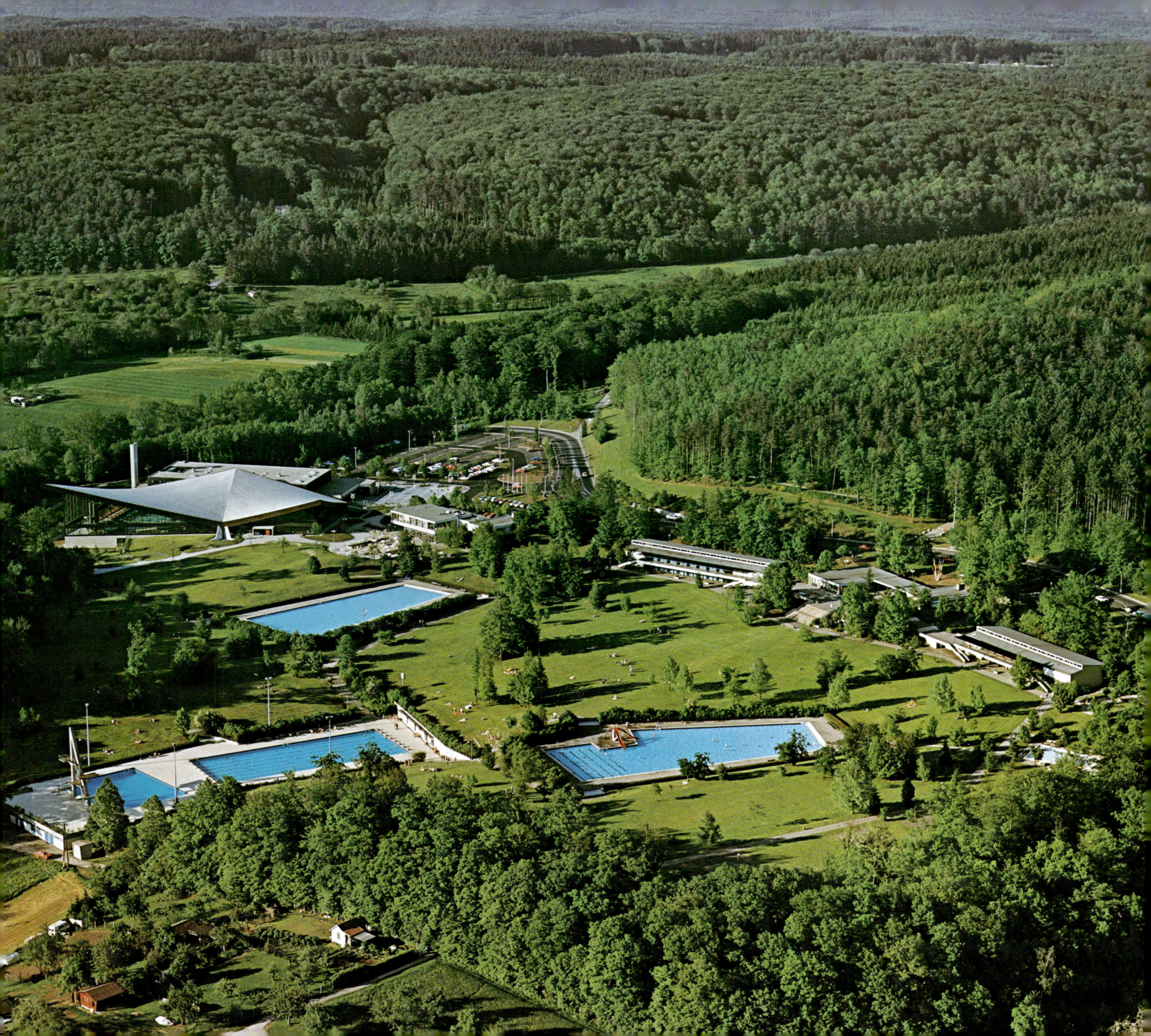

156. Neckarstadion in Stuttgart (Turnfest 1973)

Landschaft im Luftbild

Die Luftaufnahme hat in den letzten Jahrzehnten die unterschiedlichsten Dienste übernommen, der Wissenschaftler und Städteplaner schätzt sie ebenso wie der Liebhaber schöner Landschaftsaufnahmen, der von ihr einen informativen Einblick oder Überblick erwartet. Man kann drei Arten von Luftaufnahmen unterscheiden:

1. Die Senkrechtaufnahme aus normalen Flugzeugen, die vorzugsweise als stereoskopische Aufnahme zur Herstellung von Landkarten und Plänen dient.

2. Die Satellitenaufnahme, die in genauem Wortsinn keine »Luftaufnahme« ist, weil in diesen Höhen die Luft fehlt. Satellitenaufnahmen sind Aufnahmen der Fernerkundung. Man erwartet von ihnen in erster Linie nicht Schönheit, sondern Information. Daher werden hier auch Verfahren angewendet, die eine recht ungewohnte Darstellung bieten, aber sehr informativ sind: Infrarot, Falschfarbenfotografie oder Thermographie. Sie liegen alle im Bereich des unsichtbaren Spektrums.

3. Die Schrägaufnahme, von der man eine dem normalen Auge gewohnte Darstellung erwartet. Sie wird aus meist verhältnismäßig kleinen Flugzeugen unter einem mehr oder weniger starken Winkel gemacht und vermittelt im Gegensatz zur Senkrechtaufnahme einen räumlichen Eindruck, auch wenn es sich um Übersichten aus großer Höhe handelt wie in den Bildern 158 oder 17. Die Schrägaufnahme ist für den Nichtspezialisten leichter lesbar als Senkrechtaufnahme und Satellitenaufnahme.

Das Buch zeigt ausschließlich Schrägaufnahmen. Es sind der Gattung nach Landschaftsaufnahmen, die nicht nur schön, sondern auch informativ sein wollen.

Wenn von Landschaftsaufnahmen die Rede ist, denkt man gewöhnlich an Bilder mit räumlicher Tiefe, die von einem im Vordergrund stehenden Objekt her »aufgebaut« werden. Die Luftaufnahme hat diese Möglichkeit nicht, für sie ist alles »unendlich weit« entfernt. Das Bild kann also nur mit Mitteln der Flächenverteilung gestaltet werden.

Besondere Probleme stellen sich der Farbfotografie. Zunächst fehlt dem Luftfotografen der kräftige Farbfleck im Vordergrund. Da die Ferne meist stark blau ist, hat er es zuweilen schwer, überhaupt Farbe ins Bild zu bekommen. Wer mit offenen Augen fliegt, weiß zum Beispiel, wie wenige Dächer heute noch das im allgemeinen erwartete Ziegelrot haben. Mit dem Grün verhält es sich ähnlich. Wiesen sind nur die geringste Zeit des Sommerhalbjahres über so grün, wie man sie vorzufinden hofft, außerdem ist alles Grün in der Ferne auch bei klarstem Wetter mehr oder weniger »blaustichig«. Alle Schatten sind blau. Am augenfälligsten wird das bei Schnee, der im Schatten liegende Schnee bezieht ja das Licht, das er reflektiert, vom blauen Himmel. Je klarer das Wetter, desto blauer also die Schatten. Im übrigen ist der schmutzigste Fluß im Luftbild blau, wenn sich ein knallblauer Himmel über ihm wölbt, und der blaueste Blautopf (Bild 114) ist es nicht, wenn sich nur grüne Bäume darin widerspiegeln.

Da dem Luftfotografen also ein farbiger Vordergrund fehlt, bleibt ihm nur die Möglichkeit, für Farbaufnahmen möglichst klares Wetter abzuwarten. Aber was ist »klares« Wetter? Im allgemeinen versteht man darunter einen wolkenlosen und sonnigen Tag, wie ihn ein stabiles Hochdruckgebiet mit sich bringt. Doch erst der bewußt prüfende Blick aus dem Fenster zeigt, wie oft ein Himmel zwar wolkenlos, aber um so weniger blau ist, je länger das schöne Wetter anhält. Ursache ist der bei Hochdrucklagen von Tag zu Tag zunehmende Dunst.

Die »wirklich klaren« Tage gibt es im Flachland fast gar nicht, es gibt gewöhnlich nur einige klare Stunden. Diese rechtzeitig zu erwischen, ist das eigentliche Problem. Für den Luftbildfotografen bedeutet das, in einer Jahreszeit, die nach Vegetation und Sonnenhöhe für Luftaufnahmen geeignet ist, gewissermaßen neben dem laufenden Motor zu warten. Wenn er dann noch gute Wetterinformationen, Wettererfahrung und auch jenen gewissen Wetterinstinkt hat, den man sich am ehesten in Wanderstiefeln erwerben kann, wenn er außerdem gelegentlich einen eventuell ergebnislosen Flug riskiert, dann hat er die Chance, auch jene Situationen und Augenblicke zu finden, die den leidenschaftlichen Luftbildfotografen geradezu in Begeisterung versetzen können.

Dies ist eigentlich das ganze Geheimnis, wie man gute Luftbilder nach Hause bringen kann; die oft an mich gestellte Frage, ob ich besondere Kameras, Objektive, Filme oder Filter benütze, geht am Kern der Dinge, den äußeren Bedingungen und ihrer rechtzeitigen Ausnützung, vorbei. Natürlich ist eine einwandfreie Fototechnik in jedem Detail und jedem Arbeitsgang Voraussetzung, alles in allem sind gut zwei Dutzend Einzelfaktoren zu berücksichtigen, wenn man einwandfreie Luftbilder erhalten will.

Im folgenden einige Anmerkungen zur »Landschaft im Luftbild« und zu spezifischen Merkmalen einiger Beispiele. Aus sehr großer Höhe betrachtet, verliert die Landschaft das gewohnte Aussehen und gewinnt fast kartographischen Charakter. Erst beim Näherkommen, etwa 3000 bis 2000 Meter über dem Grund, beginnt sie sich dem Blick zu erschließen. Wenn wir noch weiter absinken, wird die Betrachtungsweise vertrauter, da sich immer mehr Einzelheiten zu erkennen geben. Jedoch auch für geringere Flughöhen gilt die Erfahrung, daß jede Luftaufnahme ungewohnte Ansichten ergibt. »Wir wußten gar nicht, in welch schöner Landschaft wir leben«, ist eine des öfteren zu hörende Äußerung, wenn geglückte neue Luftbilder den Weg zu einem Auftraggeber gefunden haben.

Das Luftbild ist überall dort angebracht, wo Zusammenhänge aufgezeigt und Beziehungen deutlich gemacht werden sollen. Das beginnt schon, wenn ein Bauwerk aus mehreren Baukörpern besteht und gilt natürlich ganz besonders für die großräumige Landschaft. So zeigt die Übersichtsaufnahme 158 wesentliche Teile der Schwäbischen Alb. Sie ist links unten begrenzt von Obermarchtal an der Donau, rechts unten von Schlechtenfeld bei Ehingen. Links oben am Horizont sieht man noch deutlich die Hornisgrinde im Schwarzwald, während an der rechten oberen Ecke, allerdings schon durch Dunst stark beeinträchtigt, Stuttgart zu erkennen ist. Weiter nach hinten im Dunst verlaufend, reicht die Aufnahme bis in den Raum von Heilbronn am Neckar heran, sie bildet also ein Gelände von einigen tausend Quadratkilometern ab. Geeignetes Wetter für solche Aufnahmen gibt es gewöhnlich nur an einem oder zwei Tagen im Jahr.

Im oberen Viertel des Bildes verläuft der nördliche Albrand als eine von links nach rechts leicht fallende Linie. Wir erkennen dort 3 cm vom linken Bildrand den Farrenberg bei Mössingen mit den Gebäuden des Segelflugplatzes. Knapp rechts der Mitte liegt Reutlingen mit der Achalm, darüber befindet sich als heller gezackter Fleck die Domäne Einsiedel bei Pfrondorf (vgl. Bild 140). Ganz rechts an der Albkante unter der Wolke liegt Hülben, auf dessen linker Seite der große Steinbruch leuchtet. Allein vom vorderen Bildrand bis zu dieser Albrandlinie umfaßt das Bild eine Fläche von rund 900 Quadratkilometern. Bis dahin ist es auch in der Druckwiedergabe noch »lesbar«.

Da solche Aufnahmen, die wegen der kleinen Darstellung von Einzelheiten auf sehr große Formate angewiesen sind, im Buchformat zwangsläufig an Aussagekraft einbüßen, werden in diesem Band nur wenige Übersichten von solch raumumfassender Art gezeigt. Sie kennzeichnen mit einer Flughöhe von rund 6000 Metern die obere Grenze meines Arbeitsbereiches. Die Lufttemperatur beträgt dabei im Sommer minus 20° (beim Fotografieren ist die Kabine im Flugzeug weit geöffnet). Die untere Grenze meines Arbeitsbereichs vertritt das Farbbild 116 mit dem Kloster Obermarchtal. Die Flughöhe beträgt nur wenige hundert Meter. Hier ist es dann etwa 40° wärmer als in der Höhe, also plus 20°.

Auf der Übersichtsaufnahme 158 finden wir das Kloster Obermarchtal wieder links unten. In diesem doppelseitigen Schwarzweißbild kann man mit dem Auge gewissermaßen spazierenfliegen. Spazierengehen kann man hingegen schon auf dem nächsten Bild 159, einer Luftaufnahme vom Lautertal bei Gundelfingen, aus mittlerer Flughöhe, die hier etwa 2000 Meter betrug. Auf dem Doppelbild 158 befindet sich dieses Gebiet fast genau in der Mitte. Man erkennt rechts der Flußschleife einen kleinen hellen Fleck: die Ruine Hohengundelfingen. Sie ist auf dem Bild Nr. 159 rechts am Rand auszumachen (s. entsprechende Kennzeichnung im Bild). Das Farbbild 160 zeigt eine Detailaufnahme davon. Alle Angaben über Flughöhen sind bei Luftaufnahmen relativ, denn man kann mit Normal-, Tele- oder Weitwinkelobjektiv fotografieren. Mit einem Superweitwinkelobjektiv fängt man aus gleicher Flughöhe ein mehrfach größeres Gebiet auf dem Film ein als mit einem Normalobjektiv. Anders ausgedrückt: Man muß weit weniger hoch fliegen, um ein gleich großes Gebiet zu erfassen. Ich verzichte trotzdem grundsätzlich auf Weitwinkelobjektive, da mit zunehmender Entfernung vom Aufnahmepunkt die Kleinheit der Objektabbildung im Vergleich zum Vordergrund durch die starke Perspektive so rapide zunimmt, daß falsche Vorstellungen entstehen und eine Auswertung der Aufnahme im hinteren Bereich nicht mehr möglich wird.

Archäologische und geologische Besonderheiten erkennt man aus der Luft besonders gut. Archäologisch Bemerkenswertes ist oft überhaupt nur aus der Luft zu sehen, und das nur bei bestimmten, meist sehr selten vorzufindenden Bedingungen. Zu diesen zählen vor allem bestimmte Zustände von Vegetation in Verbindung mit besonders starker oder geringer Bodenfeuchtigkeit und ebenso ein sehr flacher Sonnenstand.

Einen besonders seltenen Fall zeigt das Bild 18 vom Steinheimer Becken auf der Ostalb. Hier war durch Rauhreifbildung an der Nebelobergrenze in tagelang konstanter Höhe ein außergewöhnlicher Helldunkel-Kontrast entstanden.

Um archäologisch und geologisch interessante Situationen zu finden oder in ihrer Eigenart zu erfassen, muß man freilich nicht nur um die ihnen zugrunde liegenden Zusammenhänge wissen, sondern auch viel in der Luft sein, um das kritische Gelände bei den unterschiedlichsten Bedingungen zu beobachten.

Ein »Abfallprodukt« solcher Geländeerkundung kommt meiner Liebhaberei, dem Pilzesuchen, zugute. Pilze wachsen häufig in Form sogenannter Hexenringe. Man kann diese Ringe aus der Luft gut erkennen, nach getaner Arbeit auf dem Heimflug reizen sie dazu, auf die gerade noch erlaubte Mindestflughöhe von 150 Metern über unbebautem Gelände niederzugehen, um sie auf größere Pilze hin zu prüfen. Manchmal würde ich, es sei zugegeben, mit meiner Piper Super Cup auf einer solchen Wiese gern landen, was technisch durchaus möglich wäre, aber in den einschlägigen Vorschriften leider nicht vorgesehen ist.

Zu den Problemen der Luftbildfotografie gehört auch das Genehmigungsverfahren. Es ist streng, vor dem Fotografieren und hinterher. Es kann durchaus ein halbes Jahr dauern, bis eine zur Genehmigung eingereichte Luftaufnahme alle Instanzen durchlaufen hat und in »Verkehr« gebracht werden darf. So manches Bild darf überhaupt nicht oder erst nach Entfernen bestimmter Teile in die Öffentlichkeit kommen. So muß beispielsweise die Kuppe des Feldbergs auf vielen Luftbildern abgesägt werden, auch wenn nur stecknadelgroß zwei Parabolspiegel zu erkennen sind, die von jedem Fußgänger aus nächster Nähe formatfüllend und ungehindert fotografiert werden können. Darum ist auf Tafel 1 nur ein Teil des Feldberges zu sehen, weiter rechts wird es »gefährlich«.

Selbstverständlich darf ein Luftbildfotograf auch bei schönstem Wetter und besten Lichtverhältnissen nicht immer fliegen, wo und wie er will. Der Luftraum ist »gegliedert«, und da der Luftverkehr ständig wächst, nehmen auch die Vorschriften zu. Weil neue Vorschriften selten etwas vereinfachen, ist dies gleichbedeutend mit zunehmenden Beschränkungen. So muß ich in meiner kleinen Maschine heute zusehends mehr Papier spazierenfliegen, mitunter erscheint sie mir wie ein Aktentransporter.

In ein ordentliches Nachwort gehört ein Dank. Nach so vielen Flügen bei so unterschiedlichen Bedingungen gebührt er vor allem den Mitarbeitern der Flugsicherung und der Flugwetterwarte Stuttgart. Der jahrzehntelangen hervorragenden Zusammenarbeit mit ihnen und ihrem Verständnis für die besonderen Probleme der Luftbildnerei habe ich viel zu danken.

157. *Luftbildarchäologie: die geheimnisvolle
»Sibyllenspur« unter der Teck*

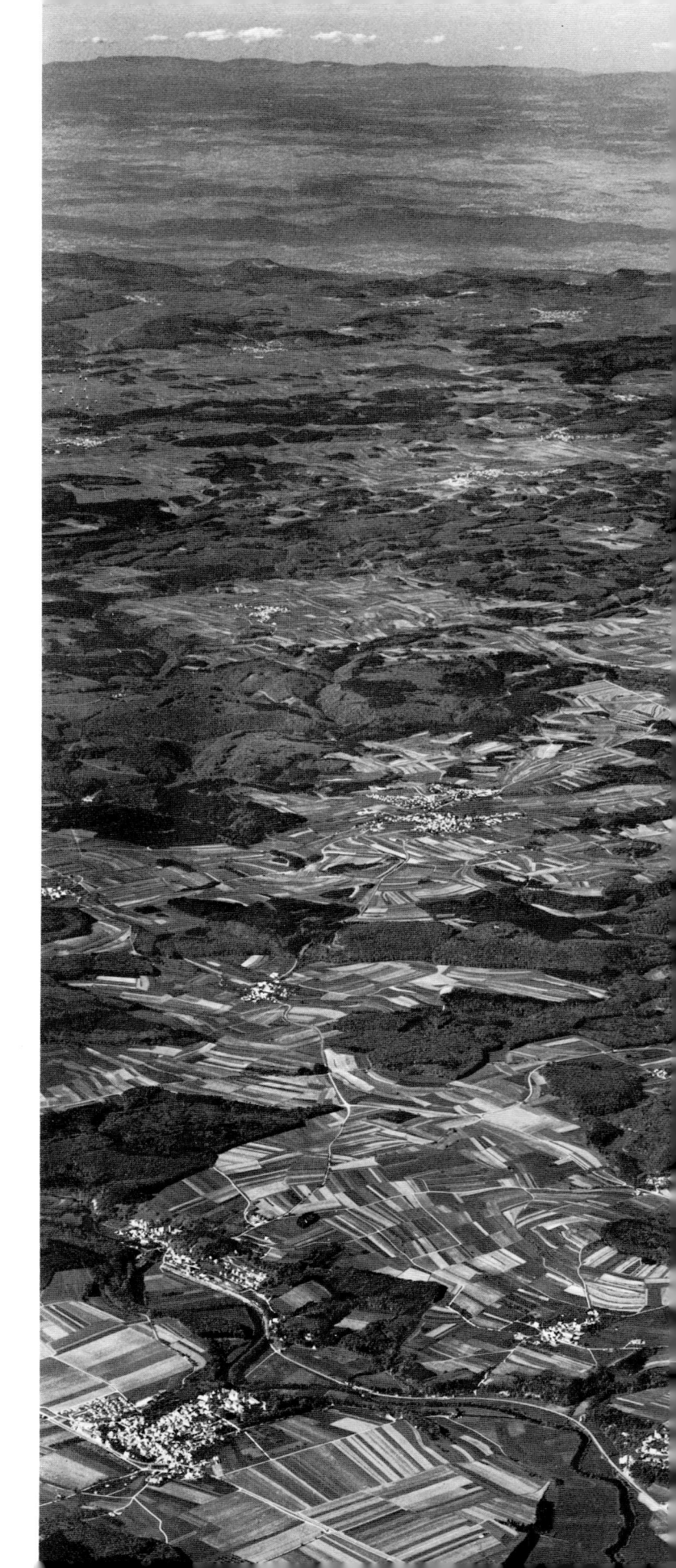

158. Die Alb zwischen Donau und Neckar aus einer Flughöhe von 6000 m vom Donautal (Kloster Obermarchtal unten links) bis zum Nordschwarzwald (Hornisgrinde oben links). Der Albtrauf, deutlich zu erkennen, verläuft im oberen Teil des Bildes, leicht nach rechts abfallend. Die Sichtweite reicht bis in den Stuttgarter und Heilbronner Raum (rechts oben). Das weiß umrandete Feld kennzeichnet das Lautertal bei Gundelfingen (siehe Detailaufnahmen 159, 160)

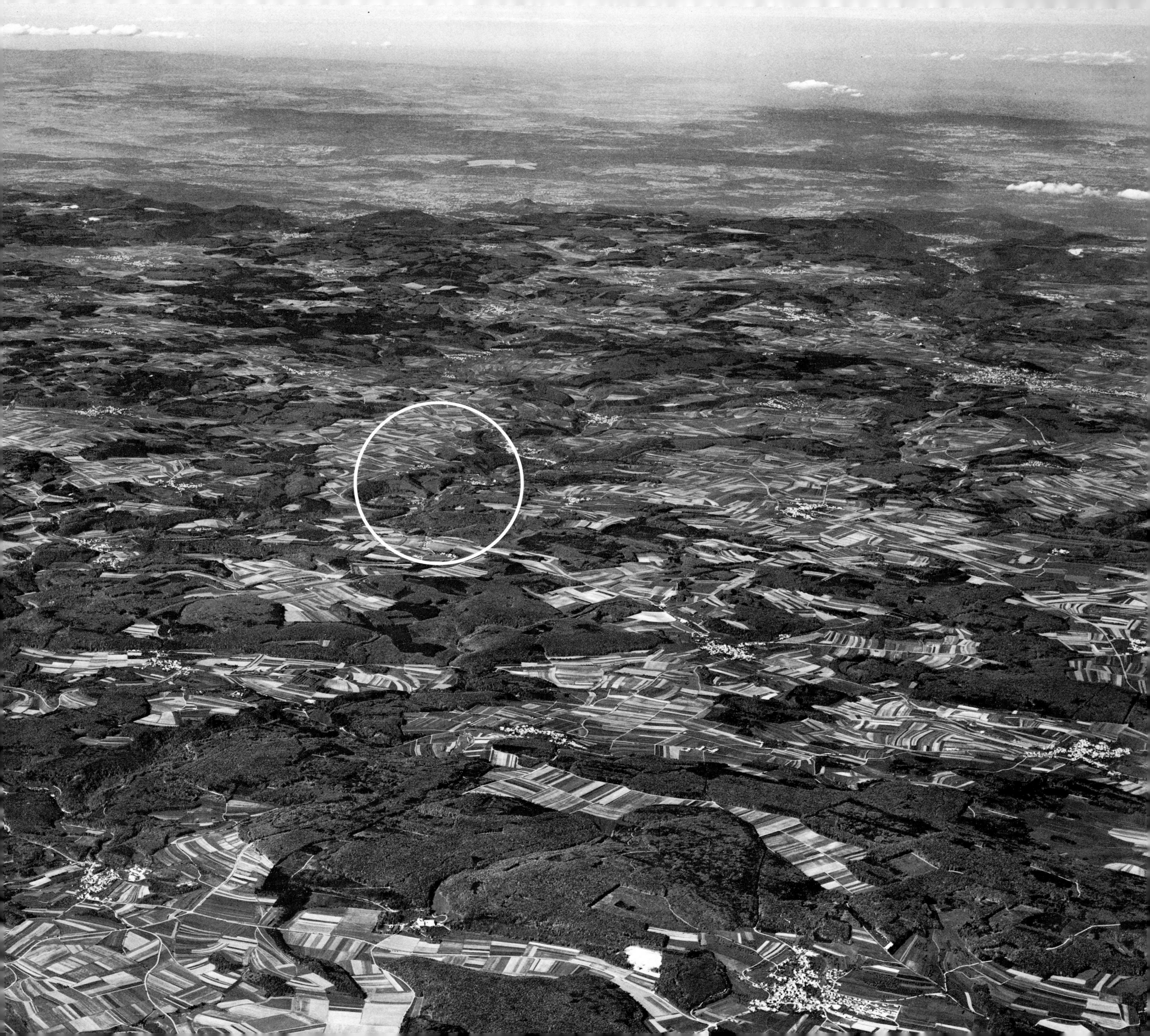

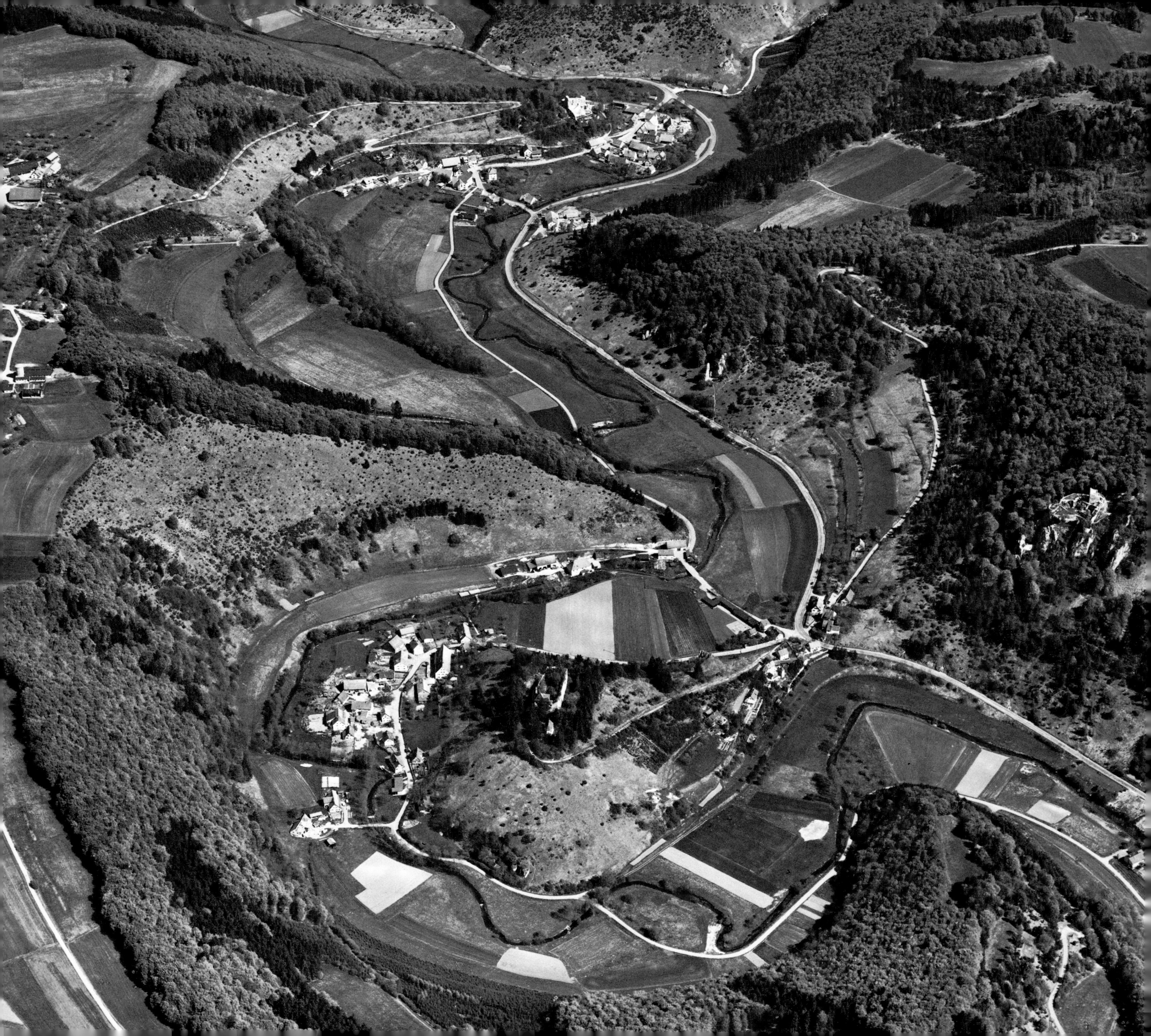

159./160. Lautertal mit Gundelfingen und Hohengundelfingen aus einer Flughöhe von 2000 m (links) und aus einer Flughöhe von wenigen hundert Metern (rechts). Siehe auch Kennzeichnung in Tafel 158

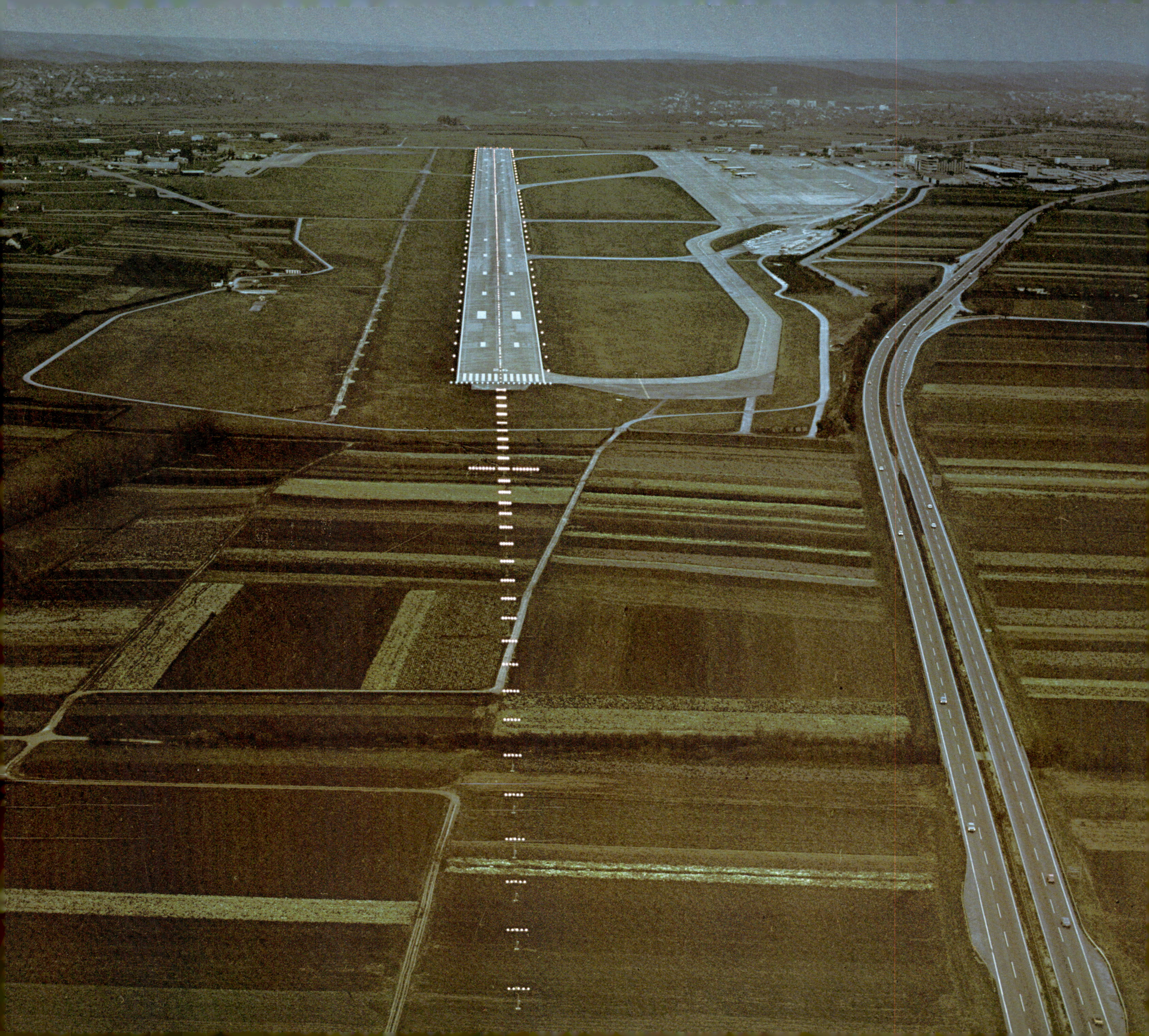

161. Rückkehr zum Stuttgarter Flughafen

Fotonachweis

Die Luftbilder dieses Bandes wurden vom Regierungspräsidium Nordwürttemberg, Stuttgart, unter folgenden Nummern freigegeben (die Ziffern vor den Klammern bezeichnen die Abbildungsnummern): 1 (2/45950 C), 2 (2/45860 C), 3 (2/41506 C), 4 (2/44416 C), 5 (2/44450 C), 6 (2/37628), 7 (2/41271 C), 8 (2/36379 C), 9 (2/42776 C), 10 (2/41876 C), 11 (2/41767 C), 12 (2/43475), 13 (2/43909), 14 (2/45890), 15 (2/44496), 16 (2/41357), 17 (2/42848), 18 (2/27814), 19 (2/44466 C), 20 (2/47482 C), 21 (2/37583 C), 22 (2/20464), 23 (2/41860 C), 24 (2/42022 C), 25 (2/38427 C), 26 (2/45641 C), 27 (2/42633 C), 28 (2/39718), 29 (2/42307 C), 30 (2/39220), 31 (2/43662 C), 32 (2/42897), 33 (2/39314), 34 (2/40980), 35 (2/42108 C), 36 (2/43974), 37 (2/38940 C), 38 (2/43173), 39 (2/38406), 40 (2/33391 C), 41 (2/44851), 42 (2/27665), 43 (2/20830), 44 (2/38867), 45 (2/39912 C), 46 (2/42189 C), 47 (2/39191 C), 48 (2/38804), 49 (2/41627 C), 50 (2/41833), 51 (2/41529 C), 52 (2/37089 C), 53 (2/42770 C), 54 (2/42688 C), 55 (2/42969 C), 56 (2/38539 C), 57 (2/45016 C), 58 (2/43732 C), 59 (2/42076 C), 60 (2/40169 C), 61 (2/43861 C), 62 (2/44688 C), 63 (2/41476 C), 64 (2/42568 C), 65 (2/46763 C), 66 (2/46399 C), 67 (2/41616 C), 68 (2/47684 C), 69 (2/47664 C), 70 (2/41560 C), 71 (2/38178 C), 72 (2/45479 C), 73 (2/36347 C), 74 (2/45238 C), 75 (2/37798 C), 76 (2/41179 C), 77 (2/37806 C), 78 (2/45012), 79 (2/42197 C), 80 (2/32550 C), 81 (2/45684 C), 82 (2/42982 C), 83 (2/45676 C), 84 (2/45020 C), 85 (2/44845 C), 86 (2/45911 C), 87 (2/37954 C), 88 (2/39908 C), 89 (2/44313 C), 90 (2/42933 C), 91 (2/42049 C), 92 (2/44936 C), 93 (2/44939 C), 94 (2/45291 C), 95 (2/42300 C), 96 (2/45139 C), 97 (2/40183 C), 98 (2/42009 C), 99 (2/41866 C), 100 (2/42015 C), 101 (2/42298 C), 102 (2/12870), 103 (2/38441 C), 104 (2/28324), 105 (2/25294), 106 (2/43854 C), 107 (2/43849 C), 108 (2/33308 C), 109 (2/41208 C), 110 (2/44852 C), 111 (2/47693 C), 112 (2/46353 C), 113 (2/42439 C), 114 (2/43524 C), 115 (2/42375 C), 116 (2/43508 C), 117 (2/43442 C), 118 (2/45919 C), 119 (2/41323 C), 120 (2/43867 C), 121 (2/39830), 122 (2/44456 C), 123 (2/45626 C), 124 (2/42533 C), 125 (2/44479 C), 126 (2/43288 C), 127 (2/46177 C), 128 (2/41328 C), 129 (2/37643 C), 130 (2/27879), 131 (2/39924 C), 132 (2/41118 C), 133 (2/41371 C), 134 (2/33903 C), 135 (2/42928 C), 136 (2/21706), 137 (2/43994 C), 138 (2/45809 C), 139 (2/33110 C), 140 (2/44145 C), 141 (2/43474 C), 142 (2/44571 C), 143 (2/43522 C), 144 (2/41331 C), 145 (2/39408 C), 146 (2/19300), 147 (2/43702 C), 148 (2/44859 C), 149 (2/39145 C), 150 (2/37689 C), 151 (2/42451 C), 152 (2/44864 C), 153 (2/42308 C), 154 (2/45902 C), 155 (2/45023 C), 156 (2/36550 C), 157 (2/42753 C), 158 (2/44031 C), 159 (2/42367 C), 160 (2/43603 C), 161 (2/46233 C).

Register

Aalen 14, 39, 191, *Abb. 5*
Achalm 14, 154, 246, *Abb. 4*
Albstadt 38, 41, *Abb. 33*
Altensteig 41, *Abb. 30*
Aulendorf 38

Bad Buchau 223
– Ditzenbach 64, *Abb. 50*
– Dürrheim 223
– Dürrheim-Öfingen 207, *Abb. 129*
– Liebenzell 223
– Mergentheim 134, 137, *Abb. 93*
– Rappenau 227, *Abb. 152*
– Säckingen 63, *Abb. 38*
– Schussenried 177, 223
– Schussenried-Otterswang 180, *Abb. 117*
– Sebastiansweiler 227, *Abb. 151*
– Waldsee 223, 226 f., *Abb. 150*
– Wimpfen 38, 39, 59, 107, *Abb. 65*
– Wurzach 223
Baden-Baden 38, 223, 226, *Abb. 149*
Badenweiler 223
Bächlingen 15, *Abb. 8*
Basel 15, 59, *Abb. 12*
Beilstein 227, *Abb. 153*
Belchen 14, 207, 226, *Abb. 128, 144*
Benningen 59
Besigheim 63, *Abb. 40*
Beuren 14, *Abb. 4*
Biberach 15, 108, 191, *Abb. 10, 71*
Blaubeuren 179, 191, *Abb. 114*
Böblingen 84, 88, 109, *Abb. 57, 84*
Bopfingen 104
Breisach 15, 39, 59, *Abb. 7*
Bruchsal 38

–, Schloß 137, *Abb. 89*
Buchen 38
Büchenbronn 40, *Abb. 22*
Burg Calw 154
– Dilsberg 159, *Abb. 110*
– Ehrenberg 107, *Abb. 65*
– Guttenberg 155
– Hohenasperg 159, *Abb. 109*
– Hohengeroldseck 154, 158, *Abb. 103*
– Hohengundelfingen 247, *Abb. 158, 159, 160*
– Hohenneuffen 14, 154, 158, *Abb. 4, 106*
– Hohenrechberg 158, *Abb. 105*
– Hohenstaufen 154, *Abb. 31*
– Hohentwiel 159, *Abb. 108*
– Hohenzollern 154, 158, *Abb. 104*
– Hornberg 107, *Abb. 65*
– Katzenstein 156
– Leofels 156
– Liebenstein 14, *Abb. 3*
– Neipperg 155
– Rötteln 154, 158, *Abb. 102*
– Steinsberg 153, 158, *Abb. 100*
– Teck 16, *Abb. 19, 157*
– Weinsberg 155
– Werenwag 64, 153, 158, *Abb. 43, 99*
– Wildenstein 64, *Abb. 43*
Burkheim 63, *Abb. 39*

Calw 84
Cleversulzbach 64, *Abb. 48*
Crailsheim 38

Dettingen 89, *Abb. 61*
Dilsberg 159, *Abb. 110*

Donaueschingen 133
Durlach 104

Eberbach a. Neckar 226, *Abb. 148*
Ebingen 41, *Abb. 33*
Einsiedeln 208, *Abb. 140*
Emmendingen 109, *Abb. 83*
Engelsbrand 40, *Abb. 22*
Engen 64, *Abb. 49*
Eppingen 104
Esslingen 40, 59, 84, 191, *Abb. 26*
Ettlingen 104

Faurndau 41, *Abb. 31*
Feldberg 14, *Abb. 1*
Freiburg 39, 104, 190, 191, 193, *Abb. 119*
Freudenstadt 38, 108, *Abb. 75*
Furtwangen 38

Geislingen 38
Gemmingen-Stebbach 40, *Abb. 24*
Gemmrigheim 63, *Abb. 40*
Giengen 104
Göppingen 41, 104, *Abb. 31*
Gomadingen 226, *Abb. 147*
Großdeinbach 194, *Abb. 122*
Gundelfingen 247, *Abb. 158*
Gundelsheim 107, *Abb. 65*

Hagelloch 193, *Abb. 120*
Hambrücken 207, *Abb. 131*
Haslach 109, *Abb. 81*
Heidelberg 88, 104, 132, 136, 190, 193, *Abb. 55, 85, 121*
–, Schloß 132, 134, 136, *Abb. 85*
– Bocksberg 88, *Abb. 55*

– Emmertsgrund 88, *Abb. 55*
Heidenheim 38, 84, 137 f.
Heilbronn 64, 109, 191, *Abb. 46, 79*
– Böckingen 64, *Abb. 46*
– Sontheim 64, *Abb. 46*
Heinsheim 107, *Abb. 65*
Hemmingen 40, *Abb. 28*
Herrenberg 208, *Abb. 140*
Hessigheim 63, *Abb. 40*
Hornisgrinde 208, *Abb. 140*
Hülben 246, *Abb. 158*
Hüningen 15, *Abb. 12*

Ihringen 207, *Abb. 133*
Isny 15, *Abb. 11*

Jusi 14, *Abb. 4*

Kaiserberge 41, *Abb. 31, 105*
Kappel-Grafenhausen 40, *Abb. 25*
Karlsruhe 16, 38, 41 f., 86, 134, 190, 191, 196, *Abb. 15, 36, 124*
–, Schloß 41, 136, *Abb. 15, 87*
– Durlach 104
Kehl 191
Ketsch 63, *Abb. 42*
Kippenheim 40, *Abb. 25*
Kirchberg a. d. Jagst 137, *Abb. 94*
Kirchheim a. N. 14, *Abb. 3*
Kirchheim u. T. 108, *Abb. 76*
Kleinbottwar 41, *Abb. 29*
Kloster Beuron 64
– Birnau 177, 179, *Abb. 111*
– Blaubeuren 179, *Abb. 114*
– Hirsau 179, *Abb. 112*
– Maulbronn 176, 179 f., *Abb. 115*

257

– Obermarchtal 177, 180, 246, *Abb. 116*
– Reichenau 173 f., *Abb. 113*
– St. Peter 177, 180, *Abb. 118*
– Weingarten 175
Köngen 59
Konstanz 103, 107, 191, *Abb. 69*
Künzelsau 38

Ladenburg 59
Lahr 40, *Abb. 25*
Lampoldshausen 64, *Abb. 48*
Langenau 63, *Abb. 37*
Langenbrand 40, *Abb. 22*
Langenburg 15, *Abb. 8*
Lauda 38
Laufenburg 59, 63, *Abb. 38*
Lauffen a. N. 59 f.
Leimen 88, *Abb. 55*
Leutkirch 107, *Abb. 67*
Lochenpaß 65, *Abb. 52*
Ludwigsburg 14, 84, 133, 137, 191, 194, 224, *Abb. 2, 90, 126*
Ludwigshafen a. Rh. 15, *Abb. 13*

Mannheim 15, 39, 64, 106, 108, 132, 138, 191, *Abb. 13, 44, 74, 98*
–, Schloß 16, 108, *Abb. 13, 74*
Meersburg 134
Mössingen 227, *Abb. 151*
Mosbach 38, 40, *Abb. 27*
Mühlacker 38
Mühlhausen 64, *Abb. 47*
Mühlhofen 89, *Abb. 62*
Mundelsheim 63, *Abb. 40*

Nagold 41, *Abb. 30*
Neckargemünd 63, *Abb. 41*
Neckarwestheim 14, 88, *Abb. 3, 59*
Neckarzimmern 107, *Abb. 65*
Nellingen (Alb-Donau-Kreis) 40, *Abb. 23*

Neresheim 14
Neuenbürg 40, *Abb. 22*
Neuenstadt 64, *Abb. 48*
Neuenstein 137, *Abb. 95*
Nürtingen 84, 192

Oberuhldingen 89, *Abb. 62*
Ochsenwang 16, *Abb. 19*
Öfingen 207, *Abb. 129*
Öhringen 38
Offenburg 39, 104, 191
Onstmettingen 41, *Abb. 33*
Otterswang 180, *Abb. 117*

Pfaffenberg 226, *Abb. 144*
Pforzheim 38, 84, 87, 104, 108 f., *Abb. 78*
Pfrondorf 208, *Abb. 140*
Philippsburg 42, 88, *Abb. 36, 58*

Randecker Maar 16, *Abb. 19*
Rastatt 38, 83
–, Schloß 134, 137, *Abb. 91*
Ravensburg 39, 84, 104, 191
Rechberg 41, 158, *Abb. 31, 105*
Reichenau 173 f., 207, *Abb. 113, 130*
Reutlingen 84, 108, 191, 276, *Abb. 72, 158*
Rotfelden 41, *Abb. 30*
Rottenburg 59
Rottweil 59
Rübgarten 208, *Abb. 140*

Sasbach 63, *Abb. 39*
Schelklingen 226, *Abb. 143*
Schiltach 88, *Abb. 53*
Schlechtenfeld 246, *Abb. 158*
Schloß siehe auch Burg
Schloß Heiligenberg 133
– Hellenstein 137 f., *Abb. 97*
– Hohenheim 194, *Abb. 123*
– Langenburg 15, 134, *Abb. 8*
– Lichtenstein 159, *Abb. 107*

– Neuenstein 134, 137, *Abb. 95*
– Waldenburg 158, *Abb. 101*
– Weikersheim 134, 137, *Abb. 92*
– Wildeck 207, *Abb. 132*
Schömberg 40, *Abb. 22*
Schönau 207, *Abb. 128*
Schramberg 38, 40, 83, *Abb. 21*
Schwäbisch Gmünd 38, 84, 87, 104, 193 f., *Abb. 122*
Schwäbisch Hall 38, 104, 108, *Abb. 73*
Schwenningen 38
Schwetzingen 38
–, Schloß 132, 136 f., *Abb. 88*
Seefeld a. d. Aach 89, *Abb. 62*
Seitingen 226, *Abb. 146*
Sigmaringen 38, 191
Sindelfingen 88, 227, *Abb. 57, 155*
Singen 159, *Abb. 108*
Sipplingen 89, *Abb. 63*
Speyer 63, 64, *Abb. 42, 45*
St. Georgen 38
St. Märgen 16, *Abb. 16*
Staufen 41, *Abb. 31*
Steinhausen 15, *Abb. 10*
Steinheim a. d. Murr 41, *Abb. 29*
Steinheimer Becken 16, *Abb. 18*
Stuifen 41, 158, *Abb. 31, 105*
Stuttgart 16, 39, 41, 84, 86, 89, 104, 106, 132, 133, 190, 191, 192, 194, 227, *Abb. 14, 32, 51, 56, 64, 86, 123, 125, 156, 161*
–, Altes Schloß 133, 136, *Abb. 86*
–, Neues Schloß 133, 136, *Abb. 86*
– Bad Cannstatt 227, *Abb. 156*
– Birkach 194, *Abb. 123*
– Degerloch 195, *Abb. 125*
– Feuerbach 88, *Abb. 56*
– Freiberg 41, *Abb. 32*
– Hohenheim 190, *Abb. 123*
– Kaltental 194, *Abb. 125*
– Mühlhausen 41, *Abb. 32*
– Steckfeld 194, *Abb. 123*

– Untertürkheim 88, *Abb. 56*
– Vaihingen 64 f., *Abb. 51*
– Wangen 88, *Abb. 56*
– Zuffenhausen 88, *Abb. 56*
Sulgen 40, *Abb. 21*
Sulz 59

Tailfingen 41, *Abb. 33*
Tauberbischofsheim 107, *Abb. 66*
Triberg 38
Tübingen 104, 108, 133, 190, 193, *Abb. 77, 120*
Tuningen 88, *Abb. 54*
Tuttlingen 38

Überlingen 89, 104, 107, *Abb. 63, 68*
Uhldingen-Mühlhofen 89, *Abb. 62*
Ulm 104, 105, 107, 191, *Abb. 70*
Unteruhldingen 89, *Abb. 62*
Urach 84, 133, 191, 226, *Abb. 142*

Villingen 38, 39, 104, *Abb. 80*
Villingen-Schwenningen 109, 191, *Abb. 80*

Waiblingen 39
Waldenburg 158, *Abb. 101*
Waldrennach 40, *Abb. 22*
Waldshut 15, *Abb. 6*
Walheim 63, 88, *Abb. 40, 59*
Welschdorf 88, *Abb. 53*
Wertheim 15, 38, *Abb. 9*
Wetzgau 194, *Abb. 122*
Wiesensteig 64, *Abb. 47*
Wiesental 88, *Abb. 58*
Wiesloch 109, *Abb. 82*
Wildbad 223
Wörth 16, *Abb. 15*
Wutach 207, *Abb. 134*

Zell im Wiesental 226, *Abb. 144*

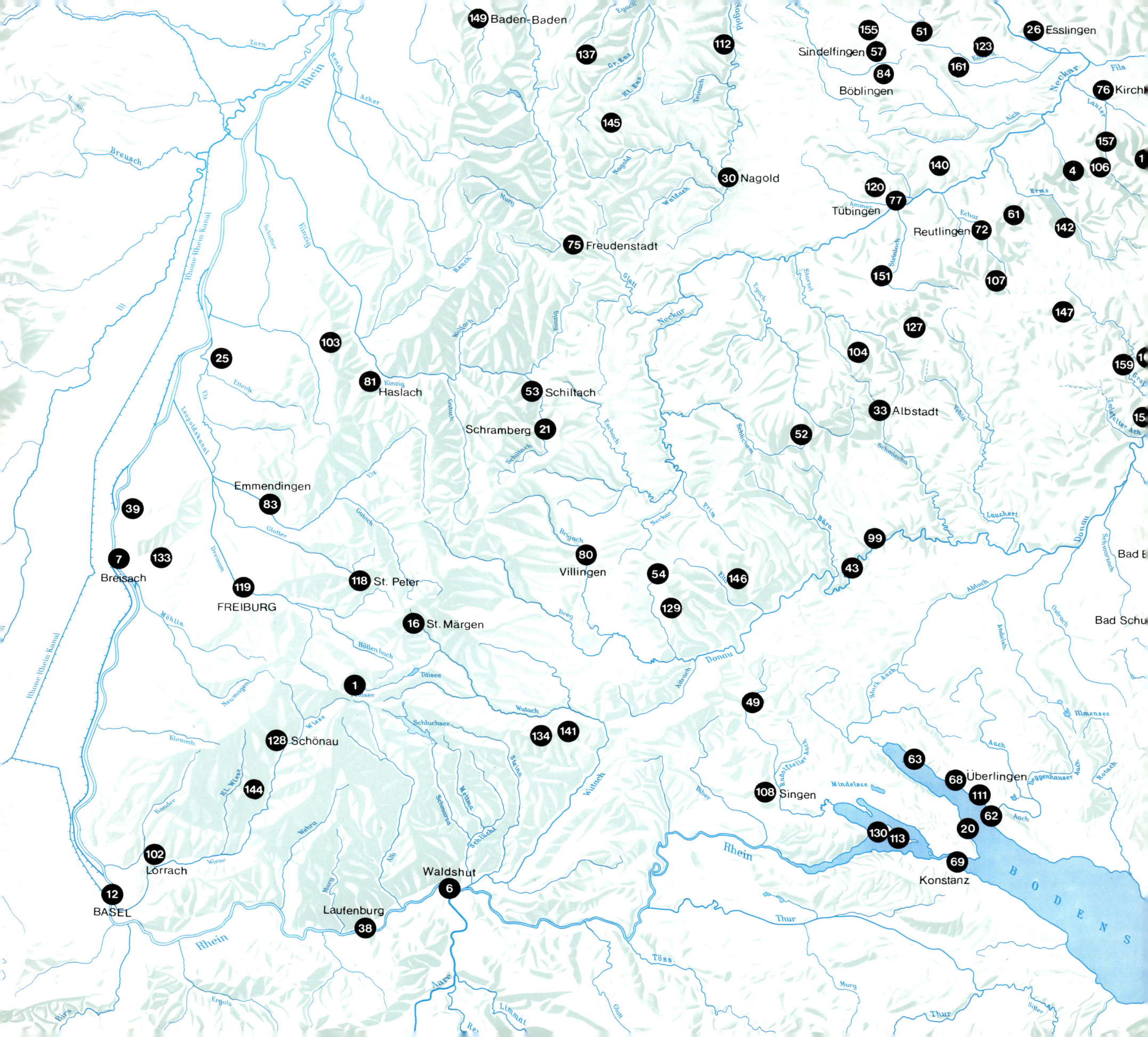

Map of Southwestern Germany (Black Forest / Bodensee region)

Numbered locations on map:

- 149 Baden-Baden
- 26 Esslingen
- 155, 51, 123
- 57 Sindelfingen
- 84 Böblingen
- 161
- 76 Kirchheim
- 137, 112
- 145
- 140, 106, 4
- 30 Nagold
- 120, 77 Tübingen
- 61, 142
- 72 Reutlingen
- 75 Freudenstadt
- 151, 107
- 127, 147
- 104
- 25
- 103
- 81 Haslach
- 53 Schiltach
- 159
- 21 Schramberg
- 33 Albstadt
- 52
- 83 Emmendingen
- 99
- 39
- 7 Breisach
- 133
- 119
- 118 St. Peter
- 80 Villingen
- 54, 146
- 43
- FREIBURG
- 16 St. Märgen
- 129
- 1 (Titisee)
- 49
- 128 Schönau
- 134, 141
- 144
- 63
- 68 Überlingen
- 108 Singen
- 111
- 62, 20
- 102 Lörrach
- 130, 113
- 69 Konstanz
- 12 BASEL
- 6 Waldshut
- 38 Laufenburg